宏观审慎政策与实践

Macroprudential Policy and Practice

[英] 保罗 · 迈兹恩（Paul Mizen）
[英] 玛格丽塔 · 卢比奥（Margarita Rubio）/ 主编
[英] 菲利普 · 特纳（Philip Turner）

谢华军　吴东霖　仵　洁　高雅妮　　　　/ 译

中国金融出版社

责任编辑：王雪珂　黄　羽
责任校对：刘　明
责任印制：陈晓川

图书在版编目（CIP）数据

宏观审慎政策与实践／（英）保罗·迈兹恩（Paul Mizen），（英）玛格丽塔·卢比奥（Margarita Rubio），（英）菲利普·特纳（Philip Turner）主编；谢华军等译 . —北京：中国金融出版社，2021. 12
ISBN 978 - 7 - 5220 - 1467 - 8

Ⅰ.①宏…　Ⅱ.①保…②玛…③菲…④谢…　Ⅲ.①金融监管—研究　Ⅳ.①F830. 2

中国版本图书馆 CIP 数据核字（2022）第 004719 号

宏观审慎政策与实践
HONGGUAN SHENSHEN ZHENGCE YU SHIJIAN

出版
发行　　中国金融出版社
社址　　北京市丰台区益泽路 2 号
市场开发部　（010)66024766，63805472，63439533（传真）
网 上 书 店　www.cfph.cn
　　　　　　（010)66024766，63372837（传真）
读者服务部　（010)66070833，62568380
邮编　　100071
经销　　新华书店
印刷　　保利达印务有限公司
尺寸　　169 毫米 ×239 毫米
印张　　18. 5
字数　　262 千
版次　　2022 年 2 月第 1 版
印次　　2022 年 2 月第 1 次印刷
定价　　76. 00 元
ISBN 978 - 7 - 5220 - 1467 - 8
如出现印装错误本社负责调换　联系电话（010)63263947

贡献者名单

理查德·巴维尔（RICHARD BARWELL，）　　　　法国巴黎资产管理公司

何塞·A. 克拉斯科－加雷戈（JOSEé A. CRRASCO－GALLEGO）
　　　　　　　　　　　　　　　　　　　　西班牙胡安卡洛斯国王大学

贾吉特·查达（JAGJIT S. CHADHA）　　　　　英国国家经济社会研究院

马特奥·F. 吉拉尔迪（MATTEO F. GHILARDI）　国际货币基金组织

让－皮埃尔·兰多（JEAN－PIERRE LANDAU）　巴黎政治大学

马钦·罗宾斯基（MARCIN ŁUPIńSKI）　　　　波兰国家银行和拉扎斯基大学

克里斯·麦克唐纳（CHRIS MCDONALD）　　　新西兰储备银行

保罗·迈兹恩（PAUL MIZEN）　　　　　　　英国诺丁汉大学

斯特凡诺·内里（STEFANO NERI）　　　　　意大利央行

马尔腾·范德沃尔特（MAARTEN R. C. VAN OORDT）
　　　　　　　　　　　　　　　　　　　　加拿大央行

F. 古尔钦·奥兹坎（F. GULCIN OZKAN）　　约克大学

沙纳卡·J. 佩里斯（SHANAKA J. PEIRIS）　　国际货币基金组织

丹尼斯·莱因哈特（DENNIS REINHARDT）　　英格兰银行

玛格丽塔·卢比奥（MARGARITA RUBIO）　　英国诺丁汉大学

莱安诺·索沃布茨（RHIANNON SOWERBUTTS）　英格兰银行

菲利普·特纳（PHILIP TURNER）　　　　　　巴塞尔大学

D. 菲利兹·尤塞尔（D. FILIZ UNSAL）　　　国际货币基金组织

陈　舟（CHEN ZHOU）　　　　　　　　　荷兰央行和鹿特丹伊拉斯姆斯大学

前　　言

国际金融危机以来，宏观审慎政策日益成为中央银行制定政策的重要考量。金融危机暴露了常规货币政策应对金融稳定的局限性，迫使人们深刻反思经济政策、政策间相互作用及其影响。因此，新形式的干预和监管框架应用而生。金融危机期间，时任英格兰银行副行长保罗·塔克（Paul Tucker，2014）总结指出，鉴于中央银行在经济信贷体系中的关键作用，中央银行"不仅需要货币宪法，还需要货币—信贷宪法（money - credit constitution）……宏观审慎政策则是维护金融体系稳定的首选工具"。"他还认为，鉴于人们更加了解风险和新的流动性规则，市场对中央银行货币需求仍将高于历史水平，意味着中央银行资产负债表将异常庞大。Friedman（2014）、Gagnon 和 Sack（2014）以及 King（2016）等人均对此予以认同。

20 世纪 90 年代末到 21 世纪初，以通货膨胀为目标的货币政策，通过改变短期利率维持了稳定的低通货膨胀，促进了经济合理增长。但是，货币政策却不能管控信贷扩张、风险承担增加以及同时发生的资产价格急剧上涨。尽管美国联邦基金利率从 2004 年中期的 1% 大幅上升到 2006 年中期的 5.25%，但是信用利差持续收窄，市场波动进一步下降。因此，更高的政策利率未能阻止全球金融市场风险累积，最终导致国际金融危机（见图 1）。基于 20 世纪 60 年代和 70 年代的英国经验，Aikman（2016）等人也认为加息抑制信贷扩张有效性不足。

国际金融危机前，适度承担风险失灵的主要原因在于微观层面的不审慎（Posen，2009；Turner，2017）。20 世纪 90 年代早期，金融创新不断涌现，金融部门监管人员普遍没有认真考虑过复杂金融体系固有的外部性（Kenc，2016）。个体金融机构通常会忽略这种外部性，而大多数金融机构为寻求短期利润会过度杠杆化。因此，单纯依靠市场竞争力，整个金融系

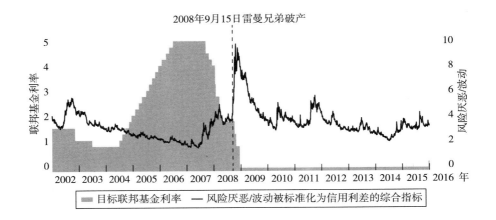

注：综合指标为全球新兴市场债券指数（EMBI）息差、美国高收益公司债息差、美国股票的隐含波动率（VIX 指数）、美国国债的隐含波动率（MOVE 指数）、G10 汇率的隐含波动率（摩根大通 GVXF7 指数）标准化分值的简单均值。计算时间段为 2002 年 1 月 1 日至 2015 年 12 月 31 日。

图1 政策利率上升，风险承担却仍在增加

（资料来源：Turner（2012），国家数据和市场数据）

统的风险敞口并不符合金融稳定谋求要达到的状态（Jeanne 和 Korinek，2010b）。

市场失灵的基本特征众人皆知。通过提高债务证券化的复杂程度，银行诱导投资者超额购买那些极度不透明的产品。事实证明，这些产品一度非常盈利。换而言之，银行正有意利用其核心信息的不对称性开展业务。通常开展过程中还存在一个经典的代理问题，为获得丰厚的奖金，交易员选择持有风险过高的头寸，最终后果却由银行乃至纳税人承担损失。潜在的道德风险问题不可避免，由于银行的"大而不能倒"，政府最终不得不采取纾困措施。信息不对称、代理问题、道德风险等市场失灵都不是新的概念。多年来，经济学家研究银行业时一直使用这些概念。固定要求的微观审慎监管比率指标（如《巴塞尔协议Ⅲ》下对银行资本和流动性提出了更高的要求）实际上可以抵消部分外部性影响，也可以在一定程度上限制金融风险承担（Korinek，2011）。

但是，简易的货币政策规则和有限的宏观审慎政策不足以抵御信贷扩张和风险承担增加，宏观经济金融反馈循环不断强化对信贷扩张和风险承担产生了巨大影响。例如，总需求增加鼓励企业和家庭借更多的钱，房屋和其他资产价格上涨会使人们预期价格会进一步上涨（强化形成投资泡沫），借款人可以使用额外的抵押品再次借入更多的钱。受到贷款违约周期性下降的鼓舞，银行变得更愿意放贷。当资本市场融资条件变得更有利时，本地企业和家庭会发现借钱更加容易。金融资产上涨期间价格波动性降低，从而降低了批发融资合约的减记行为，变相提高了银行杠杆。因此，金融周期为增加借款、提高杠杆和风险承担行为提供了有利的环境。

当金融周期转向时，曾经有利的宏观经济金融反馈效应就会逆转。资产价格开始蹒跚下跌，而且跌幅往往快于涨幅，使投资进一步缺乏吸引力。当利率周期转向时，借款人发现自己将面临期限错配的风险。在经济低迷时期，减记上升，投资者被迫降低杠杆，意味着其快速收缩，市场波动性急剧上升。资产价格下跌导致对银行和其他投资者的资产负债表产生进一步的反馈效应。

上述反馈循环就是经典的繁荣—萧条周期。最近，"大缓和"（Great Moderation）时期的低波动性和低利率使周期更加恶化。"轻触式监管"（light‐touch regulation）允许提高杠杆和增加风险承担。国际金融危机发生后，中央银行立即降低短期利率，扩大流动性，放宽合格抵押品的定义并购买资产，以降低政府债券的长期收益率，缩小非政府机构信用利差或流动性风险利差。货币政策必须具有前瞻性，中央银行必须准备采取先发制人的措施应对信贷过度扩张，但是更具针对性的措施可能有助于中央银行更好地解决特定外部性。

近期文献的一个重要主题是过度的家庭杠杆与总需求外部性有关（Farhi 和 Werning，2016；Korinek 和 Simsek，2016）。在繁荣时期，家庭在个人层面上表现出合理的举债行为，但从全社会的角度来看，由于每个家庭忽略了他们个体对总需求的影响，导致杠杆在全社会层面过高。宏观审慎政策则有望限制此类债务积累。新凯恩斯模型指出加息政策基本无效，因为借款人收入下降使借款需求增加。除非有约束力的融资限制，否则可能会带来意料之外的后果，即实际上增加了家庭杠杆，最终加剧了总需求的外部性。

宏观审慎政策实施的难点之一在于影响信贷供给（可能会适度提高资产价格）进而改变货币政策传导，尤其是监管比率对宏观经济变量敏感的情况下。例如，减缓资产价格波动的幅度会降低利率在调控总需求中的有效性，因为资产价格波动是重要的传导渠道之一。最近，大量论文研究探讨了货币政策影响宏观审慎政策的传导机制。Gambacorta 和 Mistrulli（2004）、Maddaloni 和 Peydro（2013）、Altunbas 等（2010）、Dell'Ariccia 等（2013）、Jiménez 等（2014）以及 Aiyar、Calomiris 和 Wieladek（2014）指出了宏观审慎政策如何影响货币政策的传导机制。英国金融政策委员会委员 Don Kohn（2013）指出，"应对金融稳定风险，货币政策是一把钝器"，而"宏观政策可能不足以应对周期性问题"。在这种情况下，宏观审慎政策和货币政策协同发挥作用至关重要（Angelini 等，2012；Gelain 和 Ilbas，2014；Rubio 和 Carrasco - Gallego，2014）。

一些人认为，由于政策滞后太长，决策部门无法以逆周期方式使用宏观审慎政策。当然，事实上宏观审慎政策会随着经济周期变化而变化。《巴塞尔协议Ⅲ》提出了逆周期资本缓冲，其他大多数宏观审慎工具也通过影响金融中介调节金融周期。Jean - Pierre Landau 在主题演讲中指出，逆周期工具将更多地依赖于流动性/期限转换方面的工具，而较少依赖资本。货币政策主要应对通货膨胀、产出和信贷（周期性）造成的资产泡沫压力；宏观审慎政策则主要应对风险承担和杠杆，需要金融机构持有大量的资本缓冲以应对未来危机。似乎货币政策和宏观审慎政策配合得当，经济才会更加稳定。

开放经济体宏观经济金融反馈循环可以采取不同的形式。资本账户开放的国家不能轻易地与全球金融市场状况割裂。2010 年至 2014 年，大多数新兴经济体经济增速都超过发达经济体，但结果发现其试图维持比发达经济体更为紧缩的货币政策，会导致货币大幅升值。升值通常会刺激信贷扩张，因为银行开始认为家庭和企业信用风险降低，且较低的国家风险溢价使本土公司更容易向国外借款。

本地金融市场的发展水平决定了宏观经济金融反馈循环的程度，因此会影响其他宏观审慎工具的相对有效性。在金融市场缺乏流动性或基本条件的地方，数量型工具通常会比价格型工具更有效。总体而言，低收入和发展中经济体正处于金融发展和制度完善的过程中，不可避免地将对金融稳定风险的性质和宏观审慎政策的实施产生影响（IMF，2014）。

宏观审慎政策可以从微观经济学和宏观经济学层面两个维度来理解。市场失灵分析属于微观经济学的核心，重点在于市场和制度如何运行，以及监管如何使私人利益与社会利益更好地保持一致。宏观审慎政策也需要在宏观经济框架下进行探讨。这样的框架只包括对广义宏观经济总量的分析，如总需求、银行信贷总额、资产价格、资本流动等。但是，由于宏观经济金融反馈效应为宏观审慎方法提供了诸多理论依据，许多研究人员试图将微观经济金融行为纳入宏观经济模型。动态随机一般均衡（DSGE）模型就是这样一种方法（有关使用 DSGE 的早期例子，可以参见 Borio 和 Shim，2007；N'Diaye，2009；Antipa 等，2010）。

宏观审慎政策的任何模型分析所面临的主要问题是"金融稳定"目标含义不同，且不一定可以使用计量模型。例如，为确保处于金融中介核心的金融机构保持韧性，或者减缓资产价格或信贷增长的波动幅度。另一个问题是宏观审慎政策是新政策，还没有足够的证据根据实践情况研究不同模型之间的区别。因此很难将诸如金融稳定或系统性风险之类的概念纳入模型中并进行检验（有关该主题的讨论见 Galvão 和 Owyang，2013）。尽管如此，围绕金融稳定分析而开发的质量更高、粒度更细的数据，研究人员取得了重要进展（Heath 和 Goksu，2017）。

因此，经济学家应该努力将宏观审慎政策模型化，如本书中某些章节所述。不论局限性如何，DSGE 模型都为宏观审慎分析带来了重要优势。首先，模型可被用于比较仅适用货币政策的基准模型。其次，模型包括许多冲击源，可用于检查不同的经济冲击轨迹。再次，模型依赖于一般均衡分析，适合进行模拟研究新政策工具的影响。此外，改变已校准的参数可以检验替代政策情景的具体情况。最后，由于 DSGE 模型具有微观基础，该模型还适合研究福利问题。我们必须意识到这种方法也会存在缺陷，尽管宏观审慎政策将越来越依赖量化评估，但还是需要加以定性判断。

制定宏观审慎政策时，一个特殊的挑战是如何更好地理解和校准其效果。当政策未执行时，挑战尤为困难，因为分析缺少可靠的证据。正如 Charles Goodhart 所说，"宏观审慎工具的使用仍处于起步阶段"（Goodhart，2014）。尽管如此，中央银行已经考虑了如何在实施前评估政策的有效性（事前评估）。国际清算银行最近发布了一份报告，该报告涉及判断需要解决风险和脆弱性的最佳方法、应当部署的合适工具以及针对设计目的而设置工具的时机和模型校准程度（BIS，2016）。通过其金融部门评估规划及定期的第四条款磋商报告，国际货币基金组织积累了大量基于案例研究的知识，有助于理解宏观审慎政策的运行机制（IMF，2014）。

开放经济的宏观审慎政策分析（包括评估任何货币政策替代方案）必须解决几个额外的问题。新兴市场中央银行的主要担忧是全球金融状况的变化可能导致资本流动大幅波动，这种情形几乎使受援国的决策者不知所措。Agénor 和 Pereira da Silva（2013）的几个案例研究很好地说明了在这种情况下货币政策是如何失效的。

一个问题是对汇率的影响。这一点非常重要，现有文献关于货币升值的风险承担渠道证据越来越多，Philip Turner 在其主题演讲中对此进行了描述（Hofmann 等，2016）。结论之一是为限制国内信贷扩张而加息，通过提高汇率而加剧某些风险承担行为，这样可以"轻松"降低通货膨胀（可贸易商品价格下跌），但会增加对不可贸易商品尤其是房地产的需求，房地产借贷增加本身会带来风险。旨在抑制信贷扩张（减少对加息的依赖）的宏观审慎政策可以限制不必要的货币升值风险。Bruno 等（2015）发现，20 世纪中期，12 个亚太经济体面对实际汇率急剧升值，都通过加息来应对强劲的经济增长和通货膨胀压力，但随着 2009 年后经济增长加速，汇率风险上升再次调整导致更多地依赖宏观审慎措施。国际货币基金组织开展的大型研究涵盖的国家更多，包括 46 个国家的 353 次紧缩政策和125 次宽松政策，（Zhang 和 Zoli，2014）。

另一个问题是冲击宏观审慎政策的性质，国际清算银行和国际货币基金组织在讨论替代政策工具之间的选择时都强调了这一点。一个重要维度是比较需求冲击与供给冲击。Kannan 等（2012）发现，当经济面临金融部门或住房需求冲击时，使用专门设计的宏观审慎工具来抑制信贷市场周期对稳定市场有好处。在这个模型中，生产率冲击下的最佳宏观审慎规则应当是不干预。更广泛和更积极的政策制度可以在面临金融冲击时提高市场稳定性，也可以在面对住房需求冲击时有所帮助，但面对生产率冲击时，它们会引发政策失误的可能性。但是，从历史上看，生产率冲击经常刺激新的、不确定领域的投机性借贷。生产率暂时上升的推断常常导致对未来毫无根据的乐观情绪。因此，金融风险将会增加，而宏观审慎政策可能需要对此加以控制（Turner，2012）。如果生产率冲击同时降低单位成本和价格，则可能需要放松货币政策以使中央银行实现其通货膨胀目标。在这种情况下，货币政策和宏观审慎政策可能需要朝相反的方向发力。

　　除了宏观和微观维度外，理解宏观审慎政策的另一个维度是比较外部与内部。Blanchard 等（2017）、Jeanne 和 Korinek（2010a）认为，当问题是信贷繁荣使所有借贷都具有风险时，无须区别国内外贷方，宏观审慎政策都要优于资本管制。但是在其他情况下，外部借贷是扭曲的根源（尤其是银行的外国负债），因此当局应区别对待居民/非居民交易。当问题是货币错配加剧的情况时，类似的论点也适用：限制外债的政策可能比提高国内利率更可取（后者往往会产生意想不到的后果，即鼓励企业和家庭以低息借入外币，从而加剧金融稳定风险）。

　　部分国家政策仅在获得局部分析支持的情况下得以迅速应用——正如一段时间以来，通货膨胀目标政策领先于理论一样（King，2005），因此，迄今为止宏观审慎政策都是在缺失能帮助中央银行充分理解其影响的理论框架下实施的。其他国家由于缺乏分析研究来支持总体框架，因此执行此类政策时非常谨慎。没有任何理论模型是完美的，也许永远不会出现普遍适用的理论框架，我们需要使用不同的模型来回答不同的问题。因此，本书秉持严谨的态度探索研究分析各种理论观点。本书是面向宏观审慎政策制定者编写的第一本研究手册，在统一的模型框架下评估了其他替代政策。

　　部分章节明确使用 DSGE 模型对我们的思考施加了一些约束，避免了系统性风险、工具设计及规则实施开展缺乏结构性的讨论，这种讨论在新的政策制度处于起步阶段时常常发生。尽管如此，使用 DSGE 模型仍然面临着巨大的挑战。当金融中介受异质性因素驱动时，建立在微观经济基础上的代表性主体模型（representative agent model）可能会产生误导。研究人员需要找到引入异质性的方法——不同类型的家庭、不同类型的借贷合同（如外币与本币）以及不同类型的金融中介。另一个挑战是需要对违约现象进行建模。

"简化式"宏观经济模型也具有重要作用。例如，当我们需要找到一个与正在考虑的宏观审慎工具紧密相关的变量（长期数据）时，显得尤为有效。遭受宏观经济金融市场冲击时，"简化式"宏观金融模型有助于弄清对银行的损益表和资产负债表的影响。例如，此类模型可以帮助识别来自一般风险敞口的反馈效应。一项雄心勃勃的尝试是日本央行开发的大型金融宏观经济模型（Ishikawa 等，2012）。该模型涵盖了超过 350 家银行和区域金融合作社，并依赖对所包含银行估算所得的行为方程来运行。银行监管者正在越来越多地使用这种模型开展压力测试，见 Goldstein（2016）和 Kitamura 等（2014）。

也许最新的分析方法是使用网络模型捕获传染风险。国际金融危机的教训之一是传染渠道可能会放大至直接影响如次级抵押贷款等小行业冲击所带来的影响。早期 Brunnermeier 和 Pedersen（2009）分析了银行间市场抵押债券存在的风险。Gourieroux 等（2012）开发了适用于银行系统的网络模型。Gabrieli 等（2015）使用网络模型分析了欧洲银行体系中的跨境传染风险，这种附带影响远远超出了银行业。当债务是由任何可出售资产（包括地产）抵押支持时，抛售（fire - sale）影响可以引发强大的反馈循环。Davila 和 Korinek（2016）回顾了抛售的外部性。Korinek 和 Simsek（2016）最新分析了反馈循环如何加剧总需求外部性的机制，即资产抛售通过收紧借款约束来降低总需求。

本书内容着重于强调全球视角、开放经济体视角、已执行的政策、系统性风险问题及政策实践。在制度层面，最后一章强调了与货币政策设计和治理相比，宏观审慎政策设计和治理的重要性。

本书的观点来自多个国家的中央银行家、从业者和学者，这些观点适用于多个国家或金融体系，同时总结了欧洲央行、英格兰银行、美联储、国际货币基金组织和国际清算银行的工作流程。

本书各章摘要如下：

第 1 章"宏观审慎政策的宏观经济学"（Philip Turner）涉及的话题再次成为中央银行业务的核心。"再次"是因为 19 世纪初英格兰银行就是因现在称为宏观审慎职责而成立的（Allen，2014）。英格兰银行不负责物价稳定，因为拿破仑战争后，1821 年英格兰银行恢复纸币可以自由兑换黄金的规定。英格兰银行的任务是避免金融危机，即遭受金融危机威胁时，限制银行倒闭带来的系统性影响，其他央行也基于类似的任务。如 Rotemberg（2014）指出，20 世纪 20 年代美联储货币政策的目标是限制投机性贷款。"宏观审慎"一词本身似乎是由英格兰银行（David Holland）1979年创造的。它同时出现在巴塞尔银行监管委员会的文件中（Green，2011），并且从 20 世纪 80 年代初"宏观审慎"在国际清算银行（BIS）政策讨论中占有一席之地。

分析的起点是伯南克—布林德（Bernanke - Blinder）模型中的银行信贷渠道：银行贷款意愿的变化（"感知的贷款风险"变化）对总需求会产生影响。在此模型中，利率不是政策利率，而是国内债券利率，因此是内生的。该模型的优点是允许利率对金融系统的冲击作出反应。然后，在简单的蒙代尔—弗莱明（Mundell - Fleming）框架中进行扩展就可以将该利率与汇率联系起来。宏观审慎政策可被视为直接在银行信贷渠道上发挥作用。因此，在分析宏观审慎政策时都应考虑国内债券利率和汇率的内生响应。

第 2 章"基于流动性的宏观审慎政策方法"（Jean - Pierre Landau）认为宏观审慎政策的周期性方法给中央银行和监管机构带来了重大挑战，因为它需要中央银行和监管部门对金融系统和货币政策的相互作用有全面的、实践的认识。

近几十年来，这方面的挑战已被忽视。当时，发达经济体和新兴经济体的主要货币政策框架是以通货膨胀为目标，新凯恩斯主义模型占主导地位，且货币政策主要通过利率而不是金融部门发挥作用。我们知道，现实经济体系中金融机构在传导机制方面发挥着更重要的作用。金融体系的行为包括杠杆与期限转换之间不断的相互作用。两者都对金融周期产生影响，并且都有助于货币政策传导。金融脆弱性正是这种相互作用的产物，逻辑上宏观审慎政策旨在同时监管杠杆和期限转换。本章认为，当前的宏观审慎政策过度依赖控制杠杆，而较少关注流动性和期限转换。如果考虑流动性和期限转换，宏观审慎政策将有助于更好地提高政策效果和灵活性，也更容易与货币政策相互协调。

第 3 章 "金融中介、货币政策和宏观审慎政策"（Stefano Neri）通过运用新凯恩斯动态随机一般均衡（NK – DSGE）模型，探讨了宏现审慎政策的新应用。2008—2009 年国际金融危机爆发后，尽管 DSGE 模型遭到严厉批评，但本章通过融入一个更加切合实际的金融中介模型和考虑宏观审慎政策的作用对其做了进一步完善。鉴于系统性风险建模在技术和计算层面日益困难，经济学家可能需要一段时间才能提出新模型，并基于此探究出一套全面的、综合的方法，以此研究金融中介与实体经济之间的联系，以及政策在促进和维持金融稳定方面的作用。同时，现有模型可用于分析货币政策和宏观审慎政策及其相互作用。本章认为，危机应当成为完善当前政策分析框架的机遇。通过在其他标准模型中引入金融摩擦和银行监管，可以采用评估货币政策类似的方法来评估宏观审慎政策，进而改进宏观审慎政策建模框架。

第 4 章 "中央银行的新艺术"（Jagjit S. Chadha）指出需要汲取金融危机惨痛的经验教训。首先，仅靠通货膨胀目标制并不能防止繁荣和萧条，因此需要借助更多的工具和更准确的判断增强其效果。其次，虽然金融部门放大了经济冲击的影响，但凭借流动性、资本等宏观审慎政策的准确应用，合理设计的宏观审慎工具（MPls）可以最小化其影响。最后，尽管财政政策、金融政策和货币政策之间的相互作用为脆弱的金融机构提供了支持，但政策协调可能是一项艰巨的任务，需要进一步研究。

第 5 章 "《巴塞尔协议Ⅲ》中的宏观审慎逆周期资本缓冲：对货币政策的影响"（José A. Carrasco – Gallego 和 Margarita Rubio）指出，《巴塞尔协议Ⅲ》是一系列银行业监管和风险管理极具宏观审慎考量的综合性改革措施，旨在建立一个健全的金融体系来预防未来危机。然而，金融监管的变化必须与货币政策相协调。作者回答了几个关键的问题：首先，分析了对于给定的货币政策，巴塞尔协议Ⅰ、Ⅱ和Ⅲ所暗示的更高的资本要求如何影响经济中不同经济主体的福利；其次，研究了监管措施如何影响货币政策的实施方式；最后，提出了一个自动化规则来实施《巴塞尔协议Ⅲ》中的宏观审慎逆周期资本缓冲，并找到了该规则和货币政策的最优参数。文章结论指出，使用最优值可以达到帕累托最优结果，并且可以实现宏观审慎目标。

关于宏观审慎政策的开放经济层面，F. Gulcin Ozkan 和 D. Filiz Unsal 首先在第 6 章"小型开放经济体货币政策和宏观审慎政策"进行了讨论。本章探讨了资本流动突然逆转下，小型开放经济体的最优货币政策和宏观审慎政策规则。文章将泰勒式利率规则视为关于通货膨胀、产出和信贷增长的函数，以及将宏观审慎工具视为关于信贷增长的函数。本章得出了两个主要结论：第一个结论是，在存在宏观审慎措施的情况下，对于信贷增长超出产出缺口及通货膨胀目标的货币政策没有明显的福利收益。此外，在金融和实体经济双重冲击下，围绕金融市场反应，货币政策比宏观审慎政策实际上更容易造成福利损失，使"逆向干预"的重担被直接放在宏观审慎政策上。第二个结论是，借款来源是替代政策可行的重要决定因素：外债规模越大，宏现审慎工具的效力越大。鉴于新兴经济体中的债务大规模美元化，有助于解释相比于发达经济体，宏观审慎政策在应对2008—2009 年国际金融危机时表现突出的原因。因其为问题的解答增加了国际化的视角，所以本章代表了宏观审慎政策建模的重要进展。迄今为止，大多数文献都聚焦于发达经济体和封闭经济体。本章的研究结论可以应用于高度依赖外国部门的新兴经济体。

第 7 章"资本流动和宏观审慎政策：新兴亚洲框架"（Matteo F. Ghilardi 和 Shanaka J. Peiris）建立了一个开放经济体 DSGE 模型，该模型通过构建一个以优化利润为目标的银行部门来评估资本流动、宏观金融关联性和宏观审慎政策在亚洲新兴经济体中的作用。主要结论是宏观审慎政策可以有效地补充货币政策。逆周期宏观审慎政策有助于降低宏观经济波动并提高福利。结论还表明资本流动和金融稳定对经济周期波动的重要性，以及供给端金融加速器效应在放大冲击和传导中的作用。亚洲经济体率先引入了宏观审慎政策。本章代表了一个可以用来检验那些已经付诸实践政策有效性的理论框架。

第 8 章"全球化世界中的宏观审慎政策"（Dennis Reinhardt 和 Rhiannon Sowerbutts）进一步讨论了开放经济体问题。本章指出，虽然宏观审慎工具已成为许多政策制定者工具箱的一部分，但迄今为止，宏观审慎政策的侧重点仍在国内。但是，全球金融市场的相互关联和银行业的全球化对宏观审慎政策的运行提出了不可忽视的重大挑战。本章考虑了资本流动如何造成过度借款、金融外部性以及对宏观审慎监管的需求。结果表明，监管的不均衡实施可能造成资本流向国外部门，使国内宏观审慎政策效率降低，同时国外宏现审慎行为可能会对国内产生溢出效应。它概述了通过潜在的国际协调和宏观审慎政策互惠，确保国际宏观审慎政策更有效。这些结论尤其值得像英国这样拥有众多外国银行分支机构的国家思考。如果外国监管机构不采取相同措施，国内宏观审慎政策的效果可能会减弱或导致不良后果。

另外两章考虑了在宏观审慎政策实施中与系统性风险和宏观审慎工具有效使用的实际问题。

第 9 章"欧洲银行系统性风险：监管指标法与市场指标法"（Maarten R. C. van Oordt 和 Chen Zhou）讨论了各项规则和法规如何对银行个体风险承担行为和银行系统性风险水平产生不同的影响。这使审慎规则和政策的实施更加困推，因此需要确保理解其对银行风险和系统性风险的影响。本章评估了大型欧洲银行的系统重要性，分析了基于系统性风险的市场指标法和监管指标法是否得出了相似的排名。结果发现，系统重要性的监管指标与系统性风险呈正相关关系。具体而言，在金融压力存在的精况下，监管指标得分较高的银行会与金融系统有更紧密的联系，而不是具有更高风险的银行。

第 10 章"系统性风险分析的宏观审慎工具"（Marcin Łupiński）介绍了作为压力测试框架一部分的系统性风险分析工具和在解决决策者所面临的系统性风险问题时宏观审慎政策的应用情况。本章通过举例的方式特别关注了波兰银行业所发生的问题。本章的第一部分提出了系统性风险的替代定义以及系统性风险度量和分析工具，将网络模型作为基准，加入压力测试框架以实证评估系统性风险对波兰银行业的影响。结果表明，一般而言，在波兰经营的银行不受系统性风险的内生和外生来源影响，这种风险不是国内银行业不稳定的根源。然而，未来应该密切关注一些波兰银行资本所有权结构和抵押贷款组合特征造成的冲击。

然后，本书转向宏观审慎工具有效性专题。第 11 章 "宏观审慎政策何时有效？"（Chris McDonald）探究了当前的宏观审慎政策工具，例如贷款价值比（LTV）和债务收入比（DTI）限制，在政策周期的紧缩和宽松阶段对房地产市场是否具有类似效果的问题。本章探索了紧缩与宽松宏观审慎政策的相对有效性是否取决于政策在房地产周期中的实施位置。结果表明，当信贷快速扩张以及房价相对于收入较高时，紧缩措施会产生更大的作用。宽松措施似乎比紧缩措施作用小，但该差异在周期的紧缩阶段并不大。

本书第 12 章 "宏观审慎政策：实践先于理论且职责应当清晰"（Richard Barwell）认为，科学的经济政策方法需要明确的目标和可靠的系统模型。作者认为，宏观审慎政策制定者在这两方面都不满足，急于建立新工具，并且在合适的理论到位之前就使用这些新工具。他建议采用的顺序是首先要识别市场失灵和确定模型，其次是确定政策目标，最后是向政策机构分配有效的工具。本章还提出了六项建议，以帮助解决宏观审慎政策实施中的 "边学边做" 问题，即如何在深入认识稳定金融体系过程中实现公共政策目标。

本书中的论文使用了 DSGE 模型、"简化式" 宏观经济模型、网络模型等不同理论方法，提出了许多不同的观点。没有一种理论范式占主导地位。由于宏观审慎政策相对较新，不同工具的有效性实证评估尚处于初级阶段。宏观审慎政策传导机制如何运行，以及与货币政策传导的相互影响机制，都尚无定论。

此前诺丁汉会议上的激烈讨论表明，学者们对实践中哪种宏观审慎工具最有效存在重大分歧。纽约联邦储备银行行长最近讲述了五位联邦储备银行行长的"沙盘推演"（Dudley，2015），讨论了应对商业房地产市场过热的最佳方法，最终未能就使用哪种宏观审慎工具达成共识，也未就与货币政策有关的工具组合达成一致意见。目前，实践中宏观审慎工具实证研究仍处于初级阶段，务实的"边学边做"才是当务之急。

最后，中央银行宏观审慎工具安排仍然面临新议题，许多与决策过程有关的问题仍有待解决。政策应该基于规则还是可以自由裁量？中央银行应遵循哪些目标？中央银行应当使用多少工具？中央银行资产负债表政策应发挥什么作用？决策过程和披露方面仍有许多问题有待解决。问责和治理安排可能会根据经验加以调整。

当前，中央银行迫切需要加强对宏观审慎政策的研究，希望本书观点有助于开展此类研究，从而为政策制定者厘清宏观审慎政策面临的问题提供经验。

参考文献

Agénor, P. and L. A. Pereira da Silva (2013). *Inflation and Financial Stability*. IDB and CEMLA. Washington, DC.

Aikman, D., O. Bush and A. M. Taylor (2016). 'Monetary versus macroprudential policies: Causal impacts of interest rates and credit controls in the era of the UK Radcliffe Report'. *CEPR Discussion Paper*. June.

Aiyar, S., C. W. Calomiris and T. Wieladek (2014). 'How does credit supply respond to monetary policy and bank minimum requirements?', *Bank of England Working Paper*, no 508.

Allen, W. A. (2014). 'Asset choice in British central banking history, the myth of the safe asset, and bank regulation', J*ournal of Banking and Financial Economics*, June, 5–18.

Altunbas, Y., L. Gambacorta and D. Marquez-Ibanez (2010). 'Does monetary policy affect bank risk-taking?', *BIS Working Papers*, no 298.

Angelini, P., S. Neri and F. Panetta (2012). 'Monetary and macroprudential policies', *European Central Bank Working Paper*, no 1,449.

Antipa, P., E. Mengus and B. Mojon (2010). "Would macroprudential policies have prevented the great recession?" Mimeo. Banque de France.

Blanchard, O., J. D. Ostry, A. D. Ghosh and M. Chamon (2017). "Are capital flows expansionary or contractionary? Theory, policy implications and some evidence" *IMF Economic Review, Palgrave Macmillan, IMF* vol 65(3), pp 563–585.

Borio, C. and I. Shim (2007). 'What can (macro-)policy do to support monetary policy?', *BIS Working Papers*, no 242, December.

Bank for International Settlements (2016). 'Report of the Study Group on Experiences with the Ex Ante Appraisal of Macroprudential Policies', *CGFS Papers*, no 56, July.

Brunnermeier, M. and L. Pedersen (2009). Market liquidity and funding liquidity, *The Review of Financial Studies*, vol 22, 2201–2238.

Bruno, V., I. Shim and H. S. Shin (2015). 'Comparative assessment of macroprudential policies', *BIS Working Papers*, no 502, June.

Davila, E. and A. Korinek (2016). 'Fire-sale externalities', *NBER Working Paper*, no 22444, July.

Dell'Ariccia, G., L. Laeven and G. Suarez (2013). 'Bank leverage and monetary policy's risk-taking channel: Evidence from the United States', *IMF Working Paper*, WP/13/143.

Dudley, W. C. (2015). 'Is the active use of macroprudential tools institutionally realistic?', Panel remarks at the Macroprudential Monetary Policy Conference. Boston, October.

Farhi, E. and I. Werning (2016). 'A theory of macroprudential policies in the presence of nominal rigidities', *NBER Working Paper*, no 19313. June.

Friedman, B. M. (2014). 'Has the financial crisis permanently changed the practice of monetary policy? Has it changed the theory of monetary policy?', *NBER Working Paper*, no 20128, May.

Gabrieli, S., D. Salakhova and G. Vuillemey (2015). 'Cross-border interbank contagion in the European banking sector', Banque de France. *Document de travail*, no 545.

Gagnon, J. E. and B. Sack (2014). 'Monetary policy with abundant liquidity: A new operating framework for the Federal Reserve', Policy Brief PB14–4. Peterson Institute for International Economics. January.

Gambacorta, L. and P. Mistrulli (2004). Does bank capital affect lending behavior?, *Journal of Financial Intermediation*, vol 13, no 4, 436–457.

Galvão, A. B. and M. T. Owyang (2013). 'Measuring macro-financial conditions using a factor augmented smooth-transition vector autoregression'. April. Mimeo.

Gelain, P. and P. Ilbas (2014). 'Monetary and macroprudential policies in an estimated model with financial intermediation', *National Bank of Belgium Working Paper*, no 258.

Goldstein, M. (2016). *Banking's Final Exam: Stress Testing and Bank-Capital Reform*. Peterson Institute for International Economics. Washington.

Goodhart, C. (2014). 'The use of macroprudential instruments'. In D. Schoenmaker (Ed.), *Macroprudentialism*. A VoxEU.org eBook edited by D. Schoenmaker. Pp 11–17.

Gourieroux, C., J.-C. Héam and A. Monfort (2012). 'Bilateral exposures and systemic solvency risk', *Banque de France Working Paper*, no 414.

Green, D. (2011). 'The relationship between the objectives and tools of macroprudential and monetary policy', *Financial Markets Group, London School of Economics Special Paper*, no 200, May.

Heath, R. and E. B. Goksu (2017). "Financial stability analysis: What are the data needs?" IMF Working Paper. WP/17/153.

Hofmann, B., I. Shim, and H. S. Shin (2016). 'Sovereign yields and the risk-taking channel of currency appreciation', *BIS Working Papers*, no 538, January.

IMF (2014). 'Staff Guidance Note on Macroprudential Policy-Considerations for Low-Income Countries'.

Ishikawa, A., K. Kamada, Y. Kurachi, K. Nasu and Y. Teranishi (2012). 'Introduction to the financial macro-econometric model', *Bank of Japan Working Paper Series*, no 12-E-1.

Jeanne, O. and A. Korinek (2010a). 'Excessive volatility in capital flows: A Pigouvian taxation approach', *American Economic Review*, vol 100, no 2, 403–407.

(2010b). 'Managing credit booms and busts: A Pigouvian taxation approach', *NBER Working Paper*, no 16377. September.

Jimenez, G., S. Ongena, J.-L. Peydro and J. Saurina (2014). 'Hazardous time for monetary policy: What do twenty-three million bank loans say about the effects of monetary policy on credit risk-taking?', *Econometrica*, vol 82, no 2, 436–505.

Kannan, P., P. Rabanal and A. Scott (2012). 'Monetary and macroprudential policy rules in a model with house price booms, *The B.E. Journal of Macroeconomics*, Contributions, vol 12, no 1.

Kenc, T. (2016). 'Macroprudential regulation: An introduction to history, theory and policy', in "Macroprudential Policy" G20 conference jointly organized by the Central Bank of Turkey, the BIS and the IMF. *BIS Papers*. No 86 pp 1–15.

King, M. (2005). 'Monetary policy: Practice ahead of theory', Mais lecture. 17 May. (2016). *The End of Alchemy: Money, Banking and the Future of the Global Economy*. W. W. Norton & Company, Ltd.

Kitamura, T., S. Kojima, K. Nakamura, K. Takahashi and I. Takei (2014). *Macro Stress Testing at the Bank of Japan*. Bank of Japan, Reports & Research Papers. Tokyo.

Kohn, D. (2013). *Interactions of Macroprudential Policy and Monetary Policies: A View from the Bank of England's Financial Policy Committee*. Oxford: Oxford Institute for Economic Policy.

Korinek, A. (2011). 'Systemic risk-taking: Amplification effects, externalities and regulatory responses', *ECB Working Paper*, no 1345.

Korinek, A. and A. Simsek (2016). 'Liquidity trap and excessive leverage,' *American Economic Review*, vol 106, no 3, 699–738.

Maddaloni, A. and J.-L. Peydro (2013). 'Monetary policy, macroprudential policy and banking stability: Evidence from the euro area,' *International*

Journal of Central Banking, 121–169.

N' Diaye, P. (2009). 'Countercyclical macroprudential policies in a supporting role to monetary policy', *IMF Working Paper*, no WP/09/257. November.

Posen, A. (2009). 'Finding the right tool for dealing with asset price booms', Speech at the MPR Monetary Policy and Economy Conference. London, December.

Rotemberg, J. (2014). 'The Federal Reserve's abandonment of its 1923 principles', *NBER Working Paper*, no 20507, September.

Rubio, M. and J. A. Carrasco-Gallego (2014). 'Macroprudential and monetary policies: Implications for financial stability and welfare'. *Journal of Banking and Finance*, vol 49, 326–336.

Tucker, P. (2014). 'A new constitution for money (*and* credit). Myron Scholes Lecture', *Chicago Booth School of Business*. 22 May.

Turner, P. (2012). 'Macroprudential policies in EMEs: Theory and practice. Financial sector regulation for growth, equity and stability', *BIS Papers*, no 62, 125–139. (2017). "Did central banks cause the last crisis? Will they cause the next?" London School of Economics. Financial Markets Group. Special Paper 249. November.

Zhang, L. and E. Zoli (2014). 'Leaning against the wind: Macroprudential policy in Asia', *IMF Working Paper*, no 11/22, February.

目　　录

第1章 宏观审慎政策的宏观经济学

菲利普·特纳（Philip Turner）*

本章涉及的主题再次成为中央银行讨论的核心内容。"再次"是因为19世纪初英格兰银行就是因现在称之为宏观审慎职责的原因而成立的（Allen，2014）。英格兰银行不负责物价稳定，因为拿破仑战争后，1821年英格兰银行恢复纸币可以自由兑换黄金的规定。英格兰银行的任务是避免金融危机，即遭受金融危机威胁时，限制银行倒闭带来的系统性影响，其他央行也基于类似的任务。例如，Rotemberg（2014）指出，20世纪20年代美联储货币政策的目标是限制投机性贷款。1928年，Dennis Robertson在伦敦证券交易所（LSE）发表了重要讲话，认为美联储在试图使用利率调节投机性贷款是错误的，并提出货币政策应以物价稳定为原则的指导建议，即中央银行政策唯一适合的目标是维护物价稳定，这一建议非常具有先见之明（Turner，2017）。

"宏观审慎"一词是由英格兰银行已故官员 David Holland 在 1979 年提出的。同一时期，巴塞尔委员会文件也提到了"宏观审慎"（巴塞尔委员会，2011），20世纪80年代初国际清算银行（BIS）有关"宏观审慎"的政策讨论已经占有一席之地。

---

* 非常感谢参加本次会议、阿根廷央行年度货币银行会议、在伊斯坦布尔举办的土耳其央行/国际清算银行/国际货币基金组织联合会议的专家学者，以及 Ryan Banerjee、Boris Hofmann、Lex Hoogduin、Emanuel Kohlscheen、Anton Korinek、Marco Lombardi、Christopher McDonald、Paul Mizen、Richhild Moessner、Ilhyock Shim、Hyun Shin 和 Anders Vredin 对初稿提出的有益意见和建议。非常感谢 Sonja Fritz 和 Jhuvesh Sobrun 帮助我准备本章有关内容。

1.1　引言

　　大多数人认为宏观审慎政策本质上是以微观经济为主，通常是为了处理个体银行或其他金融机构自身无法解决的市场失灵问题。人们通常认为宏观审慎政策会使整个经济体的利率保持不变，可以避免私人机构之间的协调失败，提高金融脆弱性最令人担忧部门的相对价值或信贷可获得性。相反，货币政策以宏观经济为主。如果认为金融稳定风险很高，并且由于利率太低而出现通货膨胀风险，那么中央银行可以通过简单的加息来抑制新的借贷。

　　这种典型的二分法在一定程度上具有重要意义。某些部门金融体系脆弱性通常最为严重。大多数中央银行家认为，2007 年至 2008 年国际金融危机的主要教训之一是应当制定宏观审慎政策应对资产价格高估风险等特定风险敞口，因为即使管理得当的机构也会面临这种风险（Galati 和 Moessner，2014；Hoogduin，2014；Kohn，2014；Tucker，2014a）。Paul Tucker（2014a）回应 Chuck Prince 关于"只要音乐响起，你就必须站起来跳舞"时指出，宏观审慎政策可以充当金融机构共同"站起来跳舞"的协调工具，有助于抑制顺周期态势。最后，出于治理和问责制的考虑，大多数中央银行制定了清晰的、独立的货币政策目标和宏观审慎政策目标。

　　但是，这种二分法有些简单。合理评估宏观审慎政策也需要进行宏观经济分析。一个明显的原因是监管约束会影响宏观经济变量。通常，此类约束会减少支出增加储蓄，从而对实际收入、利率和汇率造成影响[①]。经济模型试图寻求更严格的监管约束引发的宏观经济反应情况。

　　另一个经常被忽视的原因是国内宏观经济政策不能直接影响所有相关的宏观经济变量。特别是，大多数宏观经济变量取决于全球市场形势，因

---

　　①　Portes（2014）提出了这一论点。

此国内决策部门在很大程度上无法实现预期的政策效果。审慎监管（而非货币政策）可能需要从根本上解决宏观经济问题，而不仅仅是特定部门问题[①]。

利率和汇率是中央银行需要特别关注的两个全球经济变量。中央银行可以用本国货币控制短期利率，但是长期利率不受中央银行控制，而是受全球市场主导。银行和其他金融机构如何应对这种差异，即中央银行通过调整货币供给控制收益率曲线的一端，而全球市场则控制了收益率曲线的另一端，进而对金融稳定产生深远影响。汇率变动与金融稳定息息相关，因为汇率变动会产生财富效应并影响银行和资本市场的风险承担行为。汇率风险承担传导渠道成为中央银行面临的主要政策困境。

本章使用伯南克—布林德（BB）封闭经济模型的银行信贷渠道进行说明[②]。文章用 CC（商品和信贷）曲线代替标准的商品——市场均衡 IS 曲线，旨在分析银行贷款意愿变化对总需求的影响。模型中银行贷款意愿增强刺激金融繁荣，而不是不变的货币政策，推动债券实际利率上升。本章还扩展到开放经济条件下，运用简化的蒙代尔—弗莱明模型描述国内利率和汇率之间的关系。

需要注意的是，BB 模型中 IS—LM 曲线中货币政策假设是根据货币供应量进行定义的，且利率是内生的。该模型的特别之处在于利率会对国内银行风险承担变化作出反应。就政策利率而言，定义货币政策更“现代”的惯例至少在基本形式上隐含着利率对金融冲击没有直接反应的假设。如果一个模型使用泰勒规则，并假设长期利率（对金融系统冲击作出反应的市场利率）为预期短期利率的平均值。如 Boivin 等（2010）指出，大多数动态随机一般均衡模型（DSGE）迈入这样一个陷阱，预期短期利率的路径通常仅取决于泰勒规则中涉及的宏观经济变量（产出缺口、通胀率等），而对金融冲击没有直接影响。

[①]　此外，宏观审慎政策具有宏观经济理论基础（国际清算银行，2016）。除了庇古提出的外部性外，近期宏观审慎政策理论主要强调了总需求的外部性（微观经济选择行为具有宏观经济效应）。Korinek 和 Simsek（2016）近期总结了相关文献。

[②]　Paul Mizen 建议我使用这个类比。

　　紧缩的宏观审慎政策可以逆转银行信贷渠道，即遏制银行贷款，降低债券利率（第1.2节）。在开放经济体中，市场利率升高会吸引资本流入，促使汇率升值。实际上，货币升值可能会进一步助长金融风险。因此，面对汇率高估和资本流入过剩或不稳定情况，中央银行更倾向于收紧宏观审慎政策，而不是提高政策利率（第1.3节）。第1.4节讨论了随着汇率变化近期面临的政策困境。宏观审慎政策的一种特殊形式是中央银行使用自己的资产负债表对银行实施量化紧缩（第1.5节）。结论是灵活的汇率政策离不开"全球"长期利率或全球市场流动性状况。因此，需要资本流动或审慎措施解决宏观经济变量所无法涉及的问题（第1.6节），而不仅仅是一个部门的问题。

1.2　监管约束对收入和利率的影响

　　如果政策利率保持不变，施加或收紧宏观审慎约束是否会产生持久性影响？微观经济学认为由于利率决定了跨期消费选择，持久性影响并不存在。这种逻辑忽略了流动性约束，宏观审慎政策可以通过收紧流动性约束来发挥作用。以限制发放抵押贷款为例，大多数国家经常采用这项宏观审慎工具。面对大额首付时，居民将不得不节省资金在更长时间内购买房屋。这种观点认为，宏观审慎约束的最终目的是推迟居民个人购房。

　　但是，这种逻辑仅适用于个体层面。从整体层面来看，推理存在着"合成谬误"的可能性，因为忽略了监管干预对实际GDP、市场利率和资产价格的影响。施加或收紧监管约束实际上会降低个人借款，增加国内储蓄。事实上，大多数宏观审慎措施的逻辑基本如下，银行收紧贷款门槛，家庭或企业增加实际储蓄。通常，监管收紧还会降低资产价格，如房价可能下跌，进而改变家庭资产负债表，影响家庭支出和产出。较低的房价有助于金融稳定，随着房价下跌，新借款人的"押注"更加安全，因为其所持资金在房价总额中所占比重上升，同时也减少了需要借入的住房抵押贷款资金。

在简单的封闭经济模型中，限制性宏观审慎措施引起的总需求变化将减少收入，降低利率。BB 模型中的信贷渠道提供了一个简单的分析框架。考虑到信贷扩张可能需要采取宏观审慎措施。1988 年，伯南克和布林德发表的著名论文聚焦了金融冲击对经济的反应，分析了如果银行更愿意发放贷款会发生什么（因为感知的贷款风险下降）①。在 IS—LM 模型中，假定准备金不变，银行在贷款和债券之间进行选择。伯南克—布林德模型的优点在于根据市场利率（债券利率）银行调整所持贷款和债券资产结构。当货币政策保持不变时，宏观审慎政策可以直接调整银行放贷意愿。

图 1.1 显示了伯南克—布林德模型。在货币政策不变情况下，即给定 LM 曲线使得货币供应量不变，信贷供给函数向外移动会改变"商品和信贷"（CC）。实际 GDP（Y）和债券实际利率（i）都会沿着给定的 LM 曲线移动上升。该框架中利率不是中央银行控制下政策利率的简单函数，这一点对于第 1.6 节讨论"全球"长期利率期限溢价具有重要意义。

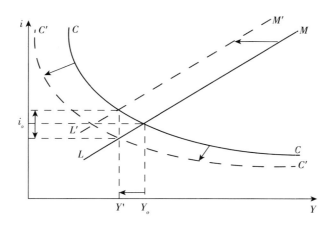

注：① CC 曲线向内移动代表收紧宏观审慎政策；
　　② LM 曲线向左移动代表收紧货币政策。

图 1.1　伯南克—布林德模型

---

① Stefano Neri 对本书的贡献（第 3 章）总结了 Angelini（2014）等人使用的 DGSE 方法，通过监管政策引起的银行资本供给变化对贷款供给的影响来分析宏观审慎政策。

伯南克—布林德模型同时考虑了价格水平和通胀。然而，实际上货币政策的反应取决于通胀预期。如果产出增加使 Y 高于充分就业水平，则中央银行可能会收紧货币政策，LM 曲线向左移动，债券利率随之上升。或在失业率高企的情况下，银行更可能采取扩张立场放松货币政策，LM 曲线向右移动，以防止债券利率上升。

宏观审慎政策的优势在于为中央银行提供了额外的工具，可以直接控制银行贷款。例如，中央银行可以调整贷款的风险权重，通过伯南克—布林德模型贷款风险感知变化方式影响银行行为。因此，宏观审慎政策收紧意味着信贷供给函数下移，CC 曲线向内移动（见图 1.1）。银行贷款利率上升，债券利率下降[①]。替代宏观审慎措施的另一种选择是收紧货币政策。图 1.1 显示 LM 曲线向左移动，实际 GDP 从 Y_0 下降至 Y'。但是，两项政策对债券利率产生了相反的影响，收紧宏观审慎政策会降低债券利率，而收紧货币政策则提高债券利率[②]。

这种简单的宏观经济模型需要通过分析家庭资产负债表变量来加以补充。例如，模型中较低的债券利率与较高的债券市场价值相对应。随着其他资产价格上涨，借款人净资产也将提高，从而可以借入更多资金（资产负债表渠道可能会改变货币政策）。潜在借款人持有的可出售抵押品价值变化会对其借款能力产生较大影响。

分析资产负债表的影响并不容易。大多数金融稳定分析的缺点之一是往往忽视了资产端，几乎所有的文献都集中在借款人资产负债表的负债端。Bernanke 和 Gertler（1995）写道："货币政策的资产负债表规模上升是因为美联储政策变化直接或间接地影响了借款人的财务状况。"

之所以考虑资产负债表的资产端和负债端，是因为借款人金融债务增加意味着贷方金融资产增加。资产存量（不仅是债务）变化会产生宏观经

[①]　事实上简化模型总是很危险。不过，自危机以来，银行持有的政府债券数量大幅增加，部分原因是经济衰退引致，但是也受到新法规，特别是流动性规则（优先选择政府债券）以及对某些交易对手敞口依赖程度更高的高质量抵押品规定。

[②]　Jeanne（2014）强调指出，这种机制意味着大国收紧宏观审慎政策将压低全球利率。Reinhardt 和 Sowerbutts（第 8 章）探讨了宏观审慎政策的跨境溢出效应。

济后果。谈到 21 世纪初英国房价暴涨时，时任英格兰银行货币政策委员会成员的 Stephen Nickell 指出，以抵押贷款为主的家庭金融负债大量累积与家庭金融资产之间存在着显著的对应关系。一直到 2007 年，这一发展趋势符合他的判断（见图 1.2）。Nickell 认为，负债与资产之间存在系统性关联，每当一个家庭利用抵押贷款从卖方购置房屋时，卖方没有抵押贷款，也没有继承新房或搬入租赁住房，负债与资产之间就会存在关联。卖方增加其金融资产存量时借款人也提高了其金融负债。图 1.2 最明显的地方在于尽管房地产市场起起伏伏，但家庭净购置住房资产趋于稳定。然而，房价上涨的巨大变化在金融负债和金融资产的购置方面波动明显，其波动幅度是房屋投资变动幅度的许多倍。但是，自国际金融危机以来，金融债务和资产更加稳定，因此还需要深入理解金融资产波动如何扩大金融加速器效应。

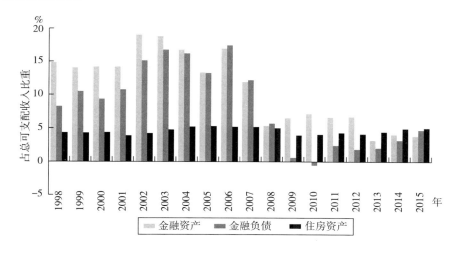

图 1.2　英国居民家庭资产和负债累积情况

（资料来源：英国国家统计署）

1.3　监管约束对汇率的影响

伯南克—布林德封闭经济模型可以扩展到开放经济条件下将利率和汇

率联系起来的简化蒙代尔—弗莱明（Mundell—Fleming）模型进行分析。首先 BB 模型会考虑国内冲击的影响。CC 曲线向外移动，即银行更愿意放贷，导致债券利率上升，吸引国内外投资者购买债券。结果是市场利率上升幅度小于封闭经济体中的上升幅度①。货币升值可能会导致国内银行贷款增加，使家庭（尤其是新兴市场经济体中常见的以外币计价的家庭）境况好转，鼓励减少储蓄②。

这种汇率影响为应对国内冲击政策辩论增加了一个重要维度。监管收紧导致货币贬值，而货币政策收紧导致货币升值。决策者在努力解决货币高估的同时，并没有忽视这一重要区别。

图 1.3 说明了此问题。它代表了一种初始情况，收入水平和汇率导致

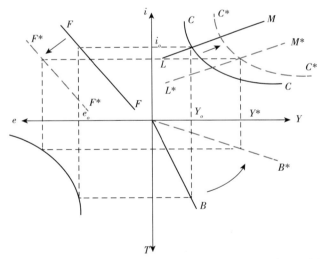

注：Y 表示收入，i 表示债券利率，T 表示可贸易商品产出，e 表示汇率，图中的射线 B 逆时针旋转。

图 1.3　伯南克—布林德模型和蒙代尔—弗莱明模型：

贸易条件改善所得的货币金融渠道

---

① 　至少在短期，经常账户赤字的增加最终将使汇率下降，因此 FF 曲线（代表外汇市场均衡）向后倾斜，如图 1.3 中所示。

② 　Obstfeld（1982）强调了超越简单收入支出模型的重要性。他认为资产负债表效应也影响着宏观经济对货币升值的反应。他指出，永久升值会增加实际财富，从而减少实际储蓄，这与 Laursen—Metzler 所说的情况截然相反，即只会提高当前收入的临时升值会增加储蓄。

贸易差额为零。贸易商品的消费和生产完全相等，因此贸易账户处于均衡状态。如果银行变得更具冒险精神并发放更多贷款，CC 曲线就会向外移动，汇率上升，可贸易商品产出会下降。同时，刺激非贸易品需求，导致贸易逆差。

实际上，汇率也可能会受到外部冲击的影响而上升，从而增加新的政策困境。考虑出口产品世界价格上涨的情况，对于依赖初级商品的发展中经济体很重要，外部市场的繁荣对出口结构更加多样化的国家产生了类似的影响。这种冲击与贸易相关的影响是贸易条件改善，使该国能够使用较低的贸易商品产量平衡其货币账户。但是，也可能存在与资本流动特别相关的金融因素，这是因为预期未来出口实际价值更高会使该国抵押变相增加，外国人更愿意贷款。该国风险溢价下降使 FF 向左移动，资本流入增加，汇率升值，这当然是短期效果。从长远来看，随着强势汇率侵蚀该国生产可贸易商品的能力，外债将逐渐增加。

这种缓慢变化的资产负债表效应，当然不包括在蒙代尔—弗莱明模型框架中，可能最终对金融稳定产生重大影响。Bruno 和 Shin（2015）称这种现象为货币升值的风险承担渠道。Hofmann 等（2016）指出新兴市场经济体货币升值确实与该国风险溢价下降相关联，即主权信用违约互换利差更低，资本流入趋于增加，本币政府债券收益率下降。

面对强劲的资本流入，大多数中央银行会大规模干预外汇市场，但是购买外汇通常会增加银行系统的中央银行负债。银行准备金增加，货币政策变得更具扩张性，即 LM 向右移动，压低债券利率。历史上，中央银行很难将国内银行信贷与非常大量且持续的外汇购买完全割裂开来，而无须诉诸诸如准备金要求的量化措施。Marcio Garcia（2011）使用伯南克—布林德模型表明，为了恢复初始利率而出售债券仍然会使银行承担更多的负债。因此，在这种模型中，银行会采用冲销干预方式扩大贷款。无论如何，持有更多的政府债券（不仅是储备金）会使银行的资产负债表更具流动性。Gadanecz 等（2014）发现，新兴市场经济体银行持有政府债券增加会扩大私营部门银行信贷。限制外币借款、增加准备金要求、资本账户管理政策等汇率维度的宏观审慎政策可以支持并依赖外汇干预，因为会限制信贷扩张并对汇率形成向下压力（Pereira da Silva 和 Harris，2012）。

当然，结论也可能相反。实际货币升值减少了实际净出口，从而降低了收入，CC 曲线移向原点。但是，这种竞争力的影响需要花费数年的时间才能建立起来，并且对于依赖商品出口的国家影响较小。实际货币升值（特别是在大宗商品繁荣中）的最初影响通常是增加固定资本形成总额，使 CC 曲线向外移动，进而强化信贷扩张的影响。对于大多数商品生产商而言，固定投资增加似乎至少在几年内主导着对竞争力较低的可贸易商品产出需求疲软的影响。因此，当实际贸易条件改善时，资本流入、信贷供给、固定投资和汇率都可能一起上升。

货币升值、外汇干预和国内信贷扩张齐头并进的情景远比学术兴趣更重要。过去大多数金融危机之前，信贷扩张和货币升值相互依赖。Gourinchas 和 Obstfeld（2012）报告清楚地表明，周期性繁荣（大量资金流入）期间汇率高估会加剧金融危机风险。在此期间，决策者将不得不应对扩张性升值。一旦资本流动"意外终止"，货币就会贬值，相关国家被迫通过减少收入使其与（下降的）可贸易产品水平相匹配来迅速纠正贸易赤字。汇率经常高估会导致货币错配，而这三种金融渠道则相反，可能会导致紧缩性贬值[1]。

繁荣时期收紧宏观审慎政策可能会抵消这种动态趋势。降低债券利率，从而压低汇率（e），反过来又增加可贸易商品的产出 T。收紧银行贷款标准降低了对不可贸易商品的需求，贸易赤字随之减少。不难看出，收紧货币政策对 Y 有着同样的影响，而收紧宏观审慎政策将导致充分就业状态下更大的贸易赤字，因为政策实施将推高汇率并增加资本流入。

由于货币升值和大量资本流入会增加金融风险承担，因此收紧货币政策并不可取：进一步提高汇率可能会威胁金融稳定。当然，这只是分析研究的起初结论，而不是最终结果。利率与汇率之间的联系不稳定或不可预

---

[1] 参见 Agénor 和 Pereira da Silva（2013）新兴经济体案例研究，这些案例很好地说明了货币政策如何在应对外部冲击带来的宏观经济金融稳定风险方面失去其有效性。

测，不足以依赖于政策目的，在任何情况下都还取决于"外国"短期利率状况，而忽略有关动态趋势。监管收紧的微观经济影响通常会随着时间的推移而减弱，而私营部门资产负债表通常调整最大。也许这种情况并不重要，因为明天的金融市场状况和宏观经济形势与今天有所不同。例如，货币升值压力的逆转将消除提高政策利率的限制，因此收紧货币政策可以与紧缩宏观审慎政策形成互补。

当私人代理人试图采取货币政策或监管政策措施时，我们必须更深入地分析评估宏观经济后果。例如，如果国内银行被迫采用更严格的贷款标准，借款人可能会向国外银行寻求贷款，甚至可能是外币贷款，进而倾向于推高汇率。类似于提高本币政策利率的后果，借款人可能会转向使用外币借款。货币错配带来的金融稳定风险将会加剧，但是短期内以贬值货币借款似乎是一种有吸引力的交易。

在这种情况下，监管部门可能需要对货币错配（或外国借款）采取严格的规定，以防止借款人逃避货币紧缩的意图。Ozkan 和 Unsal（详见第 6 章）指出，拥有大量外国借款的经济体特别需要单独的宏观审慎工具，因为国内货币政策无法影响外国借款的成本。

近几年的几篇论文使用一般均衡模型进行模拟，这些模拟讲述的内容与典型性模型（Stylised Model）相似。模型结果表明，汇率的相对影响对于决定货币紧缩和宏观审慎紧缩至关重要。例如，使用一般均衡模型时，Alpanda 等（2014）发现，更具针对性的工具（如贷款价值比）降低家庭债务占 GDP 的比例比提高政策利率更有效[①]。其基本的逻辑是，收紧 LTV 会降低 GDP 和通货膨胀。当遵循泰勒规则的中央银行降低政策利率时，实际汇率会下降，从而刺激对可贸易商品的需求。Ozkan 和 Unsal 还使用其小型开放经济体一般均衡模型指出，随着总需求减弱，国内降低政策利率，资本外流突然激增，货币贬值刺激更多资本外流。Mimir 等（2015）

---

① 报告指出，LTV 降低 5 个百分点可以使家庭债务在高峰期减少 7.6 个百分点，产出减少 0.7 个百分点。相反地，如果政策利率提高 100 个基点，则家庭债务仅减少 0.5 个基点，产出成本减少 0.4 个基点。

建立的模型指出银行拥有国内外资金来源，分析了逆周期性准备金要求如何影响实际汇率和信用利差的波动性。

1.4 汇率和部分政策困境

上一节讨论到存在三种可能的金融渠道，货币升值或贸易条件改善所得可通过以下渠道导致信贷扩张：一是银行认为新兴市场经济体中持有外币债务的家庭和企业抗风险能力较强，从而增加银行贷款；二是较低的主权风险溢价和较强的资本流入；三是中央银行资产负债表扩大后，货币供给扩张。

本节考虑了三种渠道在最近政策困境中是如何具有相关性的。

前面已经提到依赖商品的国家汇率受到出口商品价格强劲上涨的约束[①]。2014 年以前，汇率上涨的主要因素就是出口商品价格上涨，因为实际商品价格比 20 世纪 90 年代平均水平上涨了 3 倍至 4 倍（见图 1.4）。价格上涨刺激商品生产和配套部门加大投资。此外，这些国家主权风险溢价通常会下降；较高的出口收入为该国提供了额外的抵押品。其后果是货币大幅升值和信贷扩张，包括通过海外借贷进行扩张。但随后商品价格（特别是石油价格）迅速回调，部分依赖商品出口的国家货币面临沉重的下行压力。这些事实说明了相对价格的巨大变化如何增加了货币高估和随之逆转的风险。

González 等（2015）在小型开放和商品出口经济模型中指出，在商品繁荣阶段，实际货币升值和信贷增长如何将净资产从可贸易部门转移到不可贸易部门。作者认为，在控制总信贷的宏观审慎规则会反过来加剧信贷从可贸易部门向不可贸易部门分配的不当程度。为了避免出现这种情况，监管部门制定了宏观审慎的外汇政策干预规则，作为实际汇率与其长期目标之间偏差的函数。

---

① 例如，Kohlscheen（2014）发现，巴西出口的五种商品实际价格上涨了 10%，使长期实际汇率提高了近 5%，在很大程度上影响了利率差异的变化。

注：①按照美国核心 CPI 平减后进行计算；1990 – 1999 = 100。

　　②可可、咖啡、铜、棉花、毛皮、猪、铅、玉米、橡胶、丝绸、银、废钢、糖、小麦和羊毛 15 种商品按美国生产或消费水平加权而成。

图 1.4　商品实际价格

（资料来源：市场数据）

非商品生产国也会存在部分影响因素。无论哪种原因导致贸易条件改善所得，大多数模型都具有刺激私人消费的机械效果。一段时期的货币升值甚至可以说家庭增加了其永久收入。他们觉得自己可以借更多的钱，然后银行认为本地借款人已经成为更好的风险承担者。拥有外债的借款人（如在新兴市场中）在货币升值时看到其资产负债表改善，银行愿意向他们提供更多的贷款。正如伯南克—布林德所说，货币大幅升值可能会降低"人们可感知的贷款风险"。从历史上看，信贷扩张和货币升值的确是结合在一起的，这表明它们实际上在相互促进。Bruno 和 Shin（2014）开发的模型具有货币升值的作用，使当地借款人的资产负债表显得更加坚挺，从而鼓励银行向他们提供更多的贷款。Ozkan 和 Unsal 论文进一步阐明了这个问题，表明无论经济体借贷来源是国外还是国内，评估金融市场冲击的替代政策反应都至关重要。

对贸易条件改善所得和银行更大贷款意愿的经典反应是家庭投资住房。如果汇率升值对房屋需求的刺激作用主导了高利率带来的抑制作用该怎么办？矛盾的是紧缩货币政策之后对非贸易部门（特别是房屋）的投资实际上可能会增加。如果家庭可以在以本币收入的状态下借用外币（例如，拉丁美洲的美元计价抵押贷款、中欧的瑞士法郎抵押贷款等），则货币升值的刺激作用会更大。

中央银行不能对影响总需求的组成内容无动于衷。刺激私人消费或建造房屋将不会像商业固定投资那样有利于未来增长。贸易品投资减少，但非贸易品投资增加，使一国更容易受到外部冲击。中央银行也不会漠不关心利率上升所吸引的资本流入性质。国内短期利率提高到主要国际市场普遍水平以上，这个国家可能会吸引资本流入更多的短期债务中。因此，资本流入的结构变得更加不稳定，有可能加剧金融不稳定。负责金融稳定的中央银行不得不担忧这种外部维度影响。

由于世界市场相对价格长期波动，评估实际汇率的可持续性阈值非常困难，尤其是对于出口结构没有变化的经济体（如商品出口国）。长期保持汇率高估通常会导致巨额外债，一国外部环境将难以为继。

从该分析得出的结论是房价高估（要求较高的政策利率）和汇率高估（要求较低的政策利率）相结合，中央银行容易陷入困境。新西兰储备银行行长指出，国际货币基金组织认为新西兰房价被高估了约25%，而实际有效汇率比其2015年平均水平高出约18%（Wheeler，2013）。新西兰储备银行注意到，自2013年10月引入宏观审慎措施以来，为应对房价进一步快速上涨，且由于年度消费物价指数（CPI）处于0.7%的水平，汇率强劲，产出缺口为负（Wheeler，2014），因此不宜加息。通过降低房地产市场压力，宏观审慎措施使新西兰储备银行得以推迟收紧利率，从而减少了向新西兰元流入任何额外资本的动机。

21世纪初英格兰银行面临类似的困境（见图1.5）。21世纪之初，英国英镑被高估，房价上涨非常强劲。英格兰银行货币政策委员会于2000年2月同意，"从经济状况和更广泛的平衡角度来看，较低的汇率和较高的利率更可行"。委员会决定通过加息25个基点，考虑但拒绝外汇干预。由于可贸易部门（特别是制造业）的损失不断增加甚至迫使企业倒闭，中央银行受到企业和工会的巨大压力，被要求降息和贬值（Brittan，2000）。

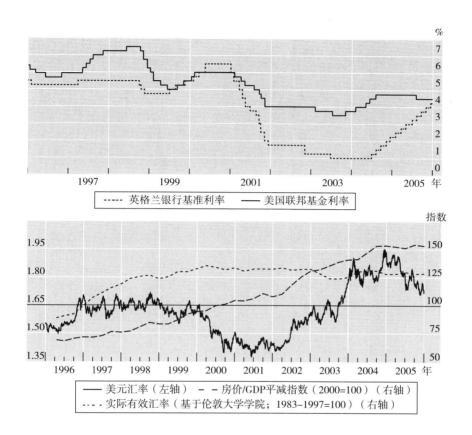

图 1.5　政策利率、英国房价和汇率

（资料来源：国家数据）

　　鉴于强劲的国内需求和持续上涨的房价，英格兰银行利率 2001 年并未跟随美联储大幅下调联邦基金利率。到 2001 年中期，英国实际短期利率在七国集团中最高。直到 2005 年中，英国利率仍比美国利率高 200 个基点及以上。结果是，英镑兑美元大幅升值，实际有效汇率远远高于历史水平。阻止英格兰银行跟随美国上调利率的原因不是无法达到通货膨胀目标，而是担心房价过度上涨及随之而来上升的家庭债务。当时，英格兰银行没有可供使用的宏观审慎工具。

　　强劲的实际汇率导致许多新兴市场中央银行（或政府）更加重视宏观审慎政策，有时政策利率提升幅度低于依据国内条件确定的水平。Hofmann

和 Bogdanova（2012）指出，自 2003 年以来新兴市场经济体平均实际政策利率一直略低于泰勒规则所隐含的水平，且远低于 2010 年和 2011 年数值。图 1.6 描述了 12 个亚太经济体经济增长强劲和通胀压力导致 2005 年前后政策利率上升，促使实际汇率大幅升值（Bruno 等，2015）。随着 2009 年后经济增长加速以及汇率重新升值，监管部门对宏观审慎措施的依赖程度大大提高①。

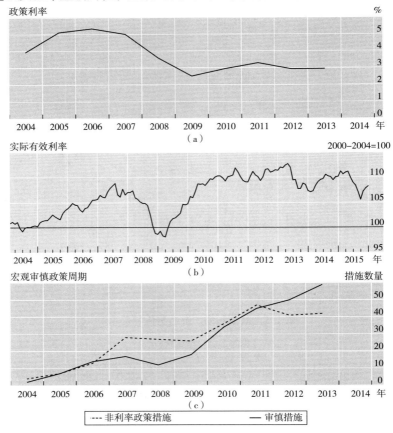

注：①12 个亚太经济体政策利率的简单平均值。

②12 个亚太经济体的紧缩（＋1）和放松（－1）的累计量。

图 1.6　亚洲货币政策、宏观审慎政策和实际汇率

（资料来源：Bruno 等，2014 年；国家数据）

---

① 国际货币基金组织开展了类似研究，但研究对象涉及的国家更多，包括 46 个国家的 353 次收紧政策和 125 次宽松政策（Zhang 和 Zoli，2014）。

1.5　宏观审慎政策和中央银行资产负债表

中央银行的资产负债表在影响银行贷款方面非常重要。中央银行负债通常是私营部门银行的资产。无论是外汇干预所致还是购买国内资产以应对经济衰退所致，当中央银行资产负债表规模非常庞大时，商业银行系统的资产负债表同样如此。一直以来，中央银行都是银行的银行（Billi 和 Vredin，2014）。Charles Goodhart 多次辩称，中央银行可以利用自己的资产负债表来实施宏观审慎政策。他认为，金融摩擦、信息不对称、外部性和系统性影响的存在意味着中央银行对私营部门购买（或出售）债权的能力是他们的"第一手宏观审慎工具"（Goodhart，2011）。此类交易可用于安抚恐慌情绪，或者作为不赞成在繁荣时期提高风险的本钱。从历史上看，这一直是中央银行实施贴现行为的重要工具。Jean – Pierre Landau（详见第 2 章）也同样认为，使用准备金赋予宏观审慎政策更好地从流动性层面解决问题。King（2016）扩展了这些观点，他建议中央银行应当随时成为"典当行"，以预先商定的非流动性和高风险资产作为抵押，准备按计划减记向银行放贷。

新兴市场宏观审慎措施与中央银行的资产负债表密切相关，特别是准备金的广泛使用。由于中央银行长期大量购买外汇，大多数新兴市场经济体商业银行资产负债表流动性过剩。因此，中央银行要求银行执行准备金要求，以应对银行系统过剩的流动性。此外，中央银行还实施了差异化的准备金要求，以调整银行资产负债表的构成（如打击本地银行系统的美元化）。

相反地，研究发现危机期间发达经济体银行资产负债表缺乏流动性。如《巴塞尔协议Ⅲ》要求一样，要求银行资产负债表持有较高比例的流动性资产将对中央银行资产负债表产生影响。由于新规定要求金融机构持有比危机前更多的流动资产负债，正如 Joe Gagnon 和 Brian Sack 所说，中央银行可能不得不留出更多的"流动性长期置于金融体系"。Jean –

Pierre Landau（2015）指出有证据表明流动性监管是一种有效的逆周期工具。

Ben Friedman（2014）认为，正常情况下中央银行的标准工具箱会包括自己的资产负债表，而不仅仅是危机前流行的政策利率①。中央银行资产负债表在调节衰退期间纠正市场功能失调和繁荣期间抑制过度繁荣能起多大作用？多年来，量化中央银行资产负债表规模和性质的货币措施和审慎措施一直没有定论。危机的教训之一是，如果只关注短期利率而忽视央行资产负债规模的巨大变化，中央银行会轻视金融稳定面临的潜在威胁。英格兰银行前副行长在最近危机爆发前的一次演讲中明确表示了这一点（Tucker，2007）。此外，关于如何避免过度使用中央银行资产负债表而损害有效市场功能的陷阱，各界也争论不一②。

1.6　长期利率

市场决定的债券利率与银行放贷意愿挂钩是伯南克—布林德模型分析的核心。宏观审慎政策如何影响市场利率是一个非常值得研究的问题。经济学家试图通过假设"利率由货币政策决定"来回避这一问题，他们常常依赖于利率预期理论，忽视了该理论并不能解释过去十年中发生的诸多事件。

我们需要更加认真地考虑长期利率的决定因素。大量研究表明，过去20年越来越多的国家长期利率更依赖于全球债券市场的收益率。随着资本管制或监管限制的逐步放宽，与大多数国家中央银行相比，现在国际投资者对长期利率影响更大。过去大量研究发现，与短期利率相比，各个工业国家之间长期利率变化的关联性更明显。Obstfeld（2015）指出，在样本中的新兴市场经济体中，外国长期利率每变化100个基点会导致样本经济

---

① David Green（2011）认为，几十年前中央银行行长十分熟悉的与金融失衡有关的政策工具只是货币政策工具箱的一部分，包括利率上限、差异准备金要求、窗口指导、货币总量目标或资本控制。

② 超大型中央银行退出资产负债表同样面临重大挑战（Turner，2015）。

体长期利率变动 40 个基点。即使该国汇率机制灵活，中央银行也无法设定自己的长期汇率。

　　Mervyn King 和 DavidLow（2014）利用发达经济体债券市场数据估计了"全球"实际长期利率，如图 1.7（a）所示。十年期美国国债收益率波动主导着"全球"利率，但是认为仅仅是美国决定"全球"利率并不正确。美国国债收益率本身是对全球市场的反应，而不仅仅是美国市场。这是因为与美国经济几乎没有关系的非美国居民金融合约大量使用美元进行交易。现在，美国境外非银行借款人的美元贷款已超过 9 万亿美元，而 2010 年初仅为 6 万亿美元（McCauley 等，2015）。此外，现在美国经济体系中国外贷款所占比重要比过去大得多。Mendoza 和 Quadrini（2010）表明，2008 年末美国非金融部门两成左右的贷款负债净值（net credit liabilities）由美国以外的代理机构持有。

　　实际全球长期利率已经下降了十多年，现在已接近于零。图 1.7（a）基于 Hördahl 等（2016）进行计算，其结果表明主要是压低期限溢价所致，即补偿持有长期债券投资者而非短期债券[1]。20 世纪 90 年代初，期限溢价约为 300 个基点，1994 年到 2003 年，溢价约为 150 个基点。近年来，全球经济衰退、量化宽松政策以及转向持有美国国债等"安全"资产使得期限溢价转为负值。欧元区债券期限溢价（见图 1.7（b））已低于美国国债溢价。2014 年大部分时间，美国经济增长强劲、政策利率提高、美联储终止购买新债券等因素本应提高债券收益率，但欧元区较低的债券收益率似乎拉低了美国国债收益率。因此，美国也无法摆脱"世界"利率。

　　对于经济学家来说，了解期限溢价的驱动因素而不是使用利率预期理论掩盖上述事实面临着巨大挑战。这一点的重要性怎么强调都不为过，因为长期利率是金融稳定的基础。首先，它可以用来评估所有长期资产预期收益流。在其他条件不变的情况下，降低长期利率将倾向于提高房价、股

---

　　[1]　利率预期理论假设不同期限的债券可以完全替代。套利将确保（a）n 期债券利率等于（b）连续 n 期债券利率的（几何）平均值。期限溢价是（a）与（b）之间的差额，用以补偿持有较长期债券的投资者。

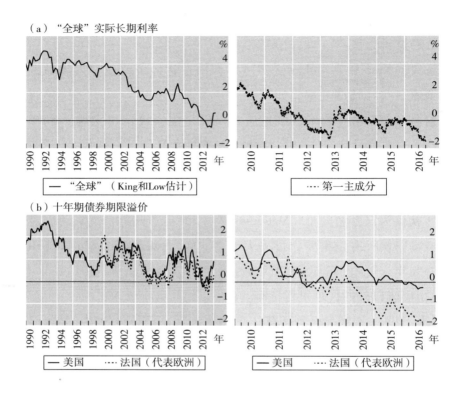

（a）"全球"实际长期利率

注：整个欧元区、英国和美国；国际清算银行基于 10 年期债券挂钩的指数计算实际利率，且提取了三个市场的共同之处。10 年期政府债券收益率的通胀和实际收益率风险溢价之和。这些数据都是使用 BIS 期限结构模型计算的。

图 1.7　长期利率

（资料来源：King 和 Low；国家数据）

价等。因此，长期利率水平是分析资产价格的核心。其次，它为养老基金等金融中介机构提供了无风险利率基准，这些机构为满足未来长期负债而持有资产。当长期利率下降时，给定资产存量的养老金稳态水平就会下降①。无法削减其支付养老金的基金可能会造成损失，而且英国公司养老金确实报告了不断增加的资金赤字。最后，它定义了期限转换术语。为寻

———————————

① 当长期利率下降时，养老金通常将受益于所投资金融资产一次性上升的市场价值。但是大多数情况下负债（通常具有较长的久期）的当前折现价值将增加更多。

求收益，平坦的近期收益率曲线鼓励银行和其他机构扩大期限错配力度。

抵押惯例强化了长期利率的重要性。债券和其他资产价格的上涨提高了借款人持有资产的价值，这些资产可以将其抵押。因此，流动性约束得以缓解。

极低的全球长期实际利率很可能更适合发达经济体，这些经济体生产率增长空间有限且大量退休人口持有巨额金融资产。但是，在人均实际收入增长更快、边际投资收益更高的发展中国家封闭经济体系中，长期利率会更高。为了避免过多的（或可能是不稳定的）债务流入，这些经济体国内当局可能希望限制非居民资金流入本地债券市场，无论是多头还是空头。当全球宏观经济变量与长期均衡水平相距甚远时，此类限制可能是次优选择①。

一些观察家（BIS，2009）认为应当将刻意的资本账户管理（而不是自由放任的立场）视为新兴市场经济体宏观审慎政策的基本组成。如何做到既受益于国际资本流动，又能约束政府和私人部门，是一个重要挑战。实际上，限制措施通常可以通过转移金融交易至海外进行规避，导致风险敞口受到掩盖而进一步恶化风险。

1.7　结论

宏观审慎政策分析必须考虑对市场利率的影响，而利率不是由货币政策简单决定的。伯南克—布林德模型关于封闭经济的分析案例有助于了解宏观审慎政策如何影响利率。

但是在开放经济条件下，决定性因素往往是对资本流动和替代政策汇率的影响，尤其是在货币政策和宏观审慎政策之间作出选择。汇率高估会通过多种渠道增加金融风险，因此中央银行考虑提高政策利率将不得不权衡因汇率高估而加剧金融稳定风险的可能性。

---

①　一般次优理论表明普遍存在的扭曲现象意味着仅消除一种扭曲现象（对资本流动的特定限制）并不一定会提高整体福利。这个观点与放任资本完全自由流动的观点恰恰相反（BIS，2009）。

Paul Tucker（2014b）在评论 Jeremy Stein 关于"货币政策陷入所有裂缝"的名言中指出，在开放经济中，国内货币政策不会渗透到所有风险渠道和机构中。如今，极其宽松的全球金融环境将使资本账户开放和实施灵活汇率机制国家的长期汇率推高至远低于其国内长期均衡水平。Landau（2013）指出全球流动性向国内金融市场传导的多种渠道。就像长期利率趋同因素一样，这种渠道不受汇率机制的影响，因为国际投资者看到风险调整后的收益率差异会从一个市场转向另一个市场。国内宏观经济政策可能对这种传导机制也无能为力，而面向国内贷款和外国借款的宏观审慎政策有时可能是向小国当局开放的最佳选择。

参考文献

Agénor, P. and L. A. Pereira da Silva (2013). *Inflation targeting and financial stability*, IDB and CEMLA. Washington DC.

Allen, W. A. (2015). 'Asset choice in British central banking history, the myth of the safe asset, and bank regulation', J*ournal of Banking and Financial Economics*, vol 2, no 4, 18–31.

Alpanda, S., G. Cateau and C. Meh (2014). 'A policy model to analyze macroprudential regulations and monetary policy', *Bank of Canada Working Paper*, no 2014–6, February.

Angelini, P., S. Neri and F. Panetta (2014). 'The interaction between capital requirements and monetary policy', J*ournal of Money, Credit and Banking*, vol 46, no 6, 1073–1112.

Bank for International Settlements (BIS) (2009). *Capital flows to emerging market economies*. (A report of a Working Group chaired by Rakesh Mohan). *CGFS Papers*, no 33. Basel: Bank for International Settlements, January. www.bis.org/publ/cgfs33.htm.

(2014). 'The transmission of unconventional monetary policy to the emerging markets', *BIS Papers*, no 78, August.

(2016). 'Macroprudential policy' *BIS Papers*. No 86. September

Bernanke, B. S. and A. S. Blinder (1988). 'Credit, money and aggregate demand', *American Economic Review*, Paper and proceedings, May, 435–439.

Bernanke, B. S. and M. Gertler (1995). 'Inside the black box: The credit channel of monetary policy transmission', J*ournal of Economic Perspectives*, Fall, 27–48.

Billi, R. M. and A. Vredin (2014). 'Monetary policy and financial stability – A simple story', *Sveriges Riksbank Economic Review*, no 2, 7–22.

Boivin, J., M. Kiley and F. Mishkin (2010). 'How has the monetary transmission mechanism evolved over time?' in *Handbook of Monetary Economics*, 1st ed., vol 3, eds. Friedman, B. M. and Woodford, M., 369–422, Elsevier, Amsterdam.

Brittan, S. (2000). 'Beware the politics of sterling', *Financial Times*, 13 April.

Bruno, V., I. Shim and H. S. Shin (2015). 'Comparative assessment of macroprudential policies', *BIS Working Papers*, no 502, June.

Bruno, V. and H. S. Shin (2014). 'Cross-border banking and global liquidity', *BIS Working Papers*, no 458, August.

　(2015). 'Capital flows and the risk-taking channel of monetary policy', *Journal of Monetary Economics*, vol 71, 119–132.

Friedman, B. M. (2014). 'Has the financial crisis permanently changed the practice of monetary policy? Has it changed the theory of monetary policy?', *NBER Working Paper*, no 20128, May.

Gadanecz, B., A. Mehrotra and M. S. Mohanty (2014). 'Foreign exchange intervention and the banking system balance sheet in emerging market economies', *BIS Working Papers*, no 415, March.

Gagnon, J. E. and B. Sack (2014). 'Monetary policy with abundant liquidity: A new operating framework for the Federal Reserve', Policy Brief PB14–4. Peterson Institute for International Economics, January.

Galati, G. and R. Moessner (2014). 'What do we know about the effects of macroprudential policy?', *DNB Working Paper*, no 440, September.

Garcia, M. (2011). 'Can sterilized FX purchases under inflation targeting be expansionary?' Pontificia Universidade Catolica do Rio de Janeiro. Department of Economics, no 589.

González, A., F. Hamann and D. Rodríguez (2015). 'Macroprudential policies in a commodity exporting economy', *BIS Working Papers*, no 506, July.

Goodhart, C. (2011). *The macro-prudential authority: Powers, scope and accountability*. LSE Financial Markets Group. Special Paper no 203. October.

Gourinchas, P.-O. and M. Obstfeld (2012). 'Stories of the twentieth century for the twenty-first', *American Economic Journal: Macroeconomics*, vol 4, no 1, 226–265.

Green, D. (2011). 'The relationship between the objectives and tools of macroprudential and monetary policy', Financial Markets Group. London School of Economics. *Special Paper*, no 200, May.

Hofmann, B. and B. Bogdanova (2012): "Taylor rules and monetary policy: A global Great Deviation?" *BIS Quarterly Review*, September, 37–49.

Hofmann, B., I. Shim and H. S. Shin (2016). 'Sovereign yields and the risk-taking channel of currency appreciation', *BIS Working Papers* no 538, January.

Hoogduin, L. (2014). ' How to use the instruments of macroprudential policy.' Duisenberg School of Finance, Policy Brief no 33, July.

Hördahl, P. , J. Sobrun and P. Turner (2016). "Low long-term interest rates as a global phenomenon" *BIS Working Paper* no 574, August.

Jeanne, O. (2014). 'Macroprudential policies in a global perspective', *NBER*

Working Paper, no 19967, March.

King, M. (2016). *The end of alchemy: Money, banking and the future of the global economy*. W. W. Norton & Company, Ltd, London.

King, M. and D. Low (2014). 'Measuring the "world" real interest rate', *NBER Working Paper*, no 19887, February.

Kohlscheen, E. (2014). 'Long-run determinants of the Brazilian Real: A closer look at commodities', *International Journal of Finance & Economics*, vol 19, no 4, 239–250.

Kohn, D. (2014). 'Federal Reserve independence in the aftermath of the financial crisis: Should we be worried?', *Hutchins Center on Fiscal and Monetary Policy*. Brookings Institution, Washington, DC.

Korinek, A. and A. Simsek (2016). 'Liquidity trap and excessive leverage', *American Economic Review*, vol 106 no 3, 699–738.

Landau, J.-P. (2013). 'Global liquidity: Public and private', Proceedings. Jackson Hole Economic Policy Symposium. Federal Reserve Bank of Kansas City, 223–259.

McCauley, R. N., P. McGuire and V. Sushko (2015). 'Global dollar credit: Links to US monetary policy and leverage', *BIS Working Papers*, no 483, January.

Mendoza, E. G. and V. Quadrini (2010). 'Financial globalization, financial crises and contagion', *Journal of Monetary Economics*, 24–39.

Mimir, Y. and E. Surel (2015). 'External shocks, banks and monetary policy in an open economy', *BIS Working Papers*, no 528, November.

Nickell, S. (2004). 'Household debt, house prices and consumption growth', speech at Bloomberg, London, 14 September, Bank of England.

Obstfeld, M. (1982). 'Aggregate spending and the terms of trade: Is there a Laursen–Metzler effect?' *Quarterly Journal of Economics*, vol 97, no 2, 251–270.

(2015). 'Trilemmas and tradeoffs: Living with financial globalisation', *BIS Working Papers*, no 480, January.

Pereira da Silva, L. A. and R. Harris (2012). 'Sailing through the global financial storm: Brazil's recent experience with monetary and macroprudential policies', *Central Bank of Brazil Working Paper*, no 290, August.

Portes, R. (2014). 'Macroprudential policy and monetary policy', in *Macroprudentialism*. Ed D. Schoenmaker. Centre for Economic Policy and Research, Washington, DC.

Rotemberg, J. (2014). 'The Federal Reserve's abandonment of its 1923 principles', *NBER Working Paper*, no 20507, September.

Tucker, P. (2007). 'Central banking, and political economy', Speech at Cambridge, 15 June, Bank of England.

(2014a). 'Regulatory reform, stability and central banking'. *Hutchins Center on Fiscal and Monetary Policy*. Brookings Institution, Washington, DC.

(2014b). 'A new constitution for money (*and* credit policy)', Myron Scholes Lecture. Chicago School of Business, 22 May.

Turner, P. (2015). 'The consequences of exit from non-conventional monetary policy', *Journal of Financial Perspectives*, vol 3, no 2, 43–59.

(2016). 'Macroprudential policies, the long-term interest rate and the exchange rate', *BIS Working Papers*, no 588, October.

(2017). "Did central banks cause the last financial crisis? Will they cause the next?" London School of Economics. Financial Markets Group. Special Paper 249.

Wheeler, G. (2013). 'Factors affecting the New Zealand economy and policy challenges around the exchange rate and the housing market', speech to the Institute of Directors, Auckland, 30 May, Reserve Bank of New Zealand.

(2014). 'Cross-border financial linkages – Challenges for monetary policy and financial stability', BIS/RBNZ Conference on Cross Border Financial Linkages, Wellington, 23 October.

Zhang, L. and E. Zoli (2014). 'Leaning against the wind: Macroprudential policy in Asia', *IMF Working Paper*, no 11/22, February.

第 2 章　基于流动性的
宏观审慎政策方法[*]

让－皮埃尔·兰多（Jean－Pierre Landau）

2.1　引言

宏观审慎政策有两大目的：一是相对于个体机构而言，提高金融体系作为一个整体的弹性；二是平滑金融周期。第一个目标已经取得重大进展，《巴塞尔协议Ⅲ》的一系列改革营造了一个更加稳健的金融环境。第二个目标的相关各项工作正在稳步推进，尽管关于逆周期宏观审慎工具的论述已经数不胜数，但实践中采取的措施却很少，且大多数都是非常传统的工具，如贷款价值比和保证金要求等。

宏观审慎政策的周期性方法对中央银行和监管机构提出了重大挑战，因为它需要对金融系统和货币政策之间的相互作用形成全面的、可操作性的观点。

近几十年来，宏观审慎政策的周期性方法一直被忽视，当时发达经济体和新兴经济体将通胀目标制作为主要的货币政策框架。通胀目标制与新凯恩斯主义模型相关，该模型中货币政策仅通过利率直接发挥作用，金融部门没有任何作用。名义利率和实际利率的变化通过一种简单的跨期替代

---

[*] 非常感谢 Philip Turner 在撰写本篇论文时提供了大量意见建议，也提出了很多新的思路和想法。文责自负。

效应传导至经济体系，即它们诱导支出跨期转移。货币金融机构在这一机制中不发挥任何作用，且信贷被隐含地认为只会对利率变动作出反应。

显然，忽视金融部门并不能描述现实经济的运行实际。矛盾的是通胀目标制一直非常成功，部分归因于"大缓和"期间没有出现重大的经济波动。当小型冲击使经济偏离均衡水平不远时，调整政策利率足以稳定经济。事实证明，政策利率不足以应对以非线性、不可持续为特征的大衰退（Great Recession）经济环境。

金融摩擦对金融稳定和货币政策传导都有影响。然而，两者之间也有矛盾。货币政策的目标是消除损害传导机制的摩擦，而金融稳定则是通过实施周期性宏观审慎政策引入摩擦，以防失衡累积。要实现这两个目标需要管理金融体系，这让政策制定者感到不安，而且可能极其困难。权衡取舍并不容易，即使在理论上也是如此。

金融体系的行为涉及杠杆和期限转换两个方面，两者都对金融周期产生影响，均有助于货币政策传导。金融脆弱性就是这种相互作用的产物。从逻辑上讲，宏观审慎政策应该以监管杠杆和期限转换为目标。

《巴塞尔协议Ⅲ》通过强化资本和流动性要求来实现目标，但存在不对称性。资本要求通过逆周期资本缓冲有一个周期目标，但流动性比率没有。本章认为，这就是调控信贷和金融周期方面进展甚微的原因。当前宏观审慎政策过于依赖杠杆的直接作用。如果目标是提高金融体系抵御系统性冲击的能力，这种方法是合适的。但如果目标是平滑金融周期，效果并不明显。相反地，直接作用于流动性和期限转换的措施将有助于提高效率和灵活性，与货币政策的相互作用也更容易管理。目前，金融体系内周期性调节流动性的框架和工具都是可用的。当发达经济体和新兴经济体中央银行资产负债规模占国内生产总值（GDP）比重保持较高水平时，这些措施可能会被证明特别有用和有效。

2.2　杠杆监管：一种不完美的周期性工具

基于杠杆的宏观审慎方法能帮助控制整个信贷周期吗？如果能，好处显而易见。正如 Turner 在第 1 章中所指的，在信贷渠道上独立行动将给货币政策带来额外的自由度（Degree of Freedom）和效率。货币当局将能够更直接地瞄准国内需求，避免货币政策通过汇率升值（贬值）而引发不必要的副作用。

随着时间的推移，杠杆行为中的周期因素得到了很好的印证，且与风险度量和感知有关（Adrian 和 Shin，2009）。因此，通过调整资本要求抵消顺周期性似乎是很自然的过程。这就是《巴塞尔协议Ⅲ》创建逆周期资本缓冲机制的基本原理。

然而，在实际操作中，我们有理由怀疑总杠杆控制能否有效地用于平滑信贷周期，可能有以下三大困难。

首先，协调问题将出现。在某些情况下，已经证明（Cecchetti 和 Kohler，2012）资本要求和利率是货币政策工具的完美替代品。货币政策和宏观审慎政策明显有可能背道而驰，从而相互抵消实施效果，并对金融体系产生不必要的副作用。

其次，领先和滞后存在相当大的不确定性。根据《巴塞尔协议Ⅲ》，实施过程滞后时间相当长，银行将有至多 12 个月的时间来实施逆周期资本缓冲。还需要多久才能对信贷分配采取有效行动？我们并不清楚。目前还没有足够的经验来评估信贷总量对不断变化的资本要求的弹性。通过融资换贷款计划（对新信贷的资本要求为零）对边际资本比率采取更直接行动的尝试被认为是不完全成功的。

最后，还有校准问题。资本充足率作为周期性工具的一个特征是分母由长期资产构成。总体资本充足率的周期性变化通常发生在信贷决策之后，因此只会影响杠杆的边际（而非平均）盈利能力。虽然提高了效率，但影响是相当巨大的，可能会阻碍货币当局采取必要的措施。

逆周期资本要求将基于规则。理论上，银行可以预期自身发展，提前调整信贷行为。然而，由于规则必然涉及总规模（信贷），银行将不得不评估所有其他中介机构的行为，在竞争环境中，这为战略互动和多重均衡的可能性开辟了道路。

考虑到这些实际困难，在行业和工具层面监管杠杆的周期因素（通过减记、贷款价值比和最低保证金）可能会更有效。Geneakoplos（2010）列举了这些方法的几个优点。不同的证券包含不同数量的"嵌入杠杆"。投资者的杠杆往往是一个毫无意义的数字，例如当损失减少股本，并在算术上增加杠杆，在这种情况下，额外的审慎行动可能会使情况恶化。关注证券杠杆将有助于更好地控制衍生品。一般来说，证券杠杆比投资者杠杆更难隐藏。

总体而言，最好让资本充足率发挥其基本功能，作为对非预期损失的缓冲，而信贷的周期性监管最好通过其他工具来实现。

下一节阐述了流动性、期限转换是信贷周期的主要驱动因素。因此，如果货币当局能够周期性地"监管"流动性，他们或许就拥有了防止金融失衡累积的强大工具。

2.3　流动性和期限转换驱动杠杆[①]

当讨论流动性时，人们通常会将内部流动性（由私人经济机构创造）与外部流动性（由官方部门提供）区分开来。本章对内部流动性给出了更严格的定义，是指金融业（非金融企业除外）内部创造的流动性。这一定义与 Shin 的"非核心"负债概念有很大的交叉（Hamh 等，2012）。

为了识别宏观审慎行动的渠道，对金融体系的内部运作设置一个（非常）程式化的步骤非常有用。通过借鉴最新文献，下面分三个方面进行介绍。

首先，期限转换、资金流动性和杠杆之间存在明显而密切的联系。期限转换使杠杆变得有利可图，相同期限（即相同利率）的借贷没有任何好处。流动性使杠杆成为可能，因为资产增长自然受到中介机构能够获得的流动性数量限制。

---

①　在这里，"期限转换"一词被用在一种非常松散的意义上，表示三种可能的转变：从短期转换至长期、从安全资产转换至风险资产、从流动性资产转换至非流动资产。

其次，最近的研究和文献表明流动性本身是如何在金融体系内部产生的。银行通过发行被其他金融中介机构接受的短期工具来创造私人（内部）货币，这个过程通常被称为融资。影子银行和在证券化中发挥重要作用的经济体中，金融中介永久性地发行和交易短期债务工具，特别是通过回购市场操作。金融中介是通过金融机构的长链组织起来的，每个机构每一步都会产生新的流动性，并伴随着渐进式的期限转换。这种机制允许期限转换，同时也促进了杠杆化。结果是现在私人货币创造的很大一部分完全是在正规银行部门之外进行的，影子银行部门创造了大量短期抵押债权（Gorton 和 Mmetrick，2010）。

流动性创造的过程确保了信贷市场平稳运行，但也造成潜在的脆弱性（期限错配），导致资产负债表内生扩张。如果融资很容易，那么期限转换就不贵，而且似乎没有风险。最终的结果是杠杆增加。因此，可以毫不夸张地说，流动性推动了杠杆[1]。

最后，需要理解流动性是伴随风险偏好内生出来的。最近的研究也证实了这一点。Brunnermeier（2014）指出"融资不是投入"。它是一个动态过程的结果，取决于中介机构相互承担交易对手风险的（时变）倾向。危机期间内部流动性枯竭时，信贷就停止了。由于取决于风险感知和偏好，内部流动性也存在着强大的"周期性"因素，而这一周期因素随后反映在杠杆的变化中。

总的来说，周期性的程式化步骤如下。根据政策利率和风险偏好，金融中介机构进行互惠交易，其中部分机构通过彼此发行和积累债权进行交易，且期限非常短。这些交易可能有担保，也可能没有担保。在此过程中，金融中介机构同时创造（破坏）"内部"流动性，并扩大（收缩）资产负债表。

因此，金融部门的合并资产负债表可以根据既定的利率水平扩大或缩小。反过来讲，可以看出金融系统资产负债表的规模决定了信贷、风险溢

---

[1] 人们会进一步推测，对未来资金流动性可用性的预期会助推杠杆决策。

价、资产价格和整体融资状况（Adrian 和 Shin，2010）。

从货币政策的角度来看，货币（和信贷）乘数可能高度不稳定，因为杠杆化和去杠杆化是独立于政策利率发生的。在这种过剩的环境中，传统的货币政策通常不足以控制过度的货币创造（Stein，2011）。从宏观审慎的角度来看，内部流动性和期限转换动力最终驱动杠杆和金融周期。因此，以逆周期的方式来审视监管流动性和期限转换的可能性和方式是非常自然的。

2.4　期限转换、金融周期和宏观审慎政策

期限转换是金融体系的一个永久性特征。没有期限转换，就不可能调和储户和投资者的偏好，经济中资本配置将极其低效。期限转换也带有特定的风险，是重大脆弱性和负外部性（短期负债挤兑可能导致抛售非流动性资产）的根源。无论根本原因是什么，所有危机都是通过中介作用和期限转换的失败发展放大的。上次危机也不例外。

通过适当监管来限制期限转换的程度有众多原因。流动性覆盖率（LCR）和净稳定融资比率（NSFR）标志着《巴塞尔协议Ⅲ》迈出了重要一步。实际上，这两个指标都对特定银行的期限转换设定了数量限制。然而，监管不允许周期性调整约束或需求。尽管两个指标能持续增强抵御特殊流动性冲击的能力，但防止整个体系过度期限转换累积既不是它们的目标，也不是要追求的效果，同时也不能有效防范总体流动性的冲击。

我们可以把期限转换看作是金融部门提供的一种服务，它有需求、有供给、有价格。抑制需求可能会导致大规模意想不到的后果，进而转移到金融系统中其他低安全领域，或者以错误的价格达到均衡。因为价格可以被衡量为安全/流动性资产和风险/非流动性资产之间的价差，在不同的形式下呈现出错误定价。例如，安全资产可能被高估，而回报反而可能异常低。或者，执行期限和风险转换所需的隐含价差可能非常高，因此只有那些预期回报非常高的实物才会被投资。

目前发达经济体表现出一定的症状，企业正在同时积累债务和现金储备，而投资率远低于历史标准。对于这种所谓的经济金融风险承担之间的脱节，一种可能的解释是期限（和风险）转换供给不足。因此，对于政策制定者来说，寻求在金融体系效率和稳定性之间的最佳平衡是一件非常重要的事情。

全面分析期限转换的供求关系超出了本章的研究范围[①]，但一些见解可能有助于把握宏观审慎政策和货币政策的含义。

期限转换需求取决于一系列因素。显然，期限转换需求有很强的结构因素，金融中介的组织方式决定了金融体系的性质，以及如何进行期限转换，根据中介链的长度以及是银行还是资本市场占主导地位的不同，转换方式也有很大不同。

众所周知，期限转换也会受到不连续和突然的冲击，大量文献对此进行了分析。目前存在应对这些冲击的工具，政策方面来讲就是设立最后贷款人制度的原因。

期限转换周期性变化缺少深入分析，可能是推动杠杆作用的动力，更通俗地说是金融周期。经济周期、收益率曲线斜率和风险偏好是期限转换需求增加或减少的潜在原因。经济的不确定性增加了对安全（流动）资产的需求，从而也增加了既定水平信贷和投资的期限转换需求。

货币当局应该如何应对周期性波动呢？借鉴货币理论文献，可以认为期限转换供给必须有足够的弹性，但不能太大。期限转换供给必须保持弹性，因为需求本身是时变的，但应该避免过度行为，以防止更大的金融脆弱性。

期限转换的弹性供给具备双重功能。一是货币，银行进行的期限转换通常涉及货币创造。因此，过短的期限转换可能会导致货币供给不足和通货紧缩（Brunnermeier 和 Sannikov，2014）[②]。二是金融稳定，期限转换的

---

① 特别是本章未讨论供给的决定因素，只是提到供给可能受到银行资产负债表受损（资本不足）和/或监管要求的限制。

② 因此，资本充足的银行是期限转换弹性供给的必要条件，而不是充分条件。

过度供给可能会造成金融脆弱性。

理论上，在任何时间点都应该有一个最佳的期限转换水平，以平衡效率上的收益与金融脆弱性方面的成本。实践中必须通过反复试验来找到最佳方案。基于这个原因，货币当局拥有持续监管经济体系期限转换数量的工具十分必要。

下面几节将讨论两组可能使用的工具。

一是中央银行可以介入并发挥自身资产负债表的作用，独自进行期限转换。危机期间，中央银行做了大量工作，但一个重要的问题是在拥有庞大资产负债表的情况下，这是否可能成为管理物价与金融稳定之间相互作用的一个更为持久的特征。

二是中央银行可以通过适当的准备金要求和流动性供给体系来创造一种"税收"，从而影响期限转换价格。

2.5　作为金融稳定工具的中央银行资产负债表

从本质上看，所有中央银行都在进行期限转换。传统上，这一作用并不重要，因为中央银行资产负债表，以及银行持有的准备金规模，大多数国家的金融部门总体规模所占比例很小。此外，许多国家金融中介机构进入中央银行资产负债表的机会受到限制。通过公开市场操作获得的资产通常都是短期的。

危机后，资产负债表大幅扩张，如今已与年度 GDP 规模相称。除了通过回购进行传统的再融资操作外，中央银行还在实施非常规货币政策时购买了长期（有时是高风险）资产。通过各种新便利工具，他们（在此之前）可以直接接触到金融系统的偏远部分。在这种新环境下，中央银行在金融中介和期限转换方面的作用不容忽视。

从货币政策的角度来看，影响是多方面的。在资产负债表的资产端，各国中央银行触发了私营部门的投资组合再平衡，并对期限溢价、长期利率和整体金融状况产生了重大影响。虽然精确的定量影响仍然存在争议，但这种影响的存在和方向是公认的。

金融稳定的影响同样重要，只是没有那么明显。中央银行是可赎回债务的最终发行者。危机前的几十年里，流动性供给功能一直是被动的，因为中央银行以政策利率满足了对准备金的需求。但是，在危机期间和危机后，中央银行资产负债表扮演了积极的角色，并发挥了私营部门（暂时）不再能够履行的中介功能（Papadia，2014）。通过积极提供外部流动性，各国中央银行降低了市场混乱风险，消除了融资不确定性，最终鼓励所有金融中介机构（包括银行和非银行机构）进行期限转换和风险承担。

未来，当资产负债表继续保持庞大规模时，资产负债表对货币政策和金融稳定的影响能否得到独立管理？

理论上答案是肯定的。中央银行通过政策利率的变化（"价格"效应）来实施货币政策，还可以通过向金融机构分配的货币（准备金）数量（"数量"效应）来影响金融稳定。虽然在原则上人们不能同时控制价格和数量，但有一些切实可行的方法使这些工具相互独立。为准备金支付利息，或者更通俗地说实施"走廊模式"或"地板模式"，使中央银行能够将其提供的流动性数量与与流动性供给相关的价格分离开来（Goodhart，2009）。因此，货币可以与货币政策"脱离"，给予货币当局更多的自由来追求物价稳定和金融稳定目标（Keister 等，2008）。分离原理（Separation Principle）（在流动性供给和货币政策之间）应该成立。通过引入新的工具（如隔夜或定期逆回购），操作框架将得到加强，可以在超额准备金充裕的环境下对流动性进行更多微调。

在危机前和危机中，这种方法一直运行良好。到了退出非常规政策的时候，这种方法还能继续吗？退出可以有多种不同的顺序，要么通过提高政策利率，要么通过缩减中央银行资产负债表规模，或者两者兼而有之。但是出路在哪里呢？正如 Turner（2015）所指出的，对于中央银行资产负债表的新常态，目前还没有达成共识。一般来说，有两种争论意见：一是资产负债表规模。各国中央银行是否应该努力回到危机前的水平？还是接受危机后遗症和资产负债扩张所造成的局面，将其视为永久存在？二是关于工具。未来中央银行是否会保留一套不同的（常规和非常规）工具，从而对金融体系的不同部分（包括长期债券利率）发挥作用？还是仅仅依赖短期政策利率，回归到对长期利率的善意忽视（Turner，2013）——危机爆发前，长期利率一直普遍存在。

当然，政策的选择对实施货币政策至关重要，同样对金融稳定也很重要。利用中央银行的资产负债表作为金融稳定工具的想法越来越被认可。然而，许多分析师仍认为扩大中央银行在金融中介中的作用是必要的。中央银行希望看到银行间市场的活动和功能恢复到危机前水平。其他政策制定者认为中央银行在一段时间内保持扩张的资产负债表是有好处的。充足的资产负债表是中央银行提供安全资产供给弹性的一种方式（Bernanke，2015），或者是保持期限转换的供给弹性。

在所有这些情况下，几乎可以肯定的是各国中央银行的资产负债表将在未来相当长一段时间内保持非常庞大的规模。在管理货币政策和金融稳定政策之间的相互作用方面，这种前所未有的环境既提供了新的机遇，也面临着新的挑战。缩水的资产负债表将对经济金融体系产生复杂的影响。期限溢价和长期利率，以及中央银行货币供给和流动性都将受到影响，松绑货币政策和金融稳定政策可能会变得更加困难[①]。使用所有可用工具肯定有助于管理复杂的权衡。

2.6　准备金要求和流动性规定

正如上一节所强调的，我们需要的是一个流动性监管机制，允许内部流动性和期限转换的周期性变化。事实证明，这种机制的基础存在于文献中，而且工具也是潜在可用的。流动性监管机制依赖于三大支柱：一是对更广范围的短期负债强制要求实施准备金的能力；二是将准备金利率作为

---

① 关于隔夜逆回购（ONRP）的讨论提供了一个复杂的例子（Frost 等，2015）。一方面，ONRP 在提取超额准备金和保持联邦基金利率接近政策利率方面非常有用。另一方面，有人担心这种工具将为投资者寻求高质量资产提供一条捷径，造成或加剧货币市场的潜在动荡。

一种独立的工具使用；三是中央银行为补偿准备金而单独制定货币政策利率的能力[①]。Stein（2012）与 Kashyap 和 Stein（2012）对此进行了深入的分析。

准备金要求（RR）在市场利率和融资成本之间形成了楔子。发行符合 RR 规定的短期负债的中介机构实际上要支付额外的费用（一种税）。权重将取决于准备金系数和支付给准备金的利率（必须低于政策利率）。实际上，中央银行将拥有三种工具来追求物价稳定和金融稳定；两个利率（政策利率和准备金利率）和一个系数（准备金要求）。根据金融体系的结构，对于既定的货币政策利率，货币当局可以选择移动其中一种或另外两种工具，以对抗期限转换中不必要的周期性波动。通过这样做，中央银行可以提高或降低期限转换成本，而且效果非常快，因为假设债务期限非常短，必须以很快的频率进行结转。

Kashyap 和 Stein（2012）指出货币当局如何一方面基于利率独立控制基础货币数量，另一方面将政策利率分解为两个部分的总和：强制实施准备金的补偿利率和代表稀缺价值的附加准备金利率，其中附加准备金利率可以通过调整准备金供给来控制，从而让隔夜银行间市场决定政策利率。

Kashyap 和 Stein（2012）指出，期限转换的需求依赖于监管者无法自发获得的信息（特别是长期非流动性资产的回报率）。一个优点是将揭示金融中介机构对期限转换和短期流动性可获得性所附加的"价格"。假设监管者能够确定（或近似）在任何一个时间点最佳期限转换的社会成本，它们可以通过调整（或不调整）准备金利率与政策利率之间的差距来作出反应，而不改变政策利率（保持由政策利率定义的货币立场不变）。在现实生活中，最优可能是未知的，但监管机构可以从大量数据和许多市场参数（包括价格和数量）的即时信息中获取最新决策依据。中央银行需要作出合理调整，引导金融体系朝着正确的方向运行，而不是达到一个完全具有确定性的最优值。

[①] 许多新兴市场经济体实际上都是在这种框架下运作的，除了在大多数情况下为准备金支付利息。

2.7 关于存款准备金的进一步思考

危机前，大多数发达经济体中央银行放弃了强制性存款准备金制度。欧元区等地区则继续保持了较低的存款准备金率，作为短期流动性管理的辅助工具，帮助中央银行创造永久性的超额存款准备金。

强制准备金制度的消亡可以归结为几个原因。它被视为对银行中介征收的一种扭曲税，从而推动期限转换到金融体系中其他低安全领域。它似乎与一种过时的知识框架有关：简化的"货币乘数方法"，通过这种方法，控制银行准备金也可以确保对货币供给的控制，并（以恒定的速度）帮助实现物价稳定。在一个超额准备金（非常充裕）的时代，强制性要求可能显得多余和不必要。

本章所使用的方法采用了完全不同的策略。首先，强制性准备金被视为金融稳定工具，而不是货币政策工具。其次，货币乘数没有任何稳定性的假设。相反，如前所述，乘数的内生波动被视为当代金融体系的决定性特征之一。因此，影响乘数波动是宏观审慎政策的主要中介目标。最后，利息是用准备金支付的，但利率可能不同于中央银行为货币政策目的而希望设定的政策利率。

显然，实施新的方法会有许多技术、实践和法律上的困难，特别是决定遵守准备金要求的负债方面[①]。基本上，监管机构将赋予自己影响不同融资来源相对成本的权力。然而，这正是他们最近创建 LCR 和 NSFR 所做的工作。这些新指标具有相同的"征税"和扭曲效应，但透明度较低。正如 Gagnon 和 Sack（2014）所指出的，它们可能会导致持续增加准备金需求。但当这些新工具生效时，外汇储备需求会上升到什么程度还不得而知。这种工具的不确定性本身就为考虑更直接的措施提供了理由，如

---

① 到期转换可能会移动至准备金实施范围之外。随着期限转换所占份额的上升，这种情况已经发生在对市场流动性存在疑虑的证券市场。然而，新的期限转换与杠杆无关，而是与金融系统整体脆弱性问题有关，且不是周期性行为。

改变法定准备金率。与定量比率相比，存款准备金率既可以引入并灵活改变，还可以根据风险状况而变化（如短期或外币存款的系数更高）。期限转换现在受到"定量"工具的严格限制。以灵活的方式使用强制性准备金将在流动性监管中引入"价格"因素，从而提高宏观审慎政策的整体效率。

2.8 结论

自国际金融危机以来，金融体系在增强抗风险能力方面取得了长足进展。新规定创造或增加了资本和流动性缓冲，实际上在定量上限制了杠杆和期限转换，尤其是"系统性"机构。

本章认为，宏观审慎政策是增强金融体系抗风险能力的有效补充，其目标是监管金融周期、防止失衡累积和降低金融脆弱性风险。最好的办法是对金融体系内部流动性创造和期限转换进行周期性监管，因为其最终会推动杠杆和信贷供给的动态变化。中央银行拥有必要的工具，可以利用扩大后的资产负债表为经济中的期限转换供给增加弹性，还可以通过灵活使用准备金要求和准备金利息为金融中介机构期限转换定价。

参考文献

Adrian, T. and H. S. Shin (2009). 'Prices and quantities in the monetary transmission mechanism', *Federal Reserve Bank of New York Staff Report*, no 396.
 (2010). 'Financial intermediaries and monetary economics', *Federal Reserve Bank of New York Staff Report*, no 398.
Bernanke, B. (2015). 'Monetary policy in the future', Remarks at the IMF Conference on 'Rethinking Macro', Washington, April 15, 2015.
Bernanke, B. and A. Blinder (1988). 'Credit, money and aggregate demand', *NBER Working Paper*, no 2534.
Brunnermeier, M. and Y. Sannikov (2014). 'Monetary analysis: Price and financial stability', *ECB Forum on Central Banking*, May.

Brunnermeier, M., T. M. Eisenbach and Y. Sannikov (2012). 'Macroeconomics with financial frictions: A survey', March.

Cecchetti, S. and A. Kohler (2012). 'When capital adequacy and interest rate policy are substitutes (and when they are not)', *BIS Working Paper*, no 379, May.

Dudley, W. C. (2015). Remarks at the 2015 US monetary policy forum, Federal Reserve Bank of New York, 27 February.

Frost, J., L. Logan, A. Martin, P. McCabe, F. Natalucci and J. Remache 'Overnight RPP operations as a monetary policy tool; Some design considerations', *Federal Reserve Board, Finance and Economic Discussion Series*, 2015–10.

Gagnon, J. E. and B. Sack (2014), 'Monetary policy with abundant liquidity: A new operating framework for the Federal Reserve', *Policy Brief PB14–4*. Peterson Institute for International Economics, January.

Goodhart, C. (2011). *The macro-prudential authority: Powers, scope and accountability*. LSE Financial Markets Group. *Special Paper*, no 203. October.

   (2009). 'Liquidity management', Proceedings of the Economic Policy Symposium at Jackson Hole. Federal Reserve Bank of Kansas City, 157–168.

Geanakoplos, J. (2010). 'Solving the present crisis and managing the leverage Cycle', *Federal Reserve Bank of New York Economic Policy Review*, August.

Gorton, G. and A. Metrick (2010). 'Securitized banking and the run on repo'.

Hahm, J. H., H. S. Shin and K. Shin (2012). 'Non-core bank liabilities and financial vulnerability', *NBER Working Paper*, no 18428, September.

Kasyap, A. and J. Stein (2012). 'The optimal conduct of monetary policy with interest on reserves', *American Economic Journal: Macroeconomics* 1, 266–282.

Keister, T., A. Martin and J. McAndrews (2008). 'Divorcing money from monetary policy', *Federal Reserve Bank of New York Economic Policy Review*, September.

McCauley, R. N., P. McGuire and V. Sushko (2015). 'Global dollar credit: Links to US monetary policy and leverage,' *BIS Working Papers*, no 483, January.

McCauley, R. and P. McGuire (2014). 'Non-US bank claims on the Federal Reserve', *BIS Quarterly Review*, March.

Papadia, F. (2014). 'Lender of last resort ? A European Perspective'. *BIS Papers*, no 79.

Repullo, R. and J. Saurina (2011). 'The countercyclical capital buffer of Basel III: A critical assessment', *CEMFI Working Paper*, no 1102, June.

Rochet, J.-C. (2008). 'Liquidity regulation and the lender of last resort', *Banque de France Financial Stability Review*, no 11, February.

Stein, J. (2012). 'Monetary policy as financial – Stability regulation', *Quarterly Journal of Economics* 127(1): 57–95.

Tucker, P. (2007). 'Money and credit: Banking and the macro economy', *Speech at the Monetary and the Markets Conference*, December.

Turner, P. (2015). The Macroeconomics of Macroprudential Policies (this volume).

(2015). 'The consequences of exit from non-conventional monetary policy' *Journal of Financial Perspectives*, vol 3, no 2, 43–59.

Turner, P. (2014). 'The exit from non-conventional monetary policy: What challenges?', *BIS Working Paper*, no 448, May.

(2013). 'The benign neglect of the long-term interest rate,' *BIS Working Papers*, no 403, February.

(2011). 'Macroprudential policies in EMEs: Theory and practice', *BIS Papers*, no 62.

第 3 章　金融中介、
货币政策和宏观审慎政策

斯特凡诺·内里（Stefano Neri）[*]

意大利央行

2008 年国际金融危机爆发后，新凯恩斯动态随机一般均衡模型（NK – DSGE）遭受苛责。当前，学术界和中央银行都在深入研究更贴近现实的建模方法，从而将金融中介和宏观审慎政策的作用纳入其中。鉴于系统性风险建模所引致的技术和计算困难，经济学家在开发新模型方面仍需假以时日，以便能够全面、综合地研究金融中介和实体经济之间的联系，以及政策在促进和维护金融稳定方面的作用。与此同时，现有模型可用于分析货币政策和宏观审慎政策影响及其相互作用。

3.1　引言[①]

理论家的建模过程是在尝试强调其信以为然的，解决当下问题症结所在的世界特征。

（R. E. Lucas，《经济学家》，2009 年 8 月 6 日）

---

[*]　意大利央行，经济展望和货币政策局。电子邮件：stefano. neri@ bancaditalia. it。本章观点不代表意大利央行或欧元体系观点。

[①]　本章的缩减版在 SUERF/Deutsche Bundesbank/IMFS 于 2011 年 11 月 8 日 – 9 日在柏林举办的"The ESRB at 1"会议上展示，并以"金融中介和实体经济：对货币政策和宏观审慎政策的影响"为题在会议合辑中发表。本章是本人和 Paolo Angelini、Andrea Gerali、Fabio Panetta、Luca Sessa 和 Federico Signoretti 的共同成果。感谢 Alessandro Notarpietro、Mario Pietrunti、Tiziano Ropele 和 Federico Signoretti 的评论，感谢 Valentina Schirosi 和 Ivano Galli 为编辑本章内容提供的协助。

最初动态随机一般均衡（DSGE）模型是为了研究经济周期波动问题（Kydland 和 Prescott，1982），后来发展成为新凯恩斯主义框架（Rotemberg，1982）。当前，该框架是中央银行为制定货币政策而使用的工具箱的一部分。

自 2008—2009 年国际全球金融危机开始以来，这些模型遭受苛责。大多数批评意见认为有必要改进宏观经济模型，但研究人员必须牢记：（1）模型是理解经济运行的工具；（2）模型不可避免地要以假设为基础；（3）模型能够回答设计时建立的问题。本章开头的引文清楚地强调了开发理论模型回答特定问题的重要性。

尽管遭受苛责，但学术界和中央银行仍在研究如何将金融中介和宏观审慎政策纳入 DSGE 模型。出台新框架仍需假以时日，方能以全面、综合的方法来研究金融中介与实体经济之间的联系，以及宏观审慎政策在维护金融稳定方面的作用①。

然而，政策制定者不能坐等新一代模型来回答重要问题。例如，巴塞尔银行监管委员会评估资本和流动性改革的长期经济影响，使用的便是当下可用的一套模型（巴塞尔银行监管委员会，2010）。DSGE 模型也被用来评估银行资本和流动性的作用。

同时，除了对新凯恩斯主义框架进行调整之外别无选择，其中最重要的是纳入更现实的金融中介建模。本章首先讨论了国际金融危机后的理论文献进展，然后用三个案例说明如何利用纳入金融中介的 NK—DSGE 模型来研究货币政策和宏观审慎政策。本章还关注了宏观审慎当局近期采取的措施，研究了在该模型中的有效性。

本章其余部分安排如下：3.2 简要介绍了新凯恩斯主义框架和国际金融危机的主要特征。3.3 讨论了 NK—DSGE 模型的主要批判，简要介绍了近期的一些贡献。3.4 介绍了纳入金融中介的模型在货币政策和宏观审慎政策方面的应用。最后一节为结论。

---

① Gersbach（2011）概述了一个组织实施货币政策、宏观审慎政策和银行微观审慎监管的政策框架。

3.2　新凯恩斯主义范式与 2008—2009 年的国际金融危机

3.2.1　新凯恩斯主义基准模型

Woodford（2003）和 Galí（2008）详细描述的新凯恩斯主义框架是文献中几乎所有 NK—DSGE 模型开发的核心。该模型的简单版本描述了由一个代表性家庭和一个代表性企业构成的无现金经济。其中，价格和工资具有黏性，信贷市场处于完全状态，因此金融中介没有发挥作用[①]。模型的中等规模版本（Christiano 等，2005；Smets 和 Wouters，2003），以几种实际摩擦和名义摩擦为特征，被许多中央银行使用（如瑞典央行 RAMSES 模型，挪威央行 NEMO 模型或欧洲央行 New Area Wide 模型）[②]。Smets 和 Wouters（2003，2007）指出，中等规模的模型可以像贝叶斯向量自动回归（BVAR）模型一样，对战后美国和欧元区数据进行拟合。该模型可以对时间序列的宏观经济数据演变进行结构性解释。

NK—DSGE 模型的发展时期，通胀水平低且稳定，经济活动较过去几十年而言波动性明显降低（见图 3.1），当时金融冲击在塑造宏观经济动态方面没有发挥重大作用。国际金融危机爆发后，实际国内生产总值增长的波动性在下降了 20 多年后急剧上升。

3.2.2　2008—2009 年国际金融危机

国际金融危机表明，新凯恩斯主义框架的许多假设都是错误的，而且金融市场距离完全状态差距甚远，其在冲击起源和传导方面都起着重要作用。

---

① 这些模型建立的微观基础比 20 世纪 70 年代的大型模型更好，并且对卢卡斯批判具有稳定性。

② 关于 RAMSES II，见 https：// www. riksbank. se /en – gb/press – and – published/publications/regular – publications/working – paper – series/occasional – paper – series/occasional – paper – series – no. – 12 – Ramses – ii – model – description/，关于 NEMO 见 http：// www. norges – bank. no/en/ Monetarypolicy/Models – for – monetary – policy – analysis – and – forecasting/NEMO/。

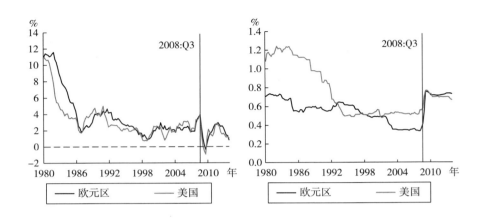

注：欧元区为 HICP 数据，美国的 PCE 平减指数为实际 GDP 增长标准差的 10 年（去中心）移动平均。

图 3.1　通货膨胀率和季度实际 GDP 增长的波动性

（资料来源：欧洲统计局和美国经济分析局）

　　然而，现代宏观经济模型的设计是为了解释"正常"时期的现象，即经济围绕着平稳、平衡增长路径波动的时期（King 等，1988）。Jordi Galí 在接受 Andrew Scott（欧元区经济周期网络前科学主席，EABCN）的采访时非常清楚地表明了这一点："作为主力范式出现的范式显然适用于正常时期，甚至可以说是发达经济体和稳定经济体的正常时期。你只要看看一些基本的假设，范式所关注的各种不完善的地方等，就可以看出这一点。"[1] DSGE 模型的特征不利于在"特殊"时期发挥作用，如国际金融危机时期。这也使其很难将结构性变化纳入实体经济和金融市场中。

　　国际金融危机表明，市场功能如何严重失灵，并损害货币政策传导机制。2007 年 8 月，货币市场出现了紧张局势。以无担保和有担保的银行间贷款利差衡量的风险溢价飙升，由于市场参与者之间缺乏信心，加之其财务稳健性的不确定性增加，市场活动急剧下降。图 3.2 显示，欧元区的系统性压力综合指标（CISS）大幅上升，攀升至国际金融危机爆发前从未达

---

[1]　采访稿见 http：//www. eabcn. org/podcast/andrew－scott－interviews－jordi－gali－upf。

到的水平。2008 年底，欧洲 2 家及以上大型银行违约概率也有所增加。这两项指标的数值在 2011 年底攀升至极高水平，当时正值欧元区主权债务市场紧张局势的高峰。图 3.3 显示，市场参与者评估认为 2008 年后货币市场的流动性大幅恶化。

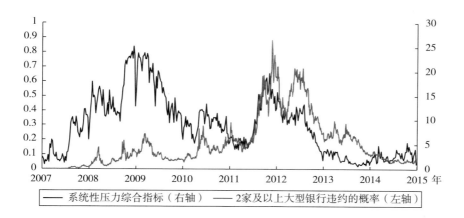

图 3.2　系统性压力指标

（资料来源：欧洲央行）

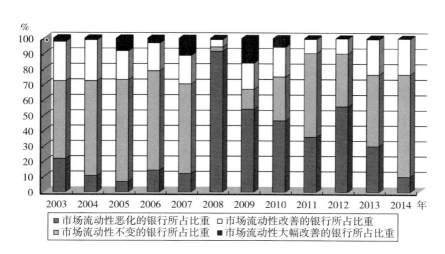

图 3.3　欧元区货币市场的流动性

（资料来源：欧洲央行货币市场调查，https：//www.ecb.europa.eu/

stats/money/mmss/html/index. en. html）

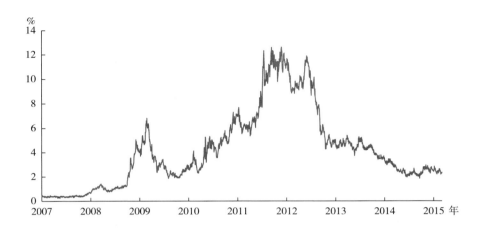

图 3.4　两个及以上欧盟主权债券同时违约的概率

（资料来源：欧洲中央银行）

　　然而，2010 年初欧元区一些政府债券市场出现了紧张局势。相对于德国政府债券的主权利差增加，CDS 隐含的违约概率飙升，反映出人们对公共资金可持续性的担忧不断增加（见图 3.4）。2011 年夏天，意大利和西班牙政府债券的利差达到历史最高水平，紧张局势加剧。

　　由于市场资金越发难以获得，资产负债表受到限制，借款人风险增加，银行在 2011 年第三季度进一步收紧了对非金融企业和家庭贷款的信贷标准（见图 3.5），反过来又对实体经济变量产生了显著影响，导致投资急剧萎缩。

　　2011 年 9 月 21 日，欧洲系统性风险委员会（ESRB）总理事会会议召开后，新闻通稿称"欧盟金融体系稳定风险大大增加……在过去的几个月里，主权压力已经从较小的经济体转移到一些较大的欧盟国家……银行定期融资市场逐步干涸加剧了这一局面"。2011 年底，欧洲央行推出了三年期再融资操作，以缓解银行资金压力。2012 年春季，承压国家的主权收益率急剧上升，也反映了人们对欧元区解体的担忧。

　　国际金融危机和主权债务危机对银行融资和信贷供给所造成的后果，以及对政府履职能力的市场评估影响，提醒我们金融市场和实体经济之间的联系十分重要。此外，由于未纳入金融中介和金融风险，危机前的

NK—DSGE 模型存在严重缺陷。

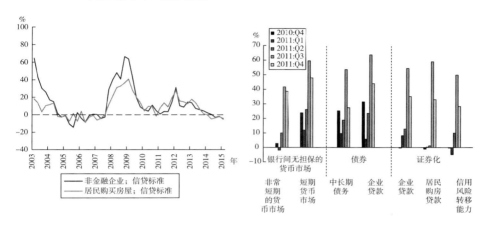

注：①左图显示了收紧对非金融企业或家庭的信贷标准的银行净百分比；

②右图显示了过去三个月报告市场准入恶化的银行净百分比。

图 3.5 欧元系统银行贷款调查结果

（资料来源：欧元系统）

国际金融危机前，研究人员之所以未关注危机特征有两种解释：一是"二战"后发达经济体衰退不是由金融市场冲击造成的；二是金融压力情景不多（见图 3.6）。

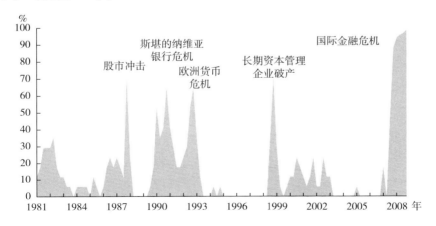

图 3.6 处于金融压力下的国家占比

（资料来源：《世界经济展望》，2008 年 10 月；IMF）

3.3 关于动态随机一般均衡模型（NK—DSGE）的批判性观点

自 2009 年初，雷曼兄弟破产几个月后，Buiter、Goodhart、Cecchetti、Spaventa 和 De Grauwe 等经济学家对 DSGE 模型提出了批评[①]。其主要缺点是模型无法回答有关破产、违约和流动性不足的问题，无法研究金融中介机构和市场监管变化的影响，无法就如何防止资产市场繁荣和萧条提供建议。

Buiter（2009）认为，标准的宏观经济理论不仅不能回答关于破产和流动性不足的关键问题，而且也不允许提出这种问题。De Grauwe（2010）批评了理性预期的假设，认为"经济学的其他分支，如博弈论和实验生态学已经越发认识到将主体在理解世界时所面临的局限性纳入考量的必要性。"De Grauwe 还批评了 DSGE 模型依赖外生冲击来产生经济波动的做法，认为模型应该能够内生地产生金融压力，不断积累后导致危机爆发。

然而，大多数针对 DSGE 模型的批评并不源于模型的性质，而是源于特定的假设。但是，假设是构建模型所必需的，并且需要模型来提供问题的答案。针对《经济学人》的一篇文章（2009 年 7 月 16 日），Robert Lucas（《经济学人》，2009 年 8 月 6 日）认为，"如果不采用某种模型，我们就无法完全理解经济是如何运行的，如果不使用数学等分析工具，我们就无法建立一致的模型。其中一些工具非常复杂，但只要不将追求复杂性本身作为主要目标，不将其作为进入理论家俱乐部的障碍，而将其作为理解世界的一种分析手段，那复杂性就没有什么不妥"。Lucas 强调建立模型是为了回答特定问题。

---

① 见 Goodhart 和 Tsomocos（2011），"大多数'前沿'学术货币经济学不幸无用"，作者 W. Buiter 于 2009 年 3 月 6 日发表于 http：//www. voxeu. org/ article/macroeconomics – crisis – irrelevance；Cecchetti、Disyatat 和 Kohler（2009）和 Spaventa（2009）。

　　除了学术界，政治家们也开始对 DSGE 模型未能成功预测国际金融危机和解释宏观经济影响的原因产生兴趣。2010 年 7 月，鉴于国际金融危机爆发后的经济危机，美国国会调查与监督小组委员会举行听证会审查现代宏观经济理论的承诺和局限。Solow（麻省理工学院）和 Chari（明尼苏达大学）列于证人之中。在证词中，Solow 抨击了 DSGE 模型的使用，他指出"我不认为目前流行的 DSGE 模型能通过嗅觉测试（smell test）。他们想当然地认为，整个经济可以看作一个单一的、一致的人或朝代在执行一个合理设计的长期计划，虽然偶尔会受到意外冲击的干扰，但会以合理的、一致的方式适应这些冲击……这个观点的主人公通过宣称它是建立在我们对微观经济行为了解的基础上，并要求获得尊重，但我认为这种说法一般是假的。赞成者无疑相信他们所说的话，但他们似乎已经停止闻气味了，或者连嗅觉也一并丧失了"。

　　Chari 在他的证词中对这场辩论提出了更乐观的解读，他指出，"现在，宏观经济研究在过去 25 年里发生了很大的变化，我想强调这种变化的性质，我相信这种变化在很大程度上取得了进步。比如，1982 年最先进的 DSGE 模型有一个代表性的主体，没有失业，没有金融因素，没有黏性价格和工资，没有危机，没有政府的作用。今天最先进的 DSGE 模型是什么样子？它们有异质性，来自收入波动、失业等各种异质性。它们有失业问题，有金融因素，有黏性价格和工资，有危机，以及政府的作用……DSGE 模型……是政策制定中的一个要素，而且是非常有用的要素"。[①]

3.4　危机即机遇

　　从 Bernanke 等（1999；以下简称 BGG）发表到 2008 年国际金融危机爆发，很少有人尝试在一般均衡框架下建立金融中介模型。BGG 的金融加

---

　　① Kocherlakota（2010 年）承认 DSGE 模型对分析 2007—2010 年的国际金融危机不是很有用。然而，他认为模型的适用性正在改善，宏观经济学家们越发一致地认为，DSGE 模型需同时纳入价格黏性和金融市场摩擦。

速器机制直到近期才在标准的中等规模 DSGE 模型中被重新考虑（Christiano 等，2014；Gilchrist 等，2009）。开发 BGG 模型是为了量化信贷因素对周期性波动和货币政策传导的贡献。尽管信贷因素是大多数发达国家和发展中国家金融危机背后的主要推手（大萧条、20 世纪 90 年代日本危机、大多数拉丁美洲危机和 1997 年亚洲危机等），但并不是新凯恩斯主义框架的一部分。

在古希腊语中，"危机"一词（κρισις）也指一个决定性的点或形势，即转折点。在希波克拉底医学中，危机是疾病发展过程中的一个点，在这个点上病人要么屈服于死亡，要么通过自然过程会康复①。在某种意义上，国际金融危机代表了一个修改当前宏观经济框架的机会，就像 20 世纪 70 年代的大通胀凸显了主体预期和货币政策可信度的重要性一样。事实上，20 世纪 70 年代的模型的确忽视了预期在影响经济决策方面的作用。

Gertler 和 Kiyotaki（2010）在《货币经济学手册》中关于"经济周期分析中的金融中介和信贷政策"章节中表达了他们对改变的希望："如果没有别的，希望我们手册这一章有助于消除宏观经济学家没有关注金融部门的观念"。Woodford（2010）也承认"具有这些特征的新一代宏观经济模型的开发现在正在顺利进行中"，需要"一个金融中介发挥关键作用的宏观经济分析框架"。

3.5 最近的一些贡献及其局限性

文献中出现了一系列关于在 DSGE 模型中引入金融中介的重要文章（Angeloni 和 Faia，2009；Meh 和 Moran，2010；Cúrdia 和 Woodford，2010；Gertler 和 Kiyotaki，2010；Gertler 和 Karadi，2011；Gerali 等，2010）。对

---

① krisis 这个词来源于动词 krino（κρίνω），也有分开的意思。另见"希波克拉底和盖伦的著作，J. R. Coxe，M. D.，Philadelphia，Lindsay 和 Blakiston，1846 拉丁文原译本概况版，见 http：// oll. libertyfund. org/titles/1988。

近期所有贡献的调查不在本章范围之内①。

Angeloni 和 Faia（2009）在 DSGE 模型中引入银行，遵循 Diamond 和 Rajan（2000，2001）的建模方式，研究货币政策和银行资本监管之间的相互作用。基于风险的资本要求（如巴塞尔 II 监管）放大了周期，不利于社会福利。Meh 和 Moran（2010）开发了一个模型，其中银行资本缓解了银行和存款人之间的代理人问题。银行资本有助于中介机构吸引存款，并向企业提供贷款。Cúrdia 和 Woodford（2010）在基本的三方程（three e-quations）小规模新凯恩斯模型中引入了一个非常简化的金融部门，将对利差或信贷的反馈加入货币政策规则，并分析宏观经济效应。Gertler 和 Kiyotaki（2010）将金融摩擦内生化，通过引入借款人和贷款人之间的代理人问题，从而产生了外部融资成本和内部融资机会成本之间的利差，如 BGG 金融加速器。Gertler 和 Karadi（2011）开发的 DSGE 模型纳入了面临内生资产负债表约束的金融中介，用于评估非常规货币政策抵消金融危机后果的有效性。在他们的模型中，中央银行在提供信贷方面的效率较低，但可以通过发行无风险的政府债券来提供信贷并且不受约束。当受名义利率零下限约束时，中央银行的信用中介作用收益是巨大的。Clerc 等（2015）开发了一个带违约的 DSGE 模型，研究银行资本监管，但该模型并没有体现货币政策的作用。

Gerali 等（2010）建立了一个模型，其中包括一些实际和名义的刚性因素、Kiyotaki 和 Moore（1997）中的金融摩擦、垄断性竞争银行和银行资本的作用②。该模型利用 1998—2009 年欧元区的数据进行估算，用于研究：（1）金融摩擦和银行在冲击传导中的作用（Gerali 等，2010）；（2）信贷紧缩的宏观经济效应（Gerali 等，2010）；（3）《巴塞尔协议II》监管的顺周期性（Angelini 等，2011）；（4）货币政策与宏观审慎政策的相互作用（Ange-

---

① 参见 Angelini、Nicoletti - Altimari 和 Visco（2012 年）的简要调查。Galati 和 Moessner（2013 年）对现有文献进行了审查，并确定了未来需要解决的关键研究问题，从而帮助宏观审慎政策工具实施。

② 该项目始于 2007 年 9 月，即银行间市场紧张局势爆发一个月后，目的是开发一个模型，供意大利央行经济展望和货币政策局使用，研究与货币政策有关的问题，了解冲击对欧元区银行的影响。

lini 等，2014）；（5）《巴塞尔协议Ⅲ》监管对宏观经济的影响（Angelini 和 Gerali，2012）；（6）货币政策应对资产价格的能力（Gambacorta 和 Signoretti，2014）。该模型有许多局限性，其中部分与其他模型存在共性。例如，不存在风险，也不存在银行间市场，银行不进行任何期限转换。

前文所述的模型尽管有不同之处，但都是围绕其稳态进行线性化建模（即局部近似）。平行于上述研究出现了另一种研究方法，依赖于更为复杂的解决方法（即全局近似）。Bianchi 和 Mendoza（2010）、Mendoza（2010）、Jeanne 和 Korinek（2010），以及 Bianchi（2011）修改了 Kiyotaki 和 Moore（1997）的框架，表明当信贷获取偶尔受到有约束力的抵押品限制时，就会产生一种外部性，在竞争性均衡和社会计划者均衡（planner equilibria）之间形成一个楔子。这种外部性诱导房屋持有者过度借贷，因为他们没有将自己的行为对抵押品价格的影响内部化。根据某些特征和参数设置，这种模型可以展示过度借贷或借贷不足（Benigno 等，2010）。Brunnermeier 和 Sannikov（2014）开发了一个经济模型，该模型在正常情况下处于低波动的稳态水平，在金融部门对实体经济强烈负反馈的作用下偶尔转向高波动机制。这一特点的产生在于市场参与者作为个体将价格视为既定，但作为整体将影响价格。

DSGE 模型存在的一个共同问题是，为了克服技术和计算方面的复杂程度，作者将其极大简化，在模拟金融部门或货币政策方面的细节程度不够。Buiter（2009）写道："如果一个人对此嗤之以鼻，同意新古典主义或新凯恩斯主义的完全市场工具，很快就会发现任何潜在的与政策相关的模型都是高度非线性的，这些非线性和不确定性的相互作用会带来深刻的概念和技术问题。"

3.6 系统性风险

前文所述模型的缺点是未能对系统性风险进行建模。几乎所有经济学家都认为需要进一步针对模拟和度量系统性风险开展研究。然而，要有效度量系统性风险需要明确系统性风险的定义，进行深思熟虑的建模，但建模仍处于早期阶段。Brunnermeier 等（2011）认为，系统性风险是一个具有吸引力、激发智慧的研究领域："动态随机均衡模型……中央银行研究部门特别关注该模型，改进了对物价稳定的认识……我们对物价稳定的理解与对金融稳定和系统性风险的理解之间存在着鲜明的对比，彼此差距更为明显。"①

Hansen（2012）探讨了与系统性风险建模和度量有关的一些概念。有趣的是，他认为"设计更好的模型来支持政策讨论和分析是一个值得追求的目标……如果不寻求模型，政府决策只能严重依赖自由裁量权。也许在某些极端情况下，自由裁量是我们能做的最好的事情，但正规分析应该为经济政策提供一致性和透明度"。

3.7　评估货币政策和宏观审慎政策作用的模型

过去几年，一些论文在以金融摩擦为特征的 NK—DSGE 模型下，研究了货币政策和宏观审慎政策的作用。

Beau 等（2011）认为，将针对"过度"信贷增长的宏观审慎政策与专注于通胀的货币政策相结合是应对金融冲击的最佳对策，从而保持物价稳定。此外，中央银行应当考量宏观审慎政策的宏观经济效应，使主体福利最大化。Bean 等（2010）使用了 Gertler 和 Karadi（2011）的修改版模型。

Gelain 和 Ilbas（2014）辅以 Gertler 和 Karadi（2011）的金融中介部门建模，利用美国的实体经济变量和金融变量数据估计了 Smets 和 Wouters（2007）模型。通过对银行资本设置税收或补贴，稳定信贷增长和产出缺口的宏观审慎政策，模型评估了为维护宏观经济金融稳定是否以及如何与货币政策进行互补。作者认为，宏观审慎职责中对产出缺口波动赋予较大

---

① 见 Schultze 和 Newlon（2011），"十年及以后：经济学家回应美国国家科学基金会对长期研究议程的呼吁"（汇编），Charles L. Schultze 和 Daniel. H. Newlon 主编，美国经济学会，可在 SSRN 上查阅：http://ssrn.com/abstract=1886598。

职责时，货币政策可以与宏观审慎监管机构协调中获益。

Quint 和 Rabanal（2014）通过一个两国模型研究了欧元区货币政策和宏观审慎政策的最佳组合，该模型具有名义和实际刚性，以及在住房市场中以 BGG 形式出现的金融摩擦。引入宏观审慎规则有助于减轻宏观经济波动，改善福利，部分替代了各国缺失的货币政策。

Rubio 和 Carrasco - Gallego（2014）在住房和抵押品约束的 DSGE 模型中分析了宏观审慎政策和货币政策对经济周期、福利和金融稳定的影响。宏观审慎政策根据信贷增长设定贷款价值比，而货币政策则遵循标准泰勒规则设定政策利率。两种政策共同提高了经济的稳定性。

3.8　在纳入金融中介的模型中研究货币政策和宏观审慎政策

最大限度地将国际金融危机爆发以来提出的批评意见进行吸纳，建立新框架需要一些时间。遗憾的是，政策制定者面临着需要及时回答的问题，如引言中关于提高资本要求对宏观经济的影响问题。学术界和中央银行研究人员可以进行卓有成效的合作，开发新的模型、工具和方法。同时，一种可能性是将金融中介作用纳入当前的 NK—DSGE 模型中。

本节讨论 Gerali 等（2010）模型的三项应用，关注其对货币政策和宏观审慎政策的影响。第一项应用量化了源自银行业的冲击对 2009 年欧元区经济下滑的影响以及欧洲央行货币政策的作用。第二项应用侧重于货币政策和宏观审慎政策之间的相互作用。第三项应用研究了宏观审慎政策逆风干预金融周期的作用。在最后两项应用实践中，《巴塞尔协议Ⅱ》监管要求和逆周期资本要求被纳入修改后的模型之中（Angelini 等，2014）。资本资产比率随时间变化的贷款风险权重（《巴塞尔协议Ⅱ》监管特点）为

$$w_t^i = (1 - \rho_i)\,\overline{w}^i + (1 - \rho_i)\chi_i(Y_t - Y_{t-4}) + \rho_i w_{t-1}^i \qquad (3.1)$$

其中，w_t^i 为权重（i = F，H，F 代表企业，H 代表家庭），Y_t 为产出，χ_i 衡量风险权重对产出增长的敏感性，ρ 为持久性，$\overline{w}$ 为稳态水平。虽然该模型不以

风险为特征，但公式（3.1）将风险的顺周期模式与产出直接挂钩。至于第二个修改，假设宏观审慎政策根据以下规则设定资本要求以稳定贷款产出比：

$$v_t = (1 - \rho_v)\overline{v} + (1 - \rho_v)\chi_v\left(\frac{L_t}{Y_t} - \frac{\overline{L}}{Y}\right) + \rho_v v_{t-1} \qquad (3.2)$$

其中，L 为家庭贷款和企业贷款，v 为银行的资本要求，χ_v 衡量资本要求对贷款产出比的反应。货币政策规则为

$$R_t = (1 - \rho_R)\overline{R} + (1 - \rho_R)\left[\chi_\pi(\pi_t - \overline{\pi}) + \chi_y(Y_t - Y_{t-1})\right] + \rho_R R_{t-1}$$

$$\qquad (3.3)$$

其中，R_t 为政策利率，π_t 为通货膨胀，Y_t 为产出。

3.9　金融冲击的影响和货币政策的作用

本节使用 Gerali 等（2010）的模型量化银行部门冲击（提高贷款成本或降低经济体系可贷规模的冲击）对 2009 年和 2010 年欧元区经济活动收缩的影响。样本延伸至 2010 年第四季度。Christiano 等（2014）也对 2009年欧元区经济衰退中金融冲击的作用进行了评估。图 3.7 为评估结果。

模型冲击分为三类："宏观经济组"汇集了对中性技术、偏好、住房需求、投资特定技术以及价格和工资溢价的冲击；"货币政策组"分离了非系统性货币政策的影响；"银行组"包括对贷款的贷款价值比、银行利率溢价和银行资产负债表的冲击。

2008 年开始的急剧收缩几乎完全是由银行业受到负面冲击造成的，较低程度上也是由宏观经济冲击正向刺激措施同时回撤造成的[①]。2010 年底产出回升是正向宏观经济冲击和扩张性货币冲击的结果，冲击超过了银行部门冲击的巨大影响。

2008 年和 2009 年主要政策利率大幅下降，有助于减轻金融危机对欧元区经济的巨大负面影响。此外，欧洲央行对银行业冲击的内生反应是巨大

[①]　由于该模型描述的是封闭经济，因此它没有反映全球需求收缩的影响。

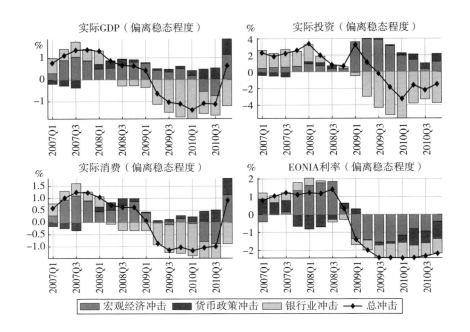

注：估计样本涵盖1998年第一季度至2010年第四季度。历史分解是利用参数后验分布（posterior distribution）的中位数来计算。

图 3.7　特定冲击对欧元区经济的影响：2007—2010 年

的，可以从 2008 年底以来冲击对欧元无担保加权平均隔夜利率（EONIA）相对较大的贡献中看出。该模型无法量化欧洲央行实施的所谓强化信贷支持的影响。初步评估可参阅 Fahr 等（2011）和 Cahn 等（2014）的研究。

3.10　货币政策和宏观审慎政策

本节介绍 Angelini 等（2014）的主要研究结果，作者关注了货币政策和宏观审慎政策的相互作用。两种政策应当通过各自对资产价格和信贷总量的作用相互影响。

Angelini 等（2014）提出了一个框架来组织讨论宏观审慎政策的有效性及其与货币政策的相互作用。作者采取了一种积极的方法，认为宏观审慎监管的存在理所当然。为了模拟宏观审慎当局的操作目标和工具，作者借鉴了真实政策制定者的既定目标。因此，作者假设宏观审慎政策的目标是稳定贷款产出比。

货币政策和宏观审慎政策之间相互作用的建模以两种方式进行：（1）在合作的情况下，只有统一的政策制定者制定两项政策，并控制两种工具（货币政策利率和资本要求），并使联合损失函数最小化；（2）在非合作的情况下，每个当局以最佳方式制定自己的政策工具，在将其他当局政策作为既定条件的基础上，使自己的损失函数最小化[1]。

分析表明，在"正常"时期，即当经济周期由供给冲击驱动时，相较于单独实施货币政策而言，即使两个当局进行合作，宏观审慎政策产生的额外收益也微乎其微（见图3.8；左列）。如果两个当局不合作，那么政策

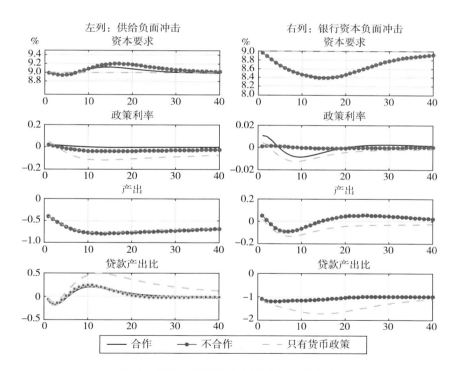

图 3.8　供给和银行资本负面冲击的脉冲响应

---

[1]　中央银行损失函数是通胀、产出和政策利率变化波动的函数，宏观审慎当局损失函数是贷款产出比、产出和资本要求变化波动的函数。

工具就会变得极不稳定。这是因为宏观审慎政策和货币政策作用于模型中密切相关的变量（利率、信贷和资产价格），但由于各自目标不同，有时它们可能会向不同的方向发力（Bean 等，2010 年将这一结果定义为"你推我拉"）。当经济波动由金融冲击（即通过银行资本的下降影响贷款供给）驱动时，无论两个当局是否合作，引入宏观审慎政策的好处都会变得很大（见图 3.8；右列）。

将这些反应与货币政策单独稳定经济的假设下得出的反应进行比较，前者冲击影响甚至更大，反映了贷款利率急剧上升和贷款收缩幅度更大。

3.11 逆风干预金融周期：宏观审慎政策的含义

国际金融危机爆发数年后，经济学家一致认为美国史无前例的房地产泡沫破灭引发了危机。房地产繁荣背后的诸多因素包括金融创新、对未来住房需求和住房价格的过度乐观预期以及极低的风险溢价。

低风险溢价预期可能会引起资产价格广泛上涨，并通过其对在险价值（VaR）的影响促进信贷繁荣，而在险价值在确定银行资产负债表规模和杠杆率方面至关重要（Adrian 和 Shin，2010）。事实上，预计总体风险的下降（在险价值方法的一个关键要素）为银行提供了扩大资产负债表和增加杠杆的激励。总体波动性和投资者对风险感知的永久性降低，背后有各种原因（Panetta 等，2006）：（1）市场流动性改善；（2）机构投资者作用加大；（3）风险转移工具市场迅猛增长；（4）货币政策传导方面的重要变化和进步，包括增加渐进性、提高透明度和改善沟通。

Angelini 等（2014）的模型有助于量化阻止金融失衡积累的程度。在其他条件不变的情况下，如果宏观经济条件改善，假定主体持有的资本将减少，同时也假设银行对杠杆设定目标。对于给定的杠杆目标，银行有动机扩大其资产负债表并增加贷款。模型中可以通过引入银行资本冲击 ε_t 来捕捉这一机制。

$$K_{b,t} = (1 - \delta_b)K_{b,t-1}\varepsilon_t + \Pi_{b,t-1} \qquad (3.4)$$

其中，ε_t 的自回归过程遵循以下形式：

$$\varepsilon_t = (1 - \rho) + \rho\varepsilon_{t-1} + \mu_t + \mu_{t-4} \qquad (3.5)$$

μ_t 是一个独立同分布的零均值化过程。t 时期主体收到关于未来 $t+4$ 时期的宏观经济状况信号，即 $E_t\varepsilon_{t+4} = \mu_t$。Schmitt – Grohé 和 Uribe（2008）曾使用过这种冲击。假设当冲击实现时，主体意识到银行资本根本不会增加（即 $\mu_t = -\mu_{t-4}$）。Lambertini 等（2013）进行了类似的实验，使用 Iacoviello 和 Neri（2010）开发的模型研究了哪种冲击会影响房地产市场的繁荣和萧条。图 3.9 报告了模拟结果。

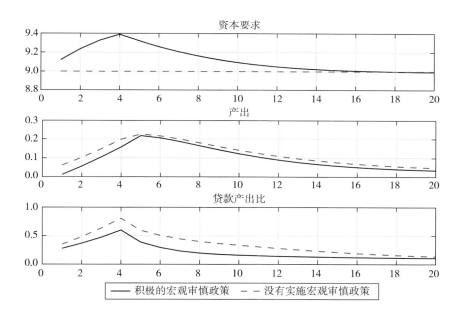

图 3.9　对未来银行资本正向冲击的脉冲响应

银行资本利好消息发布后，中介机构立即增加对家庭和企业的信贷供给，降低银行利率。产出开始增加，并在冲击后的四个季度达到峰值。为了应对经济活动的繁荣，宏观审慎政策收紧了资本要求，同时中央银行略微降低政策利率以应对通货膨胀下降。贷款产出比对产出有类似的动态反应。一年后，主体意识到正向冲击没有发生，银行立即减少贷款，迫使产出回到其稳态水平。宏观审慎政策缓慢地将资本需求恢复到其稳态水平（9%）。

信贷周期上升时未积极使用资本要求予以逆风干预就会出现不同的情

况。这种情况下，银行利率下降幅度更大，决定了产出和贷款产出比上升幅度，且比宏观审慎政策收紧资本要求时更大。

3.12 对货币政策和宏观审慎政策的影响：一个摘要

综上所述，本章讨论了货币政策和宏观审慎政策的影响。一是积极的宽松货币政策可以减轻银行体系冲击对实体经济的负面影响。二是货币政策和宏观审慎政策应密切协同操作，避免政策工具过度波动，出现"你推我拉"的局面。三是当经济受到金融冲击时，宏观审慎当局对逆周期资本要求的积极管理可以产生明显的效益，因为冲击通过减少银行资本限制了对私营部门的信贷供给。四是宏观审慎政策可以通过改变资本要求，有效地逆风干预金融周期。

Angelini 等（2014）开发的模型可用于研究旨在稳定住房市场宏观审慎措施的有效性，如欧洲一些国家过去几年采取的措施。2013 年 11 月比利时央行对按照内部评级方法（IRB）计算抵押贷款最低监管资本要求的机构，引入了抵押贷款附加五个百分点风险权重的固定要求。2014 年 11 月，瑞典金融监管局（Finansinspektion）也将风险权重下限从 2013 年 5 月设定的 15% 提高到 25%，以降低与家庭负债有关的风险。荷兰贷款价值比正在逐步降低，从 2013 年的 105% 降至 2018 年的 100%。

3.13 结论

自 2008—2009 年国际金融危机爆发以来，属于新凯恩斯主义框架的宏观经济模式受到了严厉指责。毫无疑问，必须修改当前的宏观经济框架[1]。

---

① Jordi Galí 在接受 Andrew Scott 采访时表示了一些怀疑："对我来说，我们不应该对标准模型进行大规模的修改以适应可能不会再看到的现象，或者我们可能不会再看到它如这次一般所呈现的特殊形式。所以，我有点怀疑，尽管我理解并同情目前的一些努力，比如说，在标准 DSGE 模型中引入金融缺陷等。我对它在情况恢复正常后的作用有点怀疑，而且我不得不说，如果你想听的话，我对使用这种增强的 DSGE 模型来解释危机内生性的可能性也持怀疑或非常悲观的态度。"

经济学家提出的方向有很多，而且都同样重要。其中，应特别关注违约风险和系统性风险。在宏观经济模型中对资产价格泡沫建模也是未来研究的一条重要且必要的道路。目前，学术界和中央银行都在进行密集的研究，其目的在于将金融中介纳入到中等规模的 NK – DSGE 模型。

若将本章讨论的许多可取的特征纳入基准模型，最重要的是要考虑到可能面临的计算成本。例如，Kiyotaki 和 Moore（1997）提出的模型，通常假设借贷约束受到限制。在这种选择下，可以使用标准方法并提供线性系统。若转为偶尔具有约束力的限制条件，虽然允许出现预防性储蓄，但需放弃标准（线性）解法，并产生大量的计算成本和时间成本。具有非线性效应的模型在模拟金融部门时往往比较简单。该类模型也很可能难以解释数据的主要特征，如果经济学家的最终目标是量化评估政策干预效果，那么这一点应值得重视。Iacoviello 和 Guerrieri（2015）发现了一种有趣的方法，他们开发了一个工具包，用于研究偶尔具有约束条件的相对大型模型，但不依赖全局求解方法。

业内将不可避免地面临理论基础和经验相关性之间的权衡。研究人员可能还需要一段时间才能修改现有框架，从而以全面、综合的方式研究金融市场和实体经济之间的联系，以及政策在促进金融稳定方面的作用。但正如 Hansen（2012）近期指出的那样，设计更好的模型来支持政策讨论和分析是一个值得追求的目标。

然而，政策制定者不能坐等下一代模型的出现。"经济政策管理不能长期没有可靠的定量信息，特别是在困难和不确定的时期。这种信息只能通过基于以往经验调整过的模型来获得"（Visco，2009）。政策机构和学术界的研究人员需要紧密合作，开发新的方法，将金融中介以有意义的方式纳入当前的政策分析框架。同时，一种可能性是调整当前的 DSGE 模型，以金融中介作用为特征，并利用其来解决政策问题，如宏观审慎政策的作用，及其与货币政策的相互作用。以上是如何使用模型的案例，尽管这些模型也有缺陷。

参考文献

Adrian, T. and H. S. Shin (2010). 'Liquidity and Leverage', *Journal of Financial Intermediation*, vol 19, no 3, 418–437.

Angelini, P., A. Enria, S. Neri, F. Panetta and M. Quagliariello (2011). 'Pro-cyclicality of capital requirements: Is it a problem? How to fix it?', in Adam Posen, Jean Pisani-Ferry, Fabrizio Saccomanni, eds. '*An ocean apart? Comparing Transatlantic Responses to the Financial Crisis*', Brussels, Bruegel Institute, 263–311.

Angelini, P. and A. Gerali (2012). 'Banks' Reactions to Basel-III', *Banca d'Italia Discussion papers*, no 876.

Angelini, P., S. Neri and F. Panetta (2014). 'The interaction between capital requirements and monetary policy', *Journal of Money, Credit and Banking*, vol 46, no 6, 1073–1112.

Angelini, P., S. Nicoletti-Altimari and I. Visco (2012). 'Macroprudential, microprudential and monetary policies: Conflicts, complementarities and trade-offs', *Banca d'Italia, Occasional papers*, no 140.

Angeloni, I. and E. Faia (2009). 'A tale of two policies: Prudential regulation and monetary policy with fragile banks', *Working Paper*, no 1569, Kiel Institute for the World Economy.

Basel Committee on Banking Supervision (2010). 'An assessment of the long-term economic impact of stronger capital and liquidity requirements', *Bank for International Settlements*.

Bean, C., M. Paustian, A. Penalver and T. Taylor (2010). 'Monetary policy after the fall', Paper presented at the Federal Reserve Bank of Kansas City Annual Conference, Jackson Hole, Wyoming.

Beau, D., L. Clerc and B. Mojon (2011). 'Macro-Prudential Policy and the Conduct of Monetary Policy', *Banque de France, Document de travail*, no 390.

Benigno, G., H. Chen, C. Otrok, A. Rebucci and E. Young (2010). 'Revisiting overborrowing and its policy implications', *CEPR Discussion Paper*, no 7872.

Bernanke, B. S., M. Gertler and S. Gilchrist (1999). 'The financial accelerator in a quantitative business cycle framework', in J. B. Taylor and M. Woodford, eds., *Handbook of Macroeconomics*, Vol 1C. Amsterdam: Elsevier Science, North–Holland, 1341–1393.

Bianchi, J. (2011). 'Overborrowing and systemic externalities in the business cycle', *American Economic Review*, vol 101, no 7, 3400–3426.

Bianchi, J. and E. G. Mendoza (2011). 'Overborrowing, financial crises and macroprudential policy', *International Monetary Fund, Working Paper*, no 24.

Brunnermeier, M., L. P. Hansen, A. Kashyap, A. Krishnamurthy and A. W. Lo (2011). 'Modeling and measuring systemic risk', in *Ten Years and Beyond:*

Economists Answer NSF's Call for Long-Term Research Agendas, C. L. Schultze and D. H. Newlon, eds., American Economic Association. Available at SSRN: http://ssrn.com/abstract=1886598.

Brunnermeier, M. and Y. Sannikov (2014). 'A macroeconomic model with a financial sector', *American Economic Review*, vol 104, no 2, 379–421.

Buiter, W. (2009). 'The unfortunate uselessness of most "state of the art" academic monetary economics' available at http://www.voxeu.org.

Cahn, C., J. Matheron and J.-G. Sahuc (2014). 'Assessing the macroeconomic effects of LTROS', *Banque de France working papers*, no 528.

Cecchetti, S. G., P. Disyatat and M. Kohler (2009). 'Integrating financial stability: New models for a new challenge', prepared for the joint BIS-ECB Workshop on 'Monetary policy and financial stability', Basel, Switzerland, 10–11 September 2009.

Christiano, L., M. Eichenbaum and C. Evans (2005). 'Nominal rigidities and the dynamic effects of a shock to monetary policy', *Journal of Political Economy*, vol 113, no 1, 1–46.

Christiano, L., M. Rostagno and M. Motto (2014). 'Risk shocks', *American Economic Review*, vol 104, no 1, 27–65.

Clerc, L., A. Derviz, C. Mendicino, S. Moyen, K. Nikolov, L. Stracca, J. Suarez and A. P. Vardoulakis (2015). 'Capital regulation in a macroeconomic model with three layers of default', *International Journal of Central Banking*, vol 11, no 3.

Cúrdia, V. and M. Woodford (2010). 'Credit spreads and monetary policy', *Journal of Money Credit and Banking*, vol 42, no S1, p. 3–35.

De Grauwe, P. (2010). 'The scientific foundation of dynamic stochastic general equilibrium (DSGE) models', *Public Choice*, vol 144, no 3–4, 413–443.

Diamond, D. W. and R. G. Rajan (2000). 'A theory of bank capital', *Journal of Finance*, vol LV no 6, 2431–2465.

(2001). 'Liquidity risk, liquidity creation and financial fragility: A theory of banking', *Journal of Political Economy*, vol 109, no 2, 287–327.

Fahr, S., R. Motto, M. Rostagno, F. Smets and O. Tristani (2011). 'A monetary policy strategy in good and bad times: Lessons from the recent past', *European Central Bank, Working Paper*, no 1336.

Fernández-Villaverde, J. and J. F. Rubio-Ramírez (2005). 'Estimating dynamic equilibrium economies: Linear versus nonlinear likelihood', *Journal of Applied Econometrics*, vol 20, 891–910.

Galati, G. and R. Moessner (2013). 'Macroprudential policy – A literature review', *Journal of Economic Surveys*, vol 27, no 5, 846–878.

Galí, J. (2008). *Monetary Policy, Inflation and the Business Cycle: An Introduction to the New Keynesian Framework*, Princeton: Princeton University Press.

Galí, J. (2009). 'Interview with Andrew Scott' (former Scientific Chair of the EABCN)' at https://eabcn.org/podcast/andrew-scott-interviews-jordi-gali-upf

Gambacorta, L. and F. M. Signoretti (2014). 'Should monetary policy lean against the wind?', *Journal of Economic Dynamics and Control*, vol 43,

146–174.

Gelain, P. and P. Ilbas (2014). 'Monetary and macroprudential policies in an estimated model with financial intermediation', *National Bank of Belgium, Working Paper*, no 258.

Gerali, A., S. Neri, L. Sessa and F. M. Signoretti (2010). 'Credit and banking in a DSGE model of the euro area', *Journal of Money, Credit and Banking*, vol 42, no S1, 107–141.

Gersbach, H. (2011). 'A framework for two macro policy instruments: Money and banking combined', *CEPR Policy Insight*, no 58.

Gertler, M. and P. Karadi (2011). 'A model of unconventional monetary policy', *Journal of Monetary Economics*, vol 58, 17–34.

Gertler, M. and N. Kiyotaki (2010). 'Financial intermediation and credit policy in business cycle analysis' in B. M. Friedman and M. Woodford, eds., *Handbook of Monetary Economics*, vol 3A, 547–599, Amsterdam: Elsevier Press.

Gilchrist, S., A. Ortiz and E. Zakrajsek (2009). 'Credit risk and the macroeconomy: Evidence from an estimated DSGE model', mimeo, Boston University and Board of Governors of the Federal Reserve System.

Goodhart, C. and D. P. Tsomocos (2011). 'The role of default in macroeconomics,' *IMES Discussion Paper Series*, 2011-E-23.

Guerrieri, L. and M. Iacoviello (2015). 'Occbin: A toolkit to solve models with occasionally binding constraints easily', *Journal of Monetary Economics*, vol 70, 22–38.

Hansen, L. P. (2012). 'Challenges in identifying and measuring systemic risk', *NBER Working Paper*, no 18505.

Holló, D., M. Kremer and M. Lo Duca (2012). 'CISS: A composite indicator of systemic stress in the financial system', *European Central Bank, Working Paper*, no 1426.

Hubrich, K. and R. J. Tetlow (2015). 'Financial stress and economic dynamics: The transmission of crises', *Journal of Monetary Economics*, vol 70, 100–115.

Iacoviello, M. and S. Neri. (2010). 'Housing market spillovers: Evidence from an estimated DSGE model', *American Economic Journal: Macroeconomics*, vol 2, 125–164.

Jeanne, O. and A. Korinek (2010). 'Managing credit booms and busts: A pigouvian taxation approach', *CEPR Discussion Paper*, vol 8015.

Kydland, F. E. and E. C. Prescott (1982). 'Time to build and aggregate fluctuations', *Econometrica*, vol 50, no 6, 1345–1370.

King, R. G., C. I. Plosser and S. T. Rebelo (1988). 'Production, growth and business cycles: I. The basic neoclassical model', *Journal of Monetary Economics*, vol 21, no 2–3, 195–232.

Kiyotaki, N. and J. Moore (1997). 'Credit cycles', *Journal of Political Economy*, vol 105, no 2, 211–248.

Kocherlakota, N. (2010). 'Modern macroeconomic models as tools for economic policy', *2009 Annual Report Essay*, Federal Reserve Bank of

Minneapolis.

Lambertini, L., C. Mendicino and M. T. Punzi (2013). 'Leaning against boom–Bust cycles in credit and housing prices', *Journal of Economic Dynamics and Control*, vol 37, no 8, 1500–1522.

Lucas, R. E. (2009). 'In defense of the dismal science', *The Economist*, 6 August.

Meh, C. A. and K. Moran (2010). 'The role of bank capital in the propagation of shocks', *Journal of Economic Dynamics and Control*, vol 34, no 3, 555–576.

Mendoza, E. G. (2010). 'Sudden stops, financial crises and leverage', *American Economic Review*, vol 100, no 5, 1941–1966.

Panetta, F., P. Angelini, G. Grande, A. Levy, R. Perli, P. Yesin, S. Gerlach, S. Ramaswamy and M. Scatigna (2006). 'The recent behaviour of financial market volatility', *BIS Papers*, no 29.

Quint, D. and P. Rabanal (2014). 'Monetary and macroprudential policy in an estimated DSGE model of the euro area', *International Journal of Central Banking*, vol 10, no 2, 170–236.

Rotemberg, J. J. (1982). 'Sticky prices in the United States', *Journal of Political Economy*, vol 90, no 6, 1187–1211.

Rubio, M. and J. A. Carrasco-Gallego (2014). 'Macroprudential and monetary policies: Implications for financial stability and welfare', *Journal of Banking and Finance*, vol 49, 326–336.

Schmitt-Grohé, S. and M. Uribe (2008). 'What's news in business cycles', *NBER Working Paper*, no 14215.

Schultze, C. L. and D. H. Newlon (2011). 'Ten years and beyond: Economists answer NSF's call for long-term research agendas (Compendium)', available at SSRN: http://ssrn.com/abstract=1886598.

Smets, F. and R. Wouters (2003). 'An estimated dynamic stochastic general equilibrium model of the euro area', *Journal of the European Economic Association*, vol 97, no 3, 1123–1175.

(2007). 'Shocks and frictions in US business cycles: A Bayesian DSGE approach', *American Economic Review*, vol 97, no 3, 586–606.

Spaventa, L. (2009). 'Economists and economics: What does the crisis tell us?', *CEPR Policy Insight*, no 38, available at http://www.cepr.org/pubs/policyinsights

The Economist (2009). '*What went wrong with economics* ', 16 July.

Visco, I. (2009). 'The financial crisis and economists' forecasts', *BIS Review*, vol 49, 26–47.

Woodford, M. (2003). *Interest and Prices: Foundations of a Theory of Monetary Policy*, Princeton: Princeton University Press.

(2010). 'Financial intermediation and macroeconomic analysis', *Journal of Economic Perspectives*, vol 24, no 4, 21–44.

第4章 中央银行的新艺术

贾吉特·查达 (Jagjit S. Chadha)[*]

结果不仅是世界没有充分做好准备处理自第二次世界大战以来中央银行出现的新问题，并且甚至不及 19 世纪普遍存在的智慧和远见。

此外，在国内状况允许的情况下，中央银行应就一般商业活动的任何不当变化趋势，努力调整其信贷管理措施。一般商业活动的扩张如果明显不能永久维持，会使中央银行在考虑本国内部条件的情况下，在其认为应该采取的信贷政策中倾向使用信贷限制。另外，如果全球一般商业活动不适当地下降，会使中央银行倾向于放松。在实行这种政策时，中央银行将尽其所能地减少商业活动的波动。

——R. G. Hawtrey（1932）

人们普遍认为经济衰退时风险加剧，经济繁荣时风险下降。相反，从另一个角度认识风险更加有益，即经济上行期间金融失衡累积，经济下行期间金融失衡得以实现。

——A. D. Crockett（2000）

4.1 引言

毋庸置疑，货币和货币政策制定已经发生了巨大变化。货币的最初功

---

* 肯特大学经济学教授，剑桥大学客座教授，格雷沙姆学院梅西纪念商业教授。感谢 2014 年诺丁汉大学会议参与者的评论。感谢 Richard Barwell、Francis Breedon、Germana Corrado、Luisa Corrado、Alex Waters，也特别感谢编辑 Paul Mizen 和 Philip Tuner，与他们的谈话和交流都非常有益。

能是通过标准化的记账单位进行交易。最早的货币政策其原本的含义仅在于通过某种制度性安排，以便能够使用适量的商品货币来提高交易水平。事实很可能是这样，就像世界上许多地方一样，大量交易游离于货币体系之外，并依靠以物易物或非金钱的恩惠。即便是标准化，也不是一件易事。因为要在各种货币和商品之间设定正确的相对价格，避免造假或缺损行为发生，以及如何选择适当数量的货币进入流通领域，都不是简单的任务。

18 世纪末和 19 世纪的经验既要求我们认识到危机发生时货币汇率可能会发生变化，又要求我们认识到银行和金融体系需要得到定期支持。Walter Bagehot 制定了指导原则，传统货币理论或完美货币的演进是显而易见的。传统货币理论建议在和平时期坚持低水平的公共债务，实行金本位制，并谨慎选择政策利率。金本位制的停摆与第一次世界大战、第二次世界大战之间的繁荣和萧条以及大萧条有关，进而为逆周期的货币政策和财政政策实施提供了激励和"受凯恩斯启发"的蓝图。虽然还不清楚上述政策是否助推了第二次世界大战前的经济复苏，但很明显政府的责任已经发生了深刻的变化。从那时起，通货膨胀率和经济增长成为政府持续关注的问题，也成为评估政府绩效的重要背景。从某种程度上看比较奇怪，因为经济波动的主流模型并没有预测货币政策对产出的永久性影响。

因此，战后时期，人们在经济学知识领域作出了惊人的努力，不仅要理解货币政策和实体经济之间的机械性相互作用，而且要理解货币政策有效性如何成为货币政策与私人主体计划和预期之间相互作用的函数。开发精美的模型使人们能够研究最优的货币政策和发展策略，以便尽量减少无效的产出波动，特别是在布雷顿森林体系结束后，通货膨胀和通货紧缩造成了巨大的代价。长期扩张（1992—2007 年）形成了巨大的海市蜃楼，虽然经济周期风险看似消除，但事实上风险正在迅速增加。一旦风险暴露出来（2007—2008 年），经济迅速堕入一个深度的金融约束世界，并对经济活动进行持久性的压制。名义利率触及零下限，和平时期的公共债务水平岌岌可危。

实际上，自国际金融危机爆发以来，两个问题逐渐暴露出来，在货币政策制定方面的争议中占据了多数。对于那些似乎有可能耗尽政策弹药的大型负面经济冲击，政策制定者应该如何应对？应该建立什么样的防御措施，使冲击不会以同样的方式累积，或者说政策弹药的储备仍然可用？前一个问题使公开市场操作作为影响长期利率的一种方式重新出现，而后一个问题促使人们寻找限制金融中介的新工具。但还有一个问题变得更加重要。除了从正常时期（与稳态水平的微小变化）和我们现在所处的非正常时期（伴随着低增长和非常规货币政策）的角度思考外，我们越发清楚地认识到需要解决一个过渡状态。债务不会在一夜之间消失，尽管有违约，但也不会在一夜之间消失，因此资产负债表的修复是一项棘手而耗时的工作①。公共债务需要时间才能恢复到危机前水平，金融中介机构最终会重新将资本分配给最具发展潜力的企业，但与此同时，政策必须护理好生病的经济，而不是对健康的经济进行加工。

本章研究了将消费问题按贷款人和借款者进行分解从而对政策产生的影响。下一节讨论了在金融危机中使用的主要政策杠杆，即量化宽松。然后在随后的内容中研究了宏观审慎工具的使用案例。将政策之间的联结视为货币—金融—财政政策空间中的某个点的研究案例仍在挖掘当中，但在上述的三元组合中，存在着一种关于政策及其传导机制的通用思维方式。最后一节进行了简要的总结。

4.2 纳入风险借贷

本节研究了储蓄者家庭和借款者家庭的最优条件，考虑可贷款资金限制所产生的影响②。本节从无约束和供给约束两个角度来研究均衡，最终

---

① 关于从资产负债表衰退中复苏的概况，见《2013/4 国际清算银行年度报告》第 3 章。
② 本节是 Chadha、Corrado 和 Corrado（2013）的简化版。

考虑纳入宏观审慎工具（MPIs）的情况，该工具采用庇古税形式，因为中介的社会成本被低估所以要征税。模型中政策可以通过中央银行设定的标准短期利率或通过债券市场操作来运作。本节在一个实际的禀赋经济中讨论储蓄者的效用最大化标准的消费者问题，并对模型进行了修改，纳入了债券持有偏好。

$$\max C = E_0 \sum_{t=0}^{\infty} \beta^t (\log C_t + \chi_t \log B_t) \qquad (4.1)$$

其中，C 为储蓄者家庭的消费，E_0 为 0 时所形成的预期，β 为储蓄者家庭的贴现因子，包括消费效用和持有债券存量效用的增加。B_t 有一个随机偏好水平，即 χ_t。储蓄者家庭实现其消费最大化的流动预算约束为

$$C_t + D_t + B_t = Y_t + R_{t-1}^D D_{t-1} + R_{t-1}^B B_{t-1} \qquad (4.2)$$

其中 D_t 为商业银行存款，R_t^D 为存款利率，R_t^B 为一期债券利率，Y_t 为收入禀赋。式（4.2）左侧代表当期的消费和储蓄，右侧代表可支配收入。该问题的标准最优性条件包括

$$R_t^D = \beta^{-1} \frac{C_{t+1}}{C_t} \qquad (4.3)$$

$$\frac{\chi_t}{B_t} = \left(\frac{1}{C_t}\right) - \frac{\beta R_t^B}{C_{t+1}} \qquad (4.4)$$

　　两种资产可供储蓄者储蓄：存款和政府债券。商业银行存款会产生存款利率，即 R_t^D，也可以将其看作中央银行设定的政策利率，反映了资金成本。政府债券收益率与政策利率之间有一个楔形关系，以持有政府债券 $\frac{\chi_t}{B_t}$ 的边际效用表示。请注意，在该边际效用趋于零时，R_t^B 将收敛于存款利率 R_t^D。在上述两种情况下，我们可以注意到储蓄者当前的消费水平是 R_t^D 和 R_t^B 的负函数。因此，储蓄池在这些利率下是增加的。

　　现在我们从借款者而非储蓄者的角度考虑同样的问题，其中 C^b 是借款者家庭的消费：

$$\max C^b = E_0 \sum_{t=0}^{\infty} \beta^t (\log C_t^b) \qquad (4.5)$$

受制于以下资源约束：

$$C_t^b + R_{t-1}^D L_{t-1} = Y_t^b + L_t \qquad (4.6)$$

其中，借款者可以按存款利率借款，并在每个时期获得自己的收入禀赋。我们可以再增加一个约束来反映对借款的某种限制，其中拉格朗日乘数为 v_t，其形式为

$$L_t < \frac{k_t q_t W_t}{R_t^D} \qquad (4.7)$$

其中，贷款不能大于可抵押财富的一期贴现现值，即 $k_t q_t W_t$，其中 k_t 是贷款价值比，q_t 是资产价格，W_t 是财富，通常包括消费者的住房净资产。最优条件变为

$$v_t = \left(\frac{1}{C_t^b}\right) - \frac{\beta R_t^D}{C_{t+1}^b} \qquad (4.8)$$

我们可以看到，如果借贷约束不适用，如 v_t 为 0，最优条件将等同于存款利率，见式（4.3）。但该表达式的对数线性近似给出了外部资金溢价，即 v_t 为

$$R_t^D + v_t \approx c_{t+1}^b - c_t^b \approx y_{t+1}^b + ni_{t+1}$$

该表达式解释了在贷款利率 $R_t^D + v_t$ 增加时，借款者的当期消费是如何被推迟的。我们可以按照资源约束的形式，即式（4.6）重新编写该表达式，将净借贷写为 $L_t - R_{t-1}^D L_{t-1} = nl_t$。如果我们替换贷款约束，可以发现：

$$nl_t = \frac{k_t q_t W_t}{R_t^D} - k_{t-1} q_{t-1} W_{t-1} \qquad （贷款需求）$$

净借贷受制于可抵押财富现值的增长。所以，任何直接作用于借贷约束的政策都会起到减少净借贷的作用。借贷供给是由金融中介机构提供的：

$$\max{}_\Pi f(L_t) - (R_t^D) D_t$$

暂且假设 $L_t = D_t$，并取最优性条件，且不存在风险溢价，那么借贷的边际收益将等于融资成本：

$$f'(L) = (R_t^D)$$

但如果因为借贷紧张而产生融资溢价，那么该条件就会被修改为

$$f'\left(\frac{k_t q_t W_t}{R_t^D}\right) = R_t^D + v_t \qquad （贷款供给）$$

随着贷款增加，在标准边际条件下，外部融资溢价 v_t 下降。提高政策利率也会降低融资溢价。但是，如果通过金融中介的供给或需求不能对社会福利进行定价，借贷可能会多于社会最优水平。中介可能无法准确地对社会福利进行定价的原因有以下三个：

①借款者转移风险——借款者可能会放弃债务，不偿还本金；

②贷款人转移风险——在国家（通过对储户征税）来支付借贷损失的情况下，金融中介机构可能不会计提损失拨备；

③消费可能在部门或总量上随资产价格强烈变动，变得过于顺周期。

由此可见，我们可以作出以下结论：

①储蓄者和借款者消费将呈负相关关系，并降低总体消费的经济周期差异。

②无约束均衡将使储蓄市场出清，但在外部融资溢价存在的情况下，总需求将被减弱。

③市场决定的外部融资溢价可能无法准确地反映金融中介的社会成本，这种成本也可能随着经济周期而变化。因此，MPIs 作为一种对中间交易的庇古税，可能会消除过度（无效率）的金融中介活动所产生的社会成本。

图 4.1 说明了我们对 MPIs 进行分析得出的基本情况。储蓄供给随着平均实际利率 R_t 的增加而增加，R_t 可认为是存款利率和债券利率的某种组合。总消费水平由 R_t 决定，决定了储蓄者和借款者的消费水平。在无约束均衡状态下，外部融资溢价 v_t 被驱使为零，对储蓄者和借款者来说，其消费在 C^* 水平均达到最大化。当我们加入一个正的外部融资溢价时，借款者的消费水平更低，而储蓄者的消费更高。事实上，在 C^* 的左侧，借款者和储蓄者在 t 时期的消费呈反向运行。经济中的总需求由平均实际利率 R_t 和借款者家庭消费对外部融资溢价相应变化的敏感性决定。图 4.1 中

还显示出了一个可能的均衡 C^{efp}，当实际利率上升时，外部融资溢价会下降，而当实际利率下降时，外部融资溢价则会上升①。

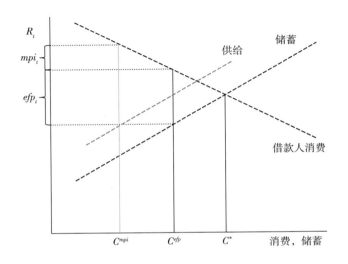

图 4.1 对储蓄和借款征收庇古税

但是，如果通过银行作为中介协调的储蓄供给没有为借贷的社会成本定价，那么对供给征税可能是合适的，这将倾向于进一步减少借款者的消费。借款者较低的消费水平可能会减少经济周期中风险的累积。图4.1 显示了一个受限的储蓄供给，维持在相同的 efp_t 水平，但存在一个额外的中介成本 mpi，意味着借款者的消费水平较 C^{mpi} 更低。一般来说，当经济扩张且利率趋于自然水平时，经济会趋于 C^* 运行，但与此同时，EFP 将趋于下降，并鼓励借款。如果存在与中介相关的社会成本，宏观审慎工具所致的税务负担的时变性可能会限制经济周期中的风险累积。更普遍地说，就外部融资溢价理念所涵盖的利益汇集而言，中央银行对其采取行动的任何政策，都可能有助于控制风险或维护宏观经济稳定。

---

① 还要注意的是，借贷约束的变化将改变外部融资溢价的规模。

4.3　量化宽松

2008 年国际金融危机后，笔者将量化宽松（QE）定义为大规模购买金融资产以换取中央银行储备，成为一些短期名义政策利率处于或接近零下限的主要央行货币政策的主要工具。但是，尽管量化宽松被广泛使用，但量化宽松的有效性问题仍然存在很大争议。鉴于消费会因政策利率或债券利率的任何变化而发生倾斜，那么这类政策或许能够抵消对政策利率的约束。

4.3.1　有效性

对大规模资产购买作为货币政策工具的影响的早期研究始于 1961 年美国的扭曲操作之后。虽然，从创造基础货币获得资金的角度来看，扭曲操作不同于完全量化宽松，但这个操作涉及美联储购买长期债券（通过出售短期国债获得资金）以及降低长期利率，"扭曲"收益率曲线而引入的国债发行变化。Modigliani 和 Sutch（1966）发现该操作对债券收益率没有显著影响，但 Swanson（2011）近期研究发现该操作对收益率有显著影响。在诸多有趣的诠释中，一种解释认为两个相隔 40 多年的研究就该操作对收益率基点的基本影响达成了一致，但对影响的重要性解释却不一致。

日本央行在 2001 年至 2006 年实施的量化宽松方案使人们对通过大规模购买资产实施的非常规货币政策产生了新的兴趣。在对日本案例的实证调查中，Ugai（2007）发现了混合情况。他的结论是通过确认利率会在一段时间内保持低位，QE 对市场短期利率的预期有一定的信号影响，但 QE 操作是否对债券收益率或风险溢价有任何直接影响的证据是混合的。然而，当 Bernanke 等（2004）研究日本的 QE 经验时，他们几乎没有发现公告效应，但一些收益率曲线变动的证据表明，日本收益率在 QE 期间比预期低了大约 50 个基点。不足为奇的是，美国和英国在 2008 年国际金融危机后实施的量化宽松计划导致对这一主题的研究明显增加。值得注意的是，美联储的量化宽松计划催生了大批研究文献。基于各种方法，人们几乎一致认为美国的宽松计划对长期债券收益率有明显的影响，尽管对影响规模的估计差异很大。例如，Gagnon 等（2010）认为，美国 3000 亿美元的债券购买规模，约占 GDP 的 2%，导致美国 10 年期国债收益率下降约 90 个基点，而 Krisnamurthy 和 Vissing-Jorgensen（2011）则认为，减少规模约为 20% GDP 的公共债务余额将使收益率下降 61 个至 115 个基点。英国的 QE 计划引起了一些人的兴趣。Meier（2009）和 Joyce 等（2010）对最初的 1250 亿英镑的 QE 和随后全部的 2000 亿英镑（占 GDP 的 14%）对英国国债收益率的影响进行了实证估计，表明收益率比没有实施 QE 的情况下降了约 40 个至 100 个基点。然而，Caglar 等（2011）认为，事件研究方法可能高估了其影响，因为相较于第二次宣布，第一次的影响占主导地位，并可能被夸大。

4.3.2　作为公开市场操作的 QE

一般来说，量化宽松实际上只是一种扩大化的公开市场操作，涉及中央银行资金与私人持有资产的未经冲销的互换。关键的不同之处在于，互换的期限是长期的，且长度不确定。如果未经冲销，公开市场操作将导致基础货币或外部货币数量增加。这些资金代表着对公共部门的债权，如果存在导致利率下降的实际平衡效应，它们对任何既定支出计划都不会是中性的。因为货币的增加改变了公共部门的债权价格。然而，如果私人部门将完全履行相关义务所需支付的税收的现值贴现，那么债券将不代表净财富，操作将是中性的。关于此类操作是否有效的辩论，取决于外部货币供给是否改变了私人部门的财富状况（Gale，1982）。

但是，对这些操作的分析超出了新凯恩斯主义（New Keynesian，NK）模型的范围。在该模型中，货币总量的演变（仅仅是一个基于实际计划的交易得以实现的面纱）不会对经济状况产生额外的反馈。这些模型易于驾驭，并被用来制定简单、准确的政策处方，即使在利率触及零下限时也是如此。例如，可以设想有关利率路径的陈述，这些陈述将影响人们对利率在零下限持续时间的预期，从而可能引发汇率贬值或正向的通货膨胀冲击。上述模型中公开市场操作是中性的，因为在零利率下限中，货币和债券成为完美的替代品，两者之间的任何互换都不会改变私人部门的财富状况。事实上，模型中量化宽松类型的政策只是承诺策略的一种形式，中央银行给出达到既定通胀目标长期意图的信号。

新凯恩斯主义认为货币政策只能通过对预期管理来发挥作用，但并不是普遍的，其依赖于特定的假设。模型假设金融市场是完整的，因此一个代表性的主体可以突然出现，并在无限的生命中分配金融财富。经济中的异质风险可以被完美地对冲，资产价格取决于各国或有收益。在这种情况下，由于需求是完全具有弹性的，金融资产的价格不受其净供给变化的影响。然而，对资产的需求曲线，尤其是大规模发行的资产，很有可能向下倾斜，净供给变化可能会影响其相对价格。因此，这种可能性意味着货币或信贷的相对供给可以影响市场利率，从而直接影响支出路径，而不必依赖纯粹的信号效应。正是这种可能性赋予了量化宽松政策以影响力。

4.4 宏观审慎工具

近年来还没有一个理解金融摩擦的"工作母机"模型，但 Hall（2009）提供了一个有用的分类法。他提醒我们，任何金融摩擦的增加都会使资本供给者与企业支付资本成本之间增加利率楔子，这种楔子往往会压低产出和就业。类似于 Diamond—Mirrlees 对中间产品征税不力的分析，资本扮演了中间产品的角色。该论点的论据是金融摩擦增加会提高资本价格，从而减少其需求，由于整个经济受制于资源约束，相应地会提高产出资本比率和消费资本比率。通过柯布—道格拉斯生产函数，劳动资本比率会随着产出资本比率的上升而上升，且进一步降低资本水平会引起产出下降。事实上，这种分析是将金融摩擦嵌入了经济的供给侧，因此，在专注于商品生产过程中的需求和成本推动冲击的新凯恩斯主义模型中可能特别难以理解。

4.5 货币政策和金融稳定

本章认为金融政策和货币政策应当步调一致。因此，在共同追求双重目标的过程中，也需要给予重视并交换信息，才能更好地管理后者。事实上，历史记录也体现了类似的并列关系，即对金融中介监管的性质和范围，与货币政策制度密切相关。因此，除了 1962 年的巴西外[①]，战后初期伴随着布雷顿森林体系固定且可调整的汇率制度，既有对金融体系的广泛监管，也几乎消除了银行危机。

但广泛监管的代价如此之高，以至于当时金融体系可能没有特别有效地分配投资，放松管制的势头在一定程度上有所增强。因此，原则上，在设计工具以稳定金融体系并防止金融后果过度波动，以及确保金融部门保留正确的激励措施以寻找投资机会并相应地分配资金这两方面，需要进行权衡取舍。在单一货币区使用宏观审慎工具，尤其是金融中介机构在海外有利益的情景下，是否能够独立于对资本跨货币区流动的进一步控制而发挥作用，最初尚不清楚。因此，货币政策制度的一些形式与目前的制度非常相似，我们正在寻找能够发挥作用的工具。

从货币政策制定者的角度来看，最初的争论是，是否可以修改通胀目标制，纳入一项可以用来稳定金融失衡或直接控制金融中介规模的额外工具。国际金融危机全面爆发之前答案有限。Bean（2004）认为，在自由裁量权下，最优的选择是忽略任何资产价格上涨，只在崩溃时减轻随之而来的所有后果。事实证明，在承诺的情况下，当经济过热时，稳定产出的动机反而更少。Svensson（2009）认为，稳定产出和通胀的"灵活的通胀目标制"可能偶尔会有一个约束条件以确保金融稳定，繁荣（萧条）可以证明通胀低于（超过）目标，并延长调整回目标水平的时间。即使对货币政

---

① 见 Allen 和 Gale（2007）第 1 章对该现象的观察。

策操作程序进行的有限次数的修改足以稳定宏观经济后果，它们也可能不足以实现金融稳定，因为适当的监督和监管不太可能被新工具简单取代。

另一种工具量化宽松政策虽然已开发出来，但主要目的是直接处理零利率下限①。几乎很少有人尝试着考虑利用债券存量或所持有的其他资产，是否有助于对金融体系进行持续监管。在风险厌恶的情况下，金融中介机构无法创造足够的流动性，原则上，中央银行可以调节经济周期中的流动性，以防止金融中介机构过度放大经济周期②。

事实上，国内外已经开发了一些非常规货币政策工具，可能对货币政策和金融稳定都有影响。在最近的研究中，Caglar 等（2011）发现，每一种非常规工具都从银行资产负债表的资产端（通过准备金）和负债端（通过银行资本）两方面，以及家庭持有短期债券的偏好，增强利率规则的稳定特性，同时也意味着更小的金融波动。总的来说，非常规工具似乎有一些金融稳定的考虑，主要表现在：（1）指引或信号，包括最近流行的中央银行对政策利率在更长时期内的预测，两者都符合新凯恩斯主义的传统观点，即货币政策操作不影响净财富，因此不影响消费，但可能会影响利率的预期路径③；（2）储备货币的临时流动性注入，或延长公开市场操作（OMO），本质上是 QE；（3）直接购买不良资产。而在财政政策方面，则是银行资本重组和信贷宽松，虽然对于后者而言，在美国的背景下意味着中央银行资产负债表的组成部分，而非直接向私人部门提供贷款。因此，我认为需要考虑以下 4 个方面：（1）信号；（2）流动性；（3）资产支持；（4）准财政政策。显然，每一种政策都有各自的要素，任何操作都相当于某种信号，通过降低偿债成本提供财政支持也是一样。尽管它们被描述为货币政策工具，但每一种政策都可以从某种角度被视为宏观审慎工具的一种形式，因为它们对金融中介机构的资产负债表有一定影响，但并不是专

---

① 在 QE1 下购买国债似乎使中期收益率下降了，如果短期利率下调约 2% ~4%，中期收益率可能会降至预期程度。将准备金换成债券并没有明显增加银行贷款，考虑到流动性监管框架的预期变化以及产出大幅低于 2007 年前的趋势，反事实研究非常难估计。

② 关于这一点，参见 Gale（2011）。他还认为，当风险偏好较高时会产生过多的流动性。

③ 有一个更古老的传统，被称为"行长的眉毛（Governor's Eyebrows）"。

门针对其资产负债表的资产或负债结构的特定方面而设计。

4.6 损失函数

宏观审慎工具为全部或部分资本、保证金、流动性和权益贷款比率设定明确目标。有一种危险是鉴于最近金融体系的过度扩张,人们追求宏观审慎工具的心态意味着对金融体系稳定的不对称性担忧,就像对建筑地基或水坝建设的担忧一样,我们通常关心的是如何控制过度的中介活动,而非过少的中介活动。更坦率地说,如果相较于相反事实,金融体系被认为过于安全,那么制定宏观审慎工具的委员会成员,谁会丢掉饭碗呢?

但是,非对称损失函数并不要求一定实现不对称性。政策制定者追求的目标应略有差异,这是因为非对称损失函数的最小损失,如图 4.2 所示,并非处在最小值水平上,而是位于与更陡峭的非对称损失相反方向的某个点上。如图 4.2 所示,实际的最小值将位于零的左侧。事实上,可以就函数的不对称性的管理和冲击的规模列出一项。这样一来,目标就会因为更大的冲击规模和损失函数中更大的不对称性而被进一步推向左侧。一旦确立了这一原则,在对流动性、资本和权益与贷款比率设置预防性目标从而制定稳态目标时,预防性目标的设置要比严格最低水平所提示的要求

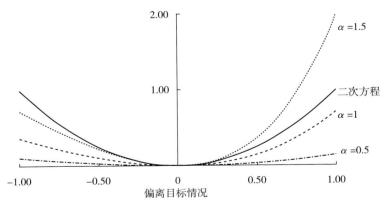

图 4.2 非对称损失

更高。因此，如果我们想要在经济周期中以一种对称的方式改变资本或流动性缓冲，但又担心系统因资本或流动性不足而失灵，那么，基于冲击规模和金融冲击厌恶程度，目标本身的设置需高于严格的最低水平。

4.7 目标和工具

众所周知，我们想要计算独立工具和目标的数量。在目前的安排中，中央银行将继续设定短期利率，以追求通胀目标，而金融政策部门将拥有或开发其所能支配的工具，以追求金融稳定。在我们无法确定引入工具的影响程度时，Brainard 不确定性在实现政策目标和不确定性最小化之间引入了一种权衡。在宏观审慎工具方面，还存在两个问题：（1）一套未经试验的，可能相互关联的工具会具有更多的不确定性；（2）它们可能会改变金融体系的行为，并可能与货币政策的影响相互作用。

关于第一点，我们也许可以将新的宏观审慎工具视为一个工具组合，共同减少使用一种新工具所带来的特殊风险。但是，在无法对一种工具与其他工具相结合的影响进行详述、校准或测试的情况下，我们可能根本无法确定是否能够获得这样的工具组合。我们需要更多地考虑如何将各种工具结合起来使用，才不会给货币政策操作带来更大的不确定性。

在一定程度上，金融中介机构面临的约束条件改变，通过影响对中介规模和价格的选择，从而引发金融条件变化，因此不仅会影响货币政策基调，也会影响以货币政策基调为条件的宏观审慎工具。在一个世界中，货币政策制定者希望平滑消费对总需求巨大负冲击的反应，降低受抵押品约束的消费者所面临的利率。同时，金融稳定可能受到威胁，各种宏观审慎工具可能会被收紧，将对货币政策制定者作出的利率调整产生不利影响，从而需要进一步降低利率或延长降低利率的时间。另外，如果金融政策委员会事先采取了充分的预防措施，那么冲突便可能不会立刻发生。因此，要确保宏观审慎工具与货币政策协同作业，显然需要进行协调。

4.8 宏观审慎工具操作

宏观审慎工具可用来协助稳定经济周期内的金融系统。在设计宏观审慎工具以协助运作良好的金融体系保持稳定（可视其为"逆风而行"）时，与思考正确措施以应对高度脆弱和资本不足的金融体系时，需要考虑的问题截然不同。前者意味着使用周期性工具以防止风险的问题累积，而后者则需关注金融体系的上层建筑，使单个企业和整个行业不仅能够抵御冲击，而且要足够稳健以免扩大冲击。

然而，金融体系已经在经历相当大程度的去杠杆化，涉及核心资本的积累、流动资产持有量的增加和更高的保证金要求。从某种意义上说，金融体系正在从一个宽松的制度向一个更紧缩的制度转变，如果这种转变太过突然，可能会带来不必要的宏观经济后果。获得融资困难会限制一些企业和家庭的投资或消费计划，意味着尽管更严格的长期监管目标是最优化的，但如何允许在长时间内偏离目标而存在的考量也是有意义的。相反，一个能确保公共财政可持续发展的可信的财政制度更有可能使自动稳定器全力运作。从这个意义上说，如果银行被迫始终遵守一个目标，对整个系统来说可能是适得其反的。如 Goodhart（2008）的出租车案例：晚上的火车站总有一辆出租车无法获得车费，因为规定要求至少有一辆出租车必须一直在火车站。

从货币政策的分析中得出的一个结果是，控制一个前瞻性系统，最好的办法是制定可预测的政策，让前瞻性主体对可能的政策反应有条件地进行规划。已经有相当多的研究表明，货币政策的影响是利率水平和利率路径的函数，而利率水平和路径可能与可预测性密切相关。政策制定者必须认真关注对宏观审慎工具变化的预期是如何形成的，及其针对某些中介部分调整或资本、流动性或贷款价值等周期性目标的给定水平是否能被落实。否则，新的要求可能会给金融部门带来巨大的调整成本，并需要动用大量资源来预测未来要求的变化。私人部门可能会根据其对抵押要求的预期而提前或推迟金融交易。在一个略有差异的背景下，事先宣布取消双倍利率的按揭利息免税计划（MIRAS）可能在 20 世纪 80 年代末房价上涨的某些方面起到了刺激作用[①]。在某些情况下，强烈的跨期转换反应可能完全是政策制定者所希望实现的，但更普遍的是，当主体信息充分并具有前瞻性时，就必须考虑制定一个框架以了解其对金融中介规则的预期变化或预先宣布的反应。

4.9　货币政策和流动性

在国际金融危机爆发、货币政策和金融稳定分离原则需撤销之后，我们承认缺失一些工具，也正在寻找可供政策制定者使用或政策制定者可建议我们使用的工具。使用宏观审慎工具作为额外的政策工具源于以下观察，即中央银行可以向流动性短缺（过剩）的金融市场提供（移除）流动性，从而减少其他金融利差在周期内的波动以弥补损失。但令人担忧的是，资本、流动性、资产组合和贷款标准的长期目标将如何设定，以及同步设定目标是否具有过度监管倾向。目前尚不清楚有多少新的周期性宏观审慎工具会相互影响，及其对货币政策制定的影响。反向因果关系也可能存在，即货币政策基调可能对宏观审慎工具的正确设定产生影响。现代金融体系对宏观审慎工具任何变化的宣布进行预期管理，将是一个至关重要的领域。战后初期，资本和外汇管制极为广泛，在这种情况下，预期管理可能要容易得多。综上所述，新一代具有微观基础的宏观模型的早期结果确实表明，对新工具的正确校准会有重大收获，但仍任重道远。

4.10　政府债务、货币政策和金融政策的相互作用

从某种意义上说，古典货币模型将许多行为置于幕后，从而将货币政

---

① 关于这一点，见 Lawson（1992）。

策制定者的英雄角色置于关注之中。实际上，至少有两种关键的相互作用既限制又引导货币政策制定者的行动：财政政策和金融部门的运作。宏观审慎工具的设计显然是为了确保金融政策对稳定效果的补充。另一个互动关系涉及金融部门和财政政策制定者，在此我们考虑到了公共部门在稳定金融部门方面发挥的购买金融机构的作用，以及金融部门负债被政府各种借据对冲的程度。归根结底，我们必须有一个快乐的"三人领导小组"。

财政政策制定者通常负责尊重政府的现值预算约束，这意味着制订支出和税收计划，政府债务在可能的自然状态下预计维持（低的）稳定水平。金融部门通过在当前投资者和消费者、未来投资者和消费者（储蓄者）之间开展中介业务，将储蓄转化为稳定的收益。政府部门提供的稳定收入流可能对私人部门是有价值的，因为私人部门在面对经济周期冲击时寻求稳定的名义或实际支付。金融部门也可为其他市场利率的构建提供基准。货币政策制定者设定了金融部门的融资成本，对政府债务的融资成本也有巨大影响。经济活动水平在很大程度上取决于金融部门和财政部门，因此它是中央银行对这两个部门行为作出反应的结果。

并不是说有必要进行明确的协调。但 Nordhaus（1994）关于货币与财政政策相互作用的例子，即便不能完全将其与金融部门和"三人领导小组"相互作用的例子相比，但也具有指导意义。考虑用 y 轴表示经济活动，x 轴表示利率 r。保守的银行为每一个经济活动水平选择一个偏好的利率水平，其路径将推动经济达到其偏好点。金融部门（暂时不考虑财政部门）可能正在企稳，并在经济活动低于社会偏好点时采取行动提振经济活动，在经济活动高于社会偏好点时帮助抑制经济活动。这是因为资产价格和市场利率可能产生一定程度的经济活动，充当了从货币政策传导至整体活动水平的渠道，使之回到具有某种长期均衡概念的水平之上（见图4.3）。

因此，在正常时期，中央银行依赖金融部门发挥稳定作用，并采取了很多稳定措施。但在经济繁荣和萧条时期，金融部门可能会助长经济活动的过度波动，这就引出了一个问题：为什么金融主体会追求与中央银行不同的计划？有三个原因：（1）偏好不同，（2）信息不同，（3）对于自己的选择不用承担后果。因此，在没有任何协调的情况下，纳什均衡可能意味着高利率。但货币政策委员会（MPC）和金融部门政策制定者（FS）各自的"优点"，意味着存在一条合约曲线，沿着该曲线移动，每个政策制定者的损失将低于纳什均衡下损失水平，这意味着某种形式的合作是可取的。能否以一种方式构建这种合作，使我们坚定地回到偏好的均衡状态，是危机后经济解决方案的关键问题。

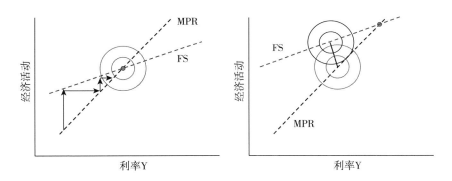

图 4.3　货币政策与金融政策的合作及紧张关系

4.11　结论

在寻求一种简单、可信的货币政策过程中，我不确定智慧和远见是否一定已经丧失。任何政策的最终决定都依赖于判断，不幸的是，即使有智慧和远见，判断也可能是错误的。判断和直觉通常都是参照使用模型的经验而形成的。但是，因为没有任何一个模型可以为选择菜单提供完美的指南，所以我们不仅要学会选择对政策制定者有用的内容，而且要思考模型错误所带来的影响。政策的稳健性可能意味着，要考虑小概率事件的影响，无论影响多么令人不快，也要考虑偏好情况的影响。这种观察在某种程度上解释了宏观审慎工具的必要性。

人们从危机中吸取的经验教训，值得反复思考。相当明显的是，单靠通胀目标制无法防止繁荣和萧条，需要借助更多工具和更好的判断。金融部门通过创造各种广义货币元素运作，同时也在零利率下限约束下运作，由于它改变了自身对中央银行货币的需求，因此使中央银行对政策利率的路径和长期水平的选择变得复杂。金融中介行为有放大经济冲击影响的倾向，而合理设计的宏观审慎工具能将无效的放大最小化。

金融摩擦不仅使政策制定者的选择复杂化，因为金融结算的变化可能使政策的传导难以测算，而且还通过传统的供需双方发挥作用。这意味着政策制定者很难做出产能判断，情况很可能就是这样，关键的货币政策判断包括计算经济中当前和未来可能闲置的产能水平。通过宏观审慎政策合理地运用流动性和资本目标，似乎有可能减少经济周期的差异化，但要以永久性产出为代价。因此，过渡性判断必须比以往更加谨慎，不能把永久性的当作临时性的处理，反之亦然。

规模、金融政策和货币政策之间的相互作用已经变得很清楚。我们现在也接受了这样的观点，即财政政策除了支撑总需求外，还可以为脆弱的金融机构提供支持，当且仅当私人部门愿意持有政府借据。政府债务的偶然性作用，使财政政策比总需求本身所暗示的程度略为保守。在回归常态的漫长而孤独的征途中，公共债务需要十年到十五年才能恢复"正常"水平，只要需求仍然缺乏弹性，净供给的正负变化就会影响价格，并使货币政策和金融政策选择变得复杂。因此，在复苏过程中，绘制政策路径似乎要复杂得多。事实上，随着负利率的出现，金融业更需增强自身实力，以应对意料之外的经济后果。

参考文献

Allen, F. and D. Gale (2007). *Understanding Financial Crises, Clarendon Lectures in Finance*, Oxford University Press: Oxford.

Bank for International Settlements (2013/4), Annual Report.

Bean, C. R. (2004) 'Asset prices, financial instability, and monetary policy,' *American Economic Review, Paper and Proceedings*, vol 94, no 2, 4–18.

Barwell, R. and J. S. Chadha (2013). 'Complete forward guidance', in den Haan, W. (Ed.) *Forward Guidance*, Chapter 10, VoxEU.

Bernanke, B., V. Reinhart and B. Sack (2004). 'Monetary policy alternatives at the zero bound: An empirical assessment'. *Brookings Papers on Economic Activity*, vol 35, no 2, 1–100.

Blinder, A. (1998), *Central Banking in Theory and Practice*, Cambridge, MA: MIT Press.

Breedon, F., J. S. Chadha and A. Waters (2012). 'The financial market impact of UK quantitative easing,' *Oxford Review of Economic Policy*, vol 28, no 4, 702–728.

Caglar, E., J. S. Chadha, J. Meaning, J. Warren and A. Waters (2011). 'Central bank balance sheet policies: Three views from the DSGE literature', in *Interest Rates, Prices and Liquidity*. In Chadha and Holly (2011). Cambridge University Press, 240–273.

Chadha, J. S., G. Corrado and L. Corrado (2013). 'Stabilisation policy in a model of consumption, housing collateral and bank lending', in *Studies in Economics 1316*, University of Kent Discussion Paper.

Chadha, J. S. and S. Holly (Eds.) (2011). *Interest Rates, Prices and Liquidity*, Cambridge University Press: Cambridge.

Chadha, J. S. and P. Schellekens (1999). 'Monetary policy loss functions: Two cheers for the quadratic,' *Bank of England working paper*, no 101.

Gagnon, J., M. Raskin, J. Remache and B. Sack (2010). 'Large-scale asset purchases by the Federal Reserve: Did they work?', *Economic Policy Review*, May, 41–59.

Gale, D. (1982). *Money in Equilibrium*, Cambridge: Cambridge University Press. (2011). 'Liquidity and monetary policy,' in Chadha and Holly (Eds.), *op cit.*

Goodhart, C. A. E. (2008). 'The future of finance - And the theory that underpins it,' Chapter 5 in Adair Turner and others (2010), The Future of Finance: The LSE Report. London School of Economics.

Hall, R. (2009). 'The high sensitivity of economic activity to financial frictions', *NBER mimeo.*

Hawtrey, R. G. (1932). *The Art of Central Banking*, Longmans, Green and Company.

Joyce, M., A. Lasaosa, I. Stevens and M. Tong (2010). 'The financial market impact of Quantitative Easing'. *Bank of England Working Paper*, no 393, 1–44.

Krishnamurthy, A. and A. Vissing-Jorgensen (2011).'The effects of Quantitative Easing on long-term interest rate'. *Northwestern University Working Paper*, 1–47.

Lawson, N. (1992). *The View from No.11: Memoirs of a Tory Radical*, Bantam Press: London.

Meier, A. (2009). 'Panacea, curse, or nonevent: Unconventional monetary policy in the United Kingdom'. *IMF Working Paper*, no 09/163, 1–48.

Modigliani, F. and R. Sutch (1966). 'Innovations in interest rate policy'. *American Economic Review*, vol 52, 178–197.

Nordhaus, W. D. (1994). 'Marching to different drummers: Coordination and independence in monetary and fiscal policies', *Cowles Foundation* Discussion Papers, no 1067.

Svensson, L. E. O. (2009). 'Flexible inflation targeting - Lessons from the financial crisis,' comments at Netherlands Bank, Amsterdam 21st September 2009.

Swanson, E. (2011). 'Let's twist again: A high-frequency event-study analysis of operation twist and its implications for QE2', *Brookings Papers on Economic Activity Spring*, pp.151–207.

Ugai, H. (2007). 'Effects of the Quantitative Easing policy: A survey of empirical analyses', *Monetary and Economic Studies, Institute for Monetary and Economic Studies, Bank of Japan*, vol 25, no 1, 1–48.

第 5 章 《巴塞尔协议Ⅲ》中的宏观审慎逆周期资本缓冲：对货币政策的影响

何塞·A. 克拉斯科 – 加雷戈

（José A. Carrasco – Gallego）[1]

和玛格丽塔·卢比奥 （Margarita Rubio）[2]

《巴塞尔协议Ⅲ》是一套全面的银行监管、监督和风险管理改革措施，其中宏观审慎成分明显，其目的是通过建立完善的金融体系预防未来危机。然而，金融监管变化必须与货币政策相互协调。基于此，本章讨论了以下几个关键问题。

首先，在既定货币政策下，《巴塞尔协议Ⅰ》《巴塞尔协议Ⅱ》和《巴塞尔协议Ⅲ》所隐含的较高资本要求如何影响经济中不同行为主体的福利。其次，监管规定如何影响货币政策实施方式。最后，本章提出了一个自动规则来实施《巴塞尔协议Ⅲ》中的宏观审慎逆周期资本缓冲，分别得出了该规则和货币政策的最优参数。结论指出，利用最优值可以达到帕累托最优，进而实现宏观审慎目标。

现在的问题是，2010 年 11 月韩国首尔 G20 会议上批准的《巴塞尔协议Ⅲ》能否通过纳入宏观审慎创新来应对全球稳定挑战，此前宏观审慎创新一直处于监管体系的空白地带。此外，世界各地监管当局将在多大程度上执行巴塞尔监管标准（欧盟委员会，2013）。

---

① 雷伊胡安卡洛斯大学，电子邮件：jose. carrasco@ urjc. es。

② 诺丁汉大学，电子邮件：margarita. rubio@ nottingham. ac. uk。

5.1 引言

《巴塞尔协议Ⅲ》是国际清算银行（BIS）旗下巴塞尔银行监管委员会（BCBS）围绕银行监管、监督和风险管理制定的一套改革措施，目的是加强银行管理，实现金融稳定。此外，这套措施致力于建立完善的金融体系，防止金融问题蔓延至实体经济，预防未来危机。

新的监管框架已经开始实施。2013年4月16日，欧洲议会通过了《资本要求指令（CRD Ⅳ）》，主要是为了推进实施《巴塞尔协议Ⅲ》银行改革。新的指令和条例取代了《资本要求指令》（2006/48和2006/49），其中《资本要求指令》（2013/36/EU）（CRD）必须通过各国法律实施，而《资本要求条例》（575/2013）直接适用于欧盟（EU）所有成员国。

欧盟《资本要求指令（CRD Ⅳ）》遵循了《巴塞尔协议Ⅲ》。该法规包括：改进资本质量和数量要求；新的流动性和杠杆率规定；新的交易对手风险规则；新的宏观审慎标准，包括逆周期资本缓冲和系统重要性机构资本缓冲。新法规中的大部分规则从2014年1月1日起实施。所有监管改革都是为了建立一个更稳健、更安全的金融体系。这些改革影响了在欧盟运营的8000多家银行，无论其是否在欧元区。

然而，金融监管变化必须与货币政策并存，因此中央银行所执行的政策与新规的相互作用，对于必须同时执行这两项政策的中央银行来说，是一个重要的研究课题。特别是传导机制和最优货币政策可能会根据所实施的法规而发生变化。

因此，迫切需要研究新规影响，以便尽可能多地了解新规实施情况。新框架将影响欧盟所有公民、金融机构、政府和企业。而且，新规影响力将在经济领域中持续数十年。政策实施过程中出现的错误可能会成为持续多年的困扰，因此研究该主题非常有必要。受此启发，本章①专门以非技

---

① 本章部分内容基于 Rubio 和 Carrasco – Gallego（2016）的研究。

术性的方式阐述《巴塞尔协议 Ⅲ》资本充足率（CRR） 和逆周期资本缓冲
（CCB） 对主要经济总量和社会福利的影响，提出了实施该规定的途径，
为欧盟经济带来最大福利和稳定。

　　本章的其余部分安排如下：第 2 节解释了《巴塞尔协议 Ⅲ》的主要宏
观审慎特征。第 3 节回顾了有关文献。第 4 节介绍模型框架。第 5 节在既
定货币政策下分析不同 CRR 的福利效应。第 6 节在给定多个 CRR 值和不
同主体下寻找货币政策的最优值。第 7 节阐述了实施《巴塞尔协议 Ⅲ》中
宏观审慎逆周期资本缓冲的最优值，以及实施货币政策的最优值。最后一
节为结论。

5.2　《巴塞尔协议Ⅲ》 中的宏观审慎元素

　　巴塞尔银行监管委员会 （BCBS）旨在为银行监管机构就银行监管最
佳实践提供指引。全球各国普遍接受了 BCBS 提出的监管标准，并纳入各
国银行监管规则实践中。1988 年，BCBS 提出了第一套国际银行监管规则
《巴塞尔协议 Ⅰ》，2004 年公布了《巴塞尔协议 Ⅱ》，2010 年又公布了
《巴塞尔协议 Ⅲ》。

　　除其他要求外，随后出台的巴塞尔监管规定还对银行引入了更高的强
制性 CRR。《巴塞尔协议 Ⅰ》 和《巴塞尔协议 Ⅱ》 要求最低资本充足率为
8%。然而，与《巴塞尔协议 Ⅰ》 相比，《巴塞尔协议 Ⅱ》 第一支柱明显
提高了资本规则的风险敏感性，考虑了计算最低资本充足率（CRR） 的不
同方法。然而，本章旨在考虑 CRR 的数量，而不考虑其质量。因此，考
虑到《巴塞尔协议 Ⅰ》 和《巴塞尔协议 Ⅱ》 对 CRR 数量要求相同，本章
将合并进行分析。

　　《巴塞尔协议 Ⅲ》 方案是对《巴塞尔协议 Ⅰ》 和《巴塞尔协议 Ⅱ》 的
重大改革。《巴塞尔协议 Ⅲ》 包括一套全面的规则，涵盖更严格的资本定
义、资本储备和逆周期资本缓冲框架、改进的风险捕捉、非基于风险的杠
杆率和新的流动性风险机制。新规的目标是促进银行业更具弹性，以提高

其吸收金融和经济压力带来冲击的能力，从而降低金融部门对实体经济的溢出风险[①]。本章重点研究资本充足率和作为宏观审慎工具的逆周期资本缓冲。具体而言，《巴塞尔协议Ⅲ》引入了 2.5% 的强制性资本储备缓冲，旨在银行资本充足率恶化时强制采取纠正措施。因此，虽然目前最低资本充足率要求仍然保持在 8%，但是如果加上资本储备缓冲，所需资本充足率将增加到 10.5%。

此外，《巴塞尔协议Ⅲ》还增加了一个动态的宏观审慎元素，其形式是一个自由裁量的逆周期季节性缓冲，最高为 2.5%，要求银行在经济好的时候持有更多的资本，以便为经济下滑做好准备。BCBS 指出了 CCB 的目标："逆周期资本缓冲的主要目的是利用资本缓冲来实现更广泛的宏观审慎目标，即保护银行业免受信贷总量过快增长的影响，而信贷增长往往与系统性风险累积有关"（BCBS，2010b）。

因此，《巴塞尔协议Ⅲ》宏观审慎方法有两个组成部分：一是永久性地引入了静态 CRR，二是引入了一个取决于经济条件的动态宏观审慎缓冲。尽管如此，实施 CCB 相对开放，鼓励各国当局利用现有的最佳信息判断设置缓冲。

BCBS 还声称，管理经济周期或资产价格不是 CCB 的主要作用，而应当通过货币政策等其他政策来解决。然而，巴塞尔监管协议与货币政策的相互作用高度关联。因此，为正确执行巴塞尔监管规定和货币政策提供一般指引，本章针对该主题进行研究是十分及时的。

本章旨在研究《巴塞尔协议Ⅰ》《巴塞尔协议Ⅱ》和《巴塞尔协议Ⅲ》中 CRR 规定及其与货币政策相互作用的福利效应。为此，本章计算了宏观审慎政策和货币政策的最佳组合，以实现社会总福利的最大化。一旦知道了最优的政策组合，就可以分别了解政策对储蓄者、借款者和银行家三种不同主体的影响。因此，本章提出了新的宏观审慎规定如何与货币政策一并正确实施的基本思路，并在模型中具体说明了其对不同主体的

---

① 参见巴塞尔银行监管委员会（2010 a）。

影响。

5.3　文献回顾

危机后，围绕巩固金融体系稳定的宏观审慎政策和监管规定，日益成为备受关注的新课题。此外，实践中也缺乏实施这类政策的具体经验。政策制定者和经济研究者一致认为有必要重新将监管框架定位到这个角度。例如，由欧洲中央银行（ECB）主持和支持的欧洲系统性风险委员会明确指出，宏观审慎政策的最终目标是为维护整个金融体系的稳定作出贡献（《欧盟金融杂志》，2012 年 2 月 14 日），并于近期将资本要求作为宏观审慎政策的主要工具之一（《欧盟金融杂志》，2013 年 6 月 15 日）。《巴塞尔协议 III》是其中之一。

尽管人们普遍认为需要实施这些政策，但政策效果仍不明朗，特别是对货币政策和实体经济的影响。考虑到研究视角的独特性及效果的不确定性，围绕本章主题的研究文献最近不断涌现，并填补了研究空白。

Borio （2003） 是最早的代表之一，作者区分了微观审慎监管和宏观审慎监管，前者旨在加强个体金融机构的安全性和稳健性，而后者则侧重于整个金融体系的福利。此后，Acharya （2009） 指出，为了防范未来危机，有必要建立降低整体风险的监管机制。Brunnermeier 也做了大量工作。Brunnermeier 等 （2009） 提出，所有系统性机构既要接受微观审慎监管，考虑其个体风险特征，又要接受宏观审慎监管，防范系统性风险。

文献中还提出了一些宏观审慎工具。英格兰银行（2009、2011） 或 Longworth （2011） 完整描述了宏观审慎工具使用情况，但是只有部分工具被深入分析。贷款价值比（LTV） 是最常被建议实施的工具，反映了贷款相对于其相关抵押品（如住宅物业） 的价值。Kannan、Rabanal 和 Scott （2012） 研究了基于 LTV 的货币政策工具和宏观审慎工具之间的相互作用。Rubio 和 Carrasco—Gallego （2013） 评估了 LTV 规则与中央银行传统货币政策相互作用的表现，他们认为引入宏观审慎规则可以通过限制信贷来缓解经济繁荣对经济的影响。同时，他们还指出货币政策和宏观审慎规则的结合无疑会提高社会福利。Rubio 和 Carrasco—Gallego（2014）研究了基于 LTV 的宏观审慎政策，发现一并实施宏观审慎政策与货币政策，可以更好地稳定金融体系。

《巴塞尔协议Ⅲ》的监管基础是限制资本要求。Borio（2011）指出，《巴塞尔协议Ⅲ》的若干方面均反映了金融监管的宏观审慎做法。相关文献同时也指出宏观审慎监管仍存在一些争议。特别是，有人担忧《巴塞尔协议Ⅲ》改革对金融市场活力的影响，甚至对投资和经济增长产生不利影响，理由是《巴塞尔协议Ⅲ》监管可能导致信贷规模下降，会对整个经济产生负面影响。《巴塞尔协议Ⅲ》的批评者认为，改革确实存在限制信贷供给、减少经济活动的危险。Repullo 和 Saurina（2012）指出，机械地实施《巴塞尔协议Ⅲ》监管，会倾向于在 GDP 高增长时降低资本要求，而在 GDP 低增长时增加资本要求。那么，如果银行在危机期间提高资本要求，信贷就会减少，经济增长就会更低，福利就会减少，即顺周期性风险。也就是说，《巴塞尔协议Ⅲ》可能会在经济不景气的时候造成更深的衰退，在经济景气时造成更高的繁荣。此外，正如 Kant 和 Jain（2013）指出的那样，它可能会对行业的增长计划产生不利影响。如果资本充足率增加，家庭和行业就借不到那么多钱，复苏计划就会受到影响，进而影响整个经济。Angeloni 和 Faia（2013）和 Repullo 和 Suárez（2013）则试图评估资本充足率的影响，通过比较《巴塞尔协议Ⅰ》和《巴塞尔协议Ⅱ》两个框架的顺周期性，发现《巴塞尔协议Ⅱ》比《巴塞尔协议Ⅰ》更具有顺周期性，因此意味着《巴塞尔协议Ⅲ》新规规定的更高的资本充足率，会在经济陷入危机的情况下加深经济衰退。本章分析研究中明确地引入了一个逆周期规则以避免这种影响。

本章模型动态表明，在一次扩张性冲击后，GDP 上升时监管机构会提高资本要求。研究结果与 Drehmann 和 Gambacorta（2011）研究相关，CCB 计划可能会在信贷繁荣期间降低信贷增长，并在释放缓冲后降低信贷收缩，从而有助于银行业应对冲击。然而，这一程序受到卢卡斯批判的影响，如果该计划实施到位，银行的贷款决策可能会有所不同。本章所使用的研究方法基于动态随机一般均衡 （DSGE） 模型，相对来说更加稳健。其他研究也发现，提高资本要求可能会减少信贷供给 （Kishan 和 Opiela，2000； Gam—bacorta 和 Mistrulli，2004）。同样地，Akram （2014） 发现，根据《巴塞尔协议Ⅲ》提高资本要求的建议，特别是对房价和信贷具有显著影响。

本章还分析了由巴塞尔监管所衍生出的主体之间的分配福利效应。正如 Van den Heuvel （2008），Kant 和 Jain （2013） 在此前研究中的发现，本章发现资本要求对银行有很大的福利成本，也发现即使监管本身并不能增加储蓄者的福利，但当宏观审慎政策和货币政策的相互作用达到最优时，则可以提高其福利。

与此类似，Angeloni 和 Faia （2013） 认为从福利的角度出发，最佳政策规则组合包括温和的逆周期资本缓冲 （CCB） （如《巴塞尔协议Ⅲ》）和货币政策对资产价格或银行杠杆率的反应。本章基于传统泰勒规则实施的货币政策，以及基于稳态信贷偏离度实施的宏观审慎逆周期资本缓冲，确定了两种政策共同作用的最优参数。

本章的研究与使用 DSGE 模型研究宏观审慎规则与货币政策共同作用效果的文献有关。其中，Borio 和 Shim （2007） 强调了宏观审慎政策对货币政策的补充作用，以及其作为内在稳定器的支持作用。另外，N'Diaye （2009） 也表明，逆周期审慎监管可以支持货币政策，并帮助货币当局以较小的利率变化来实现其产出和通货膨胀目标。此外，Antipa 等 （2010）利用 DSGE 模型表明，宏观审慎政策可以有效地平滑曾经的信贷周期，降低经济衰退的强度。Angelini 等 （2014） 也通过使用以银行资本为特征的DSGE 模型发现，当信贷/产出比上升时，增加资本要求的审慎规则能够降低相对于基线情景 （没有实施 CCB 情况下） 的产出方差。本章也使用DSGE 框架来确定宏观审慎逆周期资本缓冲和货币政策的最优参数，以实现福利最大化。

此外，本章的模型是新一代模型的一部分，也试图将银行纳入分析框架之中。金融危机的到来使人们意识到，主流的动态模型，甚至是 Bernanke、Gertler 和 Gilchrist（1999）的模型，都没有包括银行，也没有涉及银行资本的作用。Gertler 和 Karadi（2011）、Meh 和 Moran（2010）、Gertler 和 Kiyotaki（2010）或 Iacoviello（2015）等使用的新模型现在已经纳入了金融中介机构。他们的策略和本章策略一致，可以总结为增加了第二层金融约束主体，即银行。与本章情况类似，继 Gerali 等（2010）之后，Angelini 等（2014）也使用了纳入银行的 DSGE 模型，研究了针对产出增长反应的资本充足率（本章分析了当前监管框架提出的逆周期资本缓冲对信贷的反应）和货币政策之间的相互作用，研究结果指出无论宏观审慎当局和货币当局之间采取合作还是非合作机制，都不会使所有主体得到改善，无论该主体是借款者还是储蓄者。本章研究结果指出，银行的情况就是如此。但是，本章可以找到一个具有卡尔多—希克斯效率（Kaldor—Hicks）的转移体系，从而产生帕累托最优结果。

5.4 模型

遵循 Iacoviello（2015）研究，本章用于评估提高 CRR 和《巴塞尔协议Ⅲ》中 CCB 影响的模型框架，该模型是一个含有住房市场的 DSGE 模型。模型中，家庭、银行和生产最终产品的企业具有耐心和非耐心的特征。家庭既工作，又消费商品和住房。耐心家庭和非耐心家庭分别是储蓄者和借款者。非耐心家庭比耐心家庭有更低的贴现因子（discount factor），同时，借贷约束将其借贷限制在其所持住房的贴现现值上，也就是说，他们将其住房作为抵押品。

储蓄者，是模型第一类主体，通过选择消费、住房和劳动时间来实现效用函数的最大化：

$$\max E_0 \sum_{t=0}^{\infty} \beta_s^t \left[\log C_{s,t} + j \log H_{s,t} - \frac{(N_{s,t})^{\eta}}{\eta} \right]$$

其中，$\beta_s \in (0,1)$，为耐心贴现因子（patient discount factor），E_0 为期望算

子（expectation operator），$C_{s,t}$，$H_{s,t}$ 以及 $N_{s,t}$ 分别代表 t 期的消费、住房存量和工作时间。$1/(\eta-1)$ 为劳动供给弹性，且 $\eta>0$。$j>0$ 为住房在效用函数中的相对权重。储蓄者的预算约束如下：

$$C_{s,t} + d_t + q_t(H_{s,t} - H_{s,t-1}) = \frac{R_{s,t-1}d_{t-1}}{\pi_t} + \omega_{s,t}N_{s,t} + \frac{X_t - 1}{X_t}Y_t \quad (5.1)$$

其中，d_t 代表银行存款，$R_{s,t}$ 为存款的总收益，q_t 为单位消费的住房价格，$\omega_{s,t}$ 为实际工资率。公式的最后一项代表企业利润，并被分配回储蓄者，其中 X_t 为企业加成，Y_t 为产出。该最优化问题的一阶条件为

$$\frac{1}{C_{s,t}} = \beta_s E_t\left(\frac{R_{s,t}}{\pi_{t+1}C_{s,t+1}}\right) \quad (5.2)$$

$$\frac{q_t}{C_{s,t}} = \frac{j}{H_{s,t}} + \beta_s E_t\left(\frac{q_{t+1}}{C_{s,t+1}}\right) \quad (5.3)$$

$$\omega_{s,t} = (N_{s,t})^{\eta-1}C_{s,t} \quad (5.4)$$

式（5.2）是欧拉方程，即消费的跨期条件。式（5.3）表示了住房的跨期条件，从边际上来看，住房消费收益等于消费的成本。式（5.4）为劳动时间的条件。

借款者，是模型第二类主体，其最优化问题的解如下：

$$\max E_0 \sum_{t=0}^{\infty} \beta_b^t\left[\log C_{b,t} + j\log H_{b,t} - \frac{(N_{b,t})^\eta}{\eta}\right]$$

其中，$\beta_b \in (0,1)$ 是非耐心贴现因子（impatient discount factor），借款人的预算约束和抵押约束如下：

$$C_{b,t} + \frac{R_{b,t}b_{t-1}}{\pi_{t+1}} + q_t(H_{b,t} - H_{b,t-1}) = b_t + \omega_{b,t}N_{b,t} \quad (5.5)$$

$$b_t \leq E_t\left(\frac{1}{R_{b,t+1}}kq_{t+1}H_{b,t}\pi_{t+1}\right) \quad (5.6)$$

其中，b_t 代表银行贷款，$R_{b,t}$ 为总利息，k 为贷款价值比。借款约束将其借贷限制在其所持房产的贴现现值水平上。该最优化问题的一阶条件为

$$\frac{1}{C_{b,t}} = \beta_b E_t\left(\frac{1}{\pi_{t+1}C_{b,t+1}}R_{b,t+1}\right) + \lambda_{b,t} \quad (5.7)$$

$$\frac{j}{H_{b.t}} = E_t\left(\frac{1}{C_{b,t}}q_t - \beta_b E_t\left(\frac{q_{t+1}}{C_{b,t+1}}\right)\right) - \lambda_{b,t}E_t\left(\frac{1}{R_{b,t+1}}kq_{t+1}\pi_{t+1}\right) \quad (5.8)$$

$$\omega_{b,t} = (N_{b,t})^{\eta-1}C_{b,t} \quad (5.9)$$

其中，$\lambda_{b,t}$代表借款约束的乘数①。该一阶条件的解释可类比储蓄者条件。

金融中介，是模型第三类主体，其最优化问题的解如下：

$$\max E_0 \sum_{t=0}^{\infty} \beta_f^t[\log div_{f,t}]$$

其中，$\beta_f \in (0,1)$是金融中介贴现因子，金融中介受预算约束与抵押约束。此外，$div_{f,t}$为股息，假设银行家将股息在每期内全部消费耗尽，则有 $div_{f,t} = C_{f,t}$，即

$$div_{f,t} + \frac{R_{s,t-1}d_{t-1}}{\pi_t} + b_t = d_t + \frac{R_{b,t}b_{t-1}}{\pi_t} \quad (5.10)$$

其中，等式右侧度量了金融中介的资金来源，即家庭存款及借款人对贷款的偿还。这些资金可用于偿还储蓄者，发放新贷款，或者用于自身消费。与 Iacoviello（2015）一样，本章假设由于银行接受监管，因此受制于其资产减去负债后的规模约束。也就是说，存在一个资本充足率。本章将资本定义为资产减去负债，可表达为

$$Cap_t = b_t - d_t \quad (5.11)$$

因此，资本相对于资产的占比必须大于一定比率，即

$$\frac{b_t - d_t}{b_t} \geqslant CRR \quad (5.12)$$

简单的数学运算可以将上述关系改写为

$$d_t \leqslant (1 - CRR)b_t \quad (5.13)$$

如果使 $\gamma = (1 - CRR)$，则可用标准的抵押约束来解释资本充足率条件，即银行负债不能超过其资产的某一占比，这部分即为抵押②：

---

① 通过简单的代数可以看出，稳态下拉格朗日乘数为正值，因此抵押约束同等成立。

② Clerc 等（2014）利用 DSGE 模型分析发现，资本充足率高于 10%时，银行的违约概率可以忽略不计。《巴塞尔协议 Ⅲ》规定的资本充足率为 10.5%，因此考虑到本章目标，认为不必将银行违约风险纳入模型当中。

$$d_t \leqslant \gamma b_t \qquad (5.14)$$

其中， $\gamma < 1$ 。存款和贷款的一阶条件为

$$\frac{1}{div_{f,t}} = \beta_f E_t \Big(\frac{1}{div_{f,t+1} \pi_{t+1}} R_{s,t} \Big) + \lambda_{f,t} \qquad (5.15)$$

$$\frac{1}{div_{f,t}} = \beta_f E_t \Big(\frac{1}{div_{f,t+1} \pi_{t+1}} R_{b,t+1} \Big) + \gamma \lambda_{f,t} \qquad (5.16)$$

其中， $\lambda_{f,t}$ 表示金融中介借款约束乘数①。

在完全竞争和灵活价格的条件下，存在同一最终产品生产商的连续体。他们根据生产函数集合中间产品：

$$Y_t = \Big[\int_0^1 Y_t (z)^{\frac{\varepsilon-1}{\varepsilon}} d_z \Big]^{\frac{\varepsilon}{\varepsilon-1}} \qquad (5.17)$$

其中， $\varepsilon > 1$ ，代表中间产品的替代弹性。最终产品企业选择 $Y_t(z)$ 以使其成本最小化，并形成中间品需求 z ：

$$Y_t(z) = \Big(\frac{P_t(z)}{P_t} \Big)^{-\varepsilon} Y_t \qquad (5.18)$$

价格指数由以下方程给出：

$$P_t = \Big[\int_0^1 P_t (z)^{1-\varepsilon} d_z \Big]^{\frac{1}{\varepsilon-1}} \qquad (5.19)$$

中间产品市场为垄断竞争。按照 Iacoviello （2015），中间产品按照以下生产函数生产：

$$Y_t(z) = A_t N_{s,t} (z)^{\alpha} N_{b,t} (z)^{(1-\alpha)} \qquad (5.20)$$

其中， $\alpha \in [0,1]$ ，衡量各组劳动力的相对规模②。柯布—道格拉斯生产函数意味着受约束和非受约束消费者的劳动效果不能完全替代。这样的规范在分析上是可行的，并且允许模型的稳态值具有封闭解（closed form solutions）。该假设在经济上也是合理的，由于储蓄者是企业的管理者，因此，

---

① 金融中介机构的贴现因子 $\beta_f < \beta_s$ 。这个条件保证了中介机构抵押品约束在稳态下同等成立，因为 $\lambda_f = \dfrac{\beta_s - \beta_f}{\beta^s} > 0$ 。

② 注意，每组的绝对规模为 1。

工资高于借款者①。

A_t 代表技术，并符合以下自回归过程：

$$\log(A_t) = \rho_A \log(A_{t-1}) + u_{At} \tag{5.21}$$

其中，ρ_A 为自回归系数，u_{At} 为技术的正态分布冲击。本章将技术的稳态值标准化为 1。

劳动需求由以下等式决定：

$$\omega_{s,t} = \frac{1}{X_t} \alpha \frac{Y_t}{N_{s,t}} \tag{5.22}$$

$$\omega_{b,t} = \frac{1}{X_t} (1 - \alpha) \frac{Y_t}{N_{b,t}} \tag{5.23}$$

其中，X_t 为企业加成，或边际成本的倒数②。

中间产品生产商的定价问题遵循 Calvo—Yun 模型的标准设定。中间品生产商以 $P_t(z)$ 的价格出售其商品，$1 - \theta, \in [0,1]$，是每一期生产商调整价格的概率。最优价格 $P_t^*(z)$ 的重新设置遵循以下规范：

$$\sum_{k=0}^{\infty} (\theta\beta)^k E_t \left\{ \Lambda_{t,k} \left[\frac{P_t^*(z)}{P_{t+k}} - \frac{\varepsilon/(\varepsilon-1)}{X_{t+k}} \right] Y_{t+k}^*(z) \right\} = 0 \tag{5.24}$$

其中，$\varepsilon/\varepsilon - 1$ 为稳态的企业加成。

总价格水平由以下规范给出：

$$P_t = \left[\theta P_{t-1}^{1-\varepsilon} + (1 - \theta)(P_t^*)^{1-\varepsilon} \right]^{1/(1-\varepsilon)} \tag{5.25}$$

使用式（5.24）和式（5.25）以及对数线性化，可以获得一个标准的前瞻性的新凯恩斯菲利普斯曲线 $\hat{\pi}_t = \beta E_t \hat{\pi}_{t+1} - \psi \hat{x}_t + u_{\pi t}$，该曲线中通胀与未来通胀正相关，与企业加成（$\psi \equiv (1 - \theta)(1 - \beta\theta)/\theta$）负相关。$u_{\pi t}$ 为一个正态分布的成本推动冲击③。

房产总供给为固定水平，并进行归一化，因此，房价将由需求决定。市场出清条件如下：

---

① 也可以解释为储蓄者比借款者年龄大，因此更有经验。
② 企业部门的对称性允许我们在表达需求时无须 z 指数。
③ 带上标的变量表示与稳态偏差的百分比。

$$Y_t = C_{s,t} + C_{b,t} + C_{f,t} \tag{5.26}$$

$$H_{s,t} + H_{b,t} = 1 \tag{5.27}$$

劳动供给（式 （5.4） 和式 （5.9）） 和劳动需求 （式 （5.22） 和式
（5.23）） 彼此相等，从而劳动力市场亦出清。金融市场的均衡由银行所受
的监管约束决定，即 $D_t =$ （1 − CRR） b_t。

5.5　货币政策

模型明确中央银行在设定利率时遵循泰勒规则，并对通胀和产出增长
作出反应：

$$R_{s,t} = (R_{s,t-1})^\rho ((\pi_t)^{(1+\phi_\pi^R)} (Y_t/Y_{t-1})^{\phi_y^R} (1/\beta_s))^{1-\rho} \varepsilon_{Rt} \tag{5.28}$$

其中，$0 \leq \rho \leq 1$ 表示与利率惯性相关的参数。$R_\pi^R \geq 0$，$R_y^R \geq 0$ 分别衡量利率
对当前通胀和产出增长的反应。ε_{Rt} 表示均值为零，方差为 σ_ε^2 的白噪声
冲击。

在标准的新凯恩斯模型中，中央银行的目标是最大限度地降低产出和
通货膨胀的变异性，以减少名义刚性和垄断竞争带来的扭曲。本章考虑了
一个基准情况，其中利率平滑系数为 0.8，季度数据值实证可信。通胀和
产出的反应参数为 0.5，如泰勒原始论文中所述。

然而，在有抵押品约束的模型中，福利分析和最优政策设计涉及标准
黏性价格模型中没有考虑到的一些问题。在个体受约束的模型中，有三种
类型的扭曲：价格刚性、信贷摩擦和贷款摩擦。这些扭曲在借款者、储蓄
者和银行之间造成了冲突和权衡。储蓄者更偏好减少价格黏性扭曲的政
策。然而，借款者更偏好软化抵押品约束普遍影响的情景。借款者的运作
处于次优境地。与遵循欧拉方程进行消费的储蓄者相比，他们根据借款约
束进行消费。借款者无法自行平滑消费，但一个更稳定的金融体系会给他
们提供一个背景，使其消费模式更加平滑。反过来讲，银行可能偏好放松
资本约束的政策，因为资本充足率扭曲了银行的杠杆能力和增加股息的
能力。

在标准黏性价格模型中，中央银行泰勒规则与纳入通货膨胀和产出变异性的损失函数是一致的。为了合理确定《巴塞尔协议Ⅲ》中逆周期资本缓冲的目标，按照 Angelini 等（2014）观点，假设经济中的损失函数包含金融变量，即借贷变异性，作为金融稳定的替代。那么，经济中的损失函数将不仅包括产出和收入的变异性，还包括借款的变异性：$L = \sigma_\pi^2 + \lambda_y \sigma_y^2 + \sigma_b^2$，其中 σ_π^2、σ_y^2 和 σ_b^2 分别是通胀、产出和借款的方差。$\lambda_y \geq 0$，代表中央银行在稳定产出方面的相对权重[①]。最后一项为《巴塞尔协议Ⅲ》中的逆周期资本缓冲目标（$Basel\ Ⅲ^{CCB}$）。

5.6 评估资本充足率的福利效应

本节分析了不同资本充足率的福利情况，包括《巴塞尔协议Ⅰ》《巴塞尔协议Ⅱ》和《巴塞尔协议Ⅲ》中规定的比率。分析过程中始终保持货币政策不变。

正如 Benigno 和 Woodford（2012）所讨论的那样，近期 DSGE 模型中用于福利分析的两种方法包括拉姆齐最优政策，或对给定政策的结构方程求解其二阶近似值，然后使用该解来评估福利。与 Rubio（2011）相同，本章采取后一种方法，以便能够分别评估《巴塞尔协议Ⅲ》的 CRR 和 CCB 措施对储蓄者、借款者和银行三类主体的福利效应。与 Mendicino 和 Pescatori（2007）相同，笔者采取后一种方法是为了能够分别评估其对三类主体的影响[②]。储蓄者、借款者和金融中介的单独福利分别如下：

$$W_{s,t} \equiv E_t \sum_{m=0}^{\infty} \beta_s^m \left[\log C_{s,t+m} + j\log H_{s,t+m} - \frac{(N_{s,t+m})^\eta}{\eta} \right] \qquad (5.29)$$

$$W_{b,t} \equiv E_t \sum_{m=0}^{\infty} \beta_b^m \left[\log C_{b,t+m} + j\log H_{b,t+m} - \frac{(N_{b,t+m})^\eta}{\eta} \right] \qquad (5.30)$$

[①] 这种损失函数沿续了对单独效用进行二阶近似的研究，其与标准的情况不同在于纳入了金融变量。

[②] 我们使用 Dynare 软件，通过对约束条件的二阶近似求解，获得给定政策所隐含的均衡的解决方案，如 Schmitt – Grohe 和 Uribe（2004）。见 Monacelli（2006）在异质消费者模型中使用拉姆齐方法的例子。

$$W_{f,t} \equiv E_t \sum_{m=0}^{\infty} \beta_f^m \left[\log C_{f,t+m} \right] \qquad (5.31)$$

5.7　参数值

储蓄者的贴现因子 β_s 被设定为 0.99，因此在稳态下，年利率为 4%[①]。借款者的贴现因子设为 0.98[②]，银行设定的贴现因子为 0.965，在银行杠杆参数为 10% 的情况下，意味着存贷款利率（按年利率计算）之间的息差约为 1%[③]。美国住房财富与 GDP 的比例在稳态时为 1.40，为与该数据保持一致，将效用函数 j 中住房的稳态权重设为 0.1[④]。我们将 η 值设为 2，意味着劳动供给弹性为 1[⑤]。对于控制杠杆的参数 k，我们将其与美国数据保持一致[⑥]。参数 γ 用于管理 CRR，我们将其设置与巴塞尔监管相对应的水平（《巴塞尔协议Ⅰ》《巴塞尔协议Ⅱ》中 CRR 为 8%，《巴塞尔协议Ⅲ》中 CRR 为 10.5%）。沿用 Iacoviello（2005）中的估计，储蓄者的劳动收入占比设置为 0.64。

假设技术 A_t 遵循受正态分布冲击且持续性为 0.9 的自回归过程[⑦]。表 5.1 概述了模型使用的参数值。

---

①　自 Kydland 和 Prescott（1982）的开创性论文以来，关于 DSGE 模型的文献认为贴现因子的校准值为 0.99，从而获得稳态下的利率值。在季度模型中合理的值是 1%（即年化 4%）。

②　Lawrance（1991）估计贫穷消费者的季度贴现因子在 0.95 和 0.98 之间。我们取最为保守的值。

③　对于贴现因子，解析模型时只需知道储蓄者比借款者和银行更加耐心即可。降低任何主体的贴现因子都会使其更加不耐心，因此其边际消费倾向会增加。其消费对冲击的敏感度会更高。但贴现因子在现实范围内的变化可以忽略不计。

④　增加住房在效用函数中的权重会使变量对冲击更加敏感。但它是根据 Iacoviello（2005）和 Iacoviello 和 Neri（2010）进行现实校准的。除非该参数不切实际地增长，否则其差异可以忽略不计。

⑤　降低 η 并使其接近 1，将使效用函数在闲暇时变得线性，这是值得商榷的。我们所使用的数值使其更接近于有抵押约束的宏观模型中广泛使用的现实值，更接近于 Iacoviello 和 Neri（2010）估计的数值。事实上，微观经济估计通常建议的值在 0 和 0.5（男性）的范围内。Domeij 和 Flodén（2006）表明，在存在借款限制的情况下，该估计可能会存在 50% 的向下偏差。

⑥　见 Iacoviello（2015）。

⑦　冲击的持久性与 Iacoviello 和 Neri（2010）的估计一致。

表 5.1 参数值

β_s	0.990	储蓄者的贴现因子
β_b	0.980	借款者的贴现因子
β_f	0.965	银行的贴现因子
j	0.100	住房在效用函数中的比重
η	2.000	与劳动弹性相关的参数
k	0.900	贷款价值比
α	0.640	储蓄者的劳动收入份额
ρ_A	0.900	技术持续性
B I，II CRR	0.080	《巴塞尔协议 I 》和《巴塞尔协议 II 》的 CRR
B III CRR	0.105	《巴塞尔协议 III 》的 CRR
B III CRR$_{SS}$	0.105	$Basel$ III ^{CCB} 的稳态 CRR

5.8 给定货币政策下 CRR 的福利分析

本节分析了不同资本充足率的福利，包括《巴塞尔协议 I 》《巴塞尔协议 II 》和《巴塞尔协议 III 》中规定的比率。本节始终保持货币政策不变。尽管本章采用了积极的方法，但这种评估能够使我们理解宏观经济和金融稳定是如何通过模型中的不同渠道运作的。

图 5.1 显示了给定货币政策下不同 CRR 值下的每个福利主体[1]。该图显示了该参数对每个经济主体单独的福利影响，以及对家庭部门的总体影响[2]。圆圈代表《巴塞尔协议 I 》和《巴塞尔协议 II 》规定的 CRR，而三角形代表《巴塞尔协议 III 》规定的 CRR。请注意，结果是以福利单位来表示的，因为本框架的目的是从序数的角度来说明这个问题[3]。

---

[1] 我们考虑了一个基准案例，其中利率平滑系数为 0.8，代表了一个经验上的可信值，而在泰勒的原始论文中，通胀和产出的反应参数为 0.5。

[2] 按照 Mendicino 和 Pescatori（2007）、Rubio（2011）和 Brzoza–Brzezina 等（2013）的观点，我们在考虑到每类主体单独贴现因子的情况下进行了加总。

[3] 本节和下一节中，我们不考虑以消费当量为单位的福利，因为我们不清楚基准情况。然而，在最后一节，当我们对《巴塞尔协议 I 》《巴塞尔协议 II 》和《巴塞尔协议 III 》进行比较时，我们将第一种情况作为基准，并以消费当量来说明新规定的福利收益。

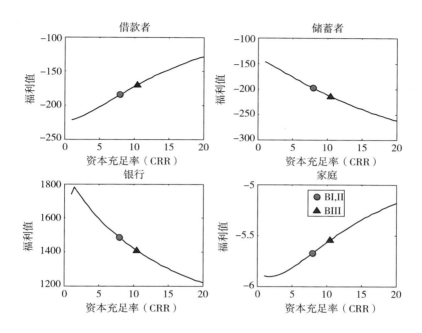

图 5.1 不同水平 CRR 下借款者、储蓄者、
银行和家庭的福利值（给定基线货币政策）

在这个模型中，三类主体的福利是由不同的力量驱动的，造成了彼此之间的冲突和权衡。拥有企业的储蓄者关心黏性价格的扭曲，通货膨胀对其产生了负面影响。此外，通货膨胀还使其储蓄贬值。借款者的借贷额度受到抵押品的限制。由于其抵押品具有约束力，他们总是以最大限度进行借贷，使难以平滑消费。因此，尽管较高的资本要求对借贷产生了负面的水平效应，但减少抵押品扭曲、帮助平滑消费的情况是有利的。在更为稳定的金融情景下，便可做到这一点，从而产生二阶的积极影响。此外，通货膨胀对其有利，因为他们的实际债务偿还额较低。反过来，银行的放贷额度也受到限制，因为监管要求银行持有一定数量的资本。这种资本要求扭曲了其跨期消费决策（见式 5.16）。因此，放松对银行的约束就减少了扭曲。

图 5.1 的上面两个面板显示了借款者和储蓄者之间出现的权衡。更高的 CRR 意味着更稳定的金融体系，因为银行在其可以放贷的额度上受到了限制。借款者并不像储蓄者那样遵循消费的欧拉方程，其无法遵循平滑

的消费路径。借款者消费是由借入金额决定，而借款金额又取决于银行可以放贷的金额。因此，即使受水平效应影响，他们只能借到更少的钱，但提高资本充足率对借款人来说是增进福利的。这是以牺牲储蓄者的利益为代价，因为储蓄者不受金融约束。

此外，较高的 CRR 使货币政策稳定通货膨胀的效果降低，因为货币乘数（金融加速器）较弱。这意味着 CRR 越高，货币政策的稳定作用就越小，通货膨胀的波动性就越大。受到黏性价格扭曲影响，储蓄者储蓄价值降低。借款者可以感受到其实际债务偿还额在减少。

如果看图 5.1 右下角面板，我们可以看到总福利的演变，可以观察到 CRR 的增加所带来的好处。因此，从《巴塞尔协议 I》《巴塞尔协议 II》到《巴塞尔协议 III》的过渡总体上是有利的。

然而，模型中有第三个主体，即金融中介。图 5.1 显示了银行在福利方面的损失，因为 CRR 增加收紧了银行约束，对银行的跨期消费决策产生了负面影响。

福利分析表明，巴塞尔监管的影响并不是均匀分布的。更严格的监管使借款者成为赢家，而牺牲了银行家和储蓄者的利益，成为输家。下面几节将说明货币政策如何帮助储蓄者不因监管而蒙受损失。

5.9 不同 CRR 下最优货币政策的福利分析

上一节将货币政策视为既定的，即不同水平的 CRR 不会对中央银行的行为产生影响。但是，这个假设并不一定是事实。当 CRR 增加时，货币政策最优行为的变化似乎具有合理性。随后，本节将分析在不同的 CRR 水平下，货币政策泰勒规则的最优化参数将如何变化。我们将最优化的反应参数定义为可以使家庭福利最大化的参数[1]。表 5.2 中显示了《巴塞尔

---

[1] Beck 等（2014）根据 1980—2007 年 77 个国家的样本估计，金融业平均占一国国内生产总值的 5% 左右。其他几位作者最近也使用了类似的方法来衡量金融业的增加值，包括 Philippon（2008）、Philippon 和 Reshef（2013）以及 Cecchetti 和 Kharroubi（2012）。因此，为简单起见，我们认为监管机构只考虑家庭福利。

协议Ⅰ》《巴塞尔协议Ⅱ》和《巴塞尔协议Ⅲ》对应的规格值，以便我们对这两种制度进行比较①。

表 5.2　　　　　　　　不同 CRR 水平下最优货币政策及变异性

CRR（%）	$1 + \phi_\pi^{R*}$	ϕ_y^{R*}	σ_π^2	σ_y^2	σ_b^2
1	10.7	3.1	0.14	1.97	2.70
2	11	3.6	0.16	1.95	2.43
5	10.9	3.6	0.16	1.95	2.26
8（BⅠ、Ⅱ）	17.6	5.8	0.16	1.95	2.00
10	20.7	6.6	0.16	1.96	1.91
10.5（BⅢ）	20.7	6.6	0.16	1.96	1.89
15	20.5	6.6	0.16	1.96	1.74
20	20.7	6.6	0.16	1.96	1.61

表 5.2 显示了不同 CRR 值下的最优货币政策。我们将《巴塞尔协议Ⅰ》《巴塞尔协议Ⅱ》和《巴塞尔协议Ⅲ》的 CRR 值用粗体表示，其他 6 个 CRR 值仅作参考。结果表明，货币政策可以作出最优反应，并稳定通货膨胀。正如我们所指出的，当 CRR 增加时，货币乘数（或者说金融加速器）就会变小。因此，为了对宏观经济波动率产生同样的影响，货币政策需要更加积极。本章发现，特别是对于内生反应参数，情况更是如此。如果观察一下宏观经济波动率和金融波动率（表 5.2 第 4～6 列），可以发现不同 CRR 值对应的宏观经济波动率非常相似，但金融波动率却在下降，这意味着较高的 CRR 可以增强金融稳定性，因此可以将其解释为宏观审慎政策②。

5.10　逆周期资本缓冲的最优方案

到目前为止，本章只考察了《巴塞尔协议Ⅰ》《巴塞尔协议Ⅱ》和

---

① 我们没有报告更极端 CRR 值的结果，因为模型对高于 39% 的 CRR 不收敛。

② 我们以信贷变异性度量金融稳定。抵押品约束在经济中引入了一种扭曲，这种扭曲使得宏观审慎政策有必要保留。宏观审慎政策使信贷的可变性降低，因此有助于缓解抵押品约束的二阶反作用，创造一个更加稳定的金融体系。对度量方法的选择与 Angelini 等（2014）的讨论一致。

《巴塞尔协议Ⅲ》的强制性资本要求。然而，《巴塞尔协议Ⅲ》还有一个动态的宏观审慎组成部分，即逆周期资本缓冲也应该被考虑在内。本节分析逆周期资本缓冲与货币政策的相互作用，分析两种政策的最优实施方案。

5.10.1 逆周期资本缓冲规则

根据《巴塞尔协议Ⅲ》指引，对于逆周期资本缓冲，笔者提出了一个纳入信贷偏离稳态程度的泰勒型规则，以促进金融稳定和降低系统性风险。该规则类似于货币政策规则，但动用的工具为 CRR。它意味着资本充足率将围绕着一个稳态值波动，对应于《巴塞尔协议Ⅲ》10.5% 的资本要求。当信贷增长超过其稳态时，资本充足率就会增加。规则的实施将包括《巴塞尔协议Ⅲ》^{CCB}（$Basel\ Ⅲ^{CCB}$）所述的逆周期资本缓冲。那么，$Basel\ Ⅲ^{CCB}$ 的最优化实施将体现为使福利最大化的反应参数值：

$$CRR_t = (CRR_{ss})\left(\frac{b_t}{b}\right)^{\phi_b} \tag{5.32}$$

该规则规定只要信贷偏离度高于其稳态值，监管机构就会自动提高资本充足率，以避免出现信贷过剩。

5.10.2 最优政策参数

表 5.3 列出了 $Basel\ Ⅲ^{CCB}$ 与货币政策相互作用时的最优实施结果。我们找出了这两种规则的最优值，使福利最大化的货币政策和 $Basel\ Ⅲ^{CCB}$ ①。请注意，本节福利结果是以消费当量为单位来表示，即为了处于更优的情况，每个主体愿意以消费的形式支付的成本。

首先，《巴塞尔协议Ⅰ》《巴塞尔协议Ⅱ》再到《巴塞尔协议Ⅲ》，如果不存在其动态宏观审慎部分（CCB），对家庭来说是帕累托改进的。适

---

① 我们考虑了货币政策和负责执行 $Basel\ Ⅲ^{CCB}$ 的机构以合作和非合作两种方式行事的情况。结果发现两种情况的结果并无不同。因此，本章将这两种情况作为单一案例报告。

当地对货币政策进行再优化，可以使储蓄者和借款者获得更好的收益。由于最优政策有助于促进一个更加稳定的金融体系，从而帮助借款者平滑消费，亦有助于降低通胀，使储蓄者受益。然而，银行的情况总是更糟，因为较高的 CRR 降低了银行的杠杆率和分红能力。

其次，如果从《巴塞尔协议 Ⅲ》转到《巴塞尔协议 Ⅲ》加上 CCB 和货币政策最优值，家庭的帕累托改进会更好。此外，在波动率方面可以看出，当转向《巴塞尔协议 Ⅲ》和《巴塞尔协议 Ⅲ》加 CCB 时，货币政策会更加积极。这意味着，由于宏观经济稳定不存在危险，储蓄者在监管下不会经历福利损失。此外，引入逆周期资本缓冲会进一步增加金融稳定，有助于降低金融波动[1]。

所以，实施《巴塞尔协议 Ⅲ》加上 CCB，对家庭来说只存在帕累托改进。如果将银行纳入分析，就会有赢家和输家之分。然而，如果赢家的福利收益足够大，则亦可能存在达到帕累托最优的空间。为此，我们应用了卡尔多—希克斯效率（Kaldor—Hicks）的概念，也称为卡尔多—希克斯标准[2]。根据该标准，如果可以通过安排使改进方对受损方进行充分补偿，使所有人的最终结果都不会比以前更差，从而达到帕累托最优，那么结果将被认为更有效率。卡尔多—希克斯标准不要求补偿被实际支付，只要存在补偿的可能性即可，因此并不要求达到每个人处境都好的最低限度。

表 5.3 反映的就是这种情况。引入《巴塞尔协议 Ⅲ》的 CCB 对银行并无好处。但是，在转移体系中借款者和储蓄者至少会用他们损失的金额来补偿银行，因此银行至少在有无新规之间是中立的。那么，新的结果对社会来说是可取的，不会有任何一个主体因为新政策的出台而蒙受损失。

---

[1]　我们将信贷占 GDP 比重相对其稳态的关系纳入逆周期资本缓冲规则，并对其进行了稳健性检验。对于这个新规范，我们也得到了非常相似的数值，即 ϕ_b^* 为 2.3，$1 + \phi_\pi^{R*}$ 为 45，ϕ_y^{R*} 为 7.8。

[2]　见 Scitovsky（1941）。

表 5.3　　货币政策与 CB 的最优方案，消费当量变化及变异性

	《巴塞尔协议Ⅰ》《巴塞尔协议Ⅱ》	《巴塞尔协议Ⅲ》	《巴塞尔协议Ⅲ》[CCB]
ϕ_b^*	—	—	2.4
$1 + \phi_\pi^{R*}$	17.6	20.7	49
ϕ_y^{R*}	5.8	6.6	7.4
消费当量（CE）	—	0.045	0.057
借款者 CE	—	0.012	2.385
储蓄者 CE	—	0.033	0.077
银行家 CE	—	−0.669	−0.999
σ_π^2	—	0.16	0.08
σ_y^2	—	1.96	2.1
σ_b^2	—	1.89	0.82

5.10.3　动态演化

脉冲响应有助于说明结果的动态性。图 5.2 显示了扩张性货币政策冲击的脉冲响应，该货币政策冲击的优化参数见表 5.3。脉冲响应显示了三种情况：《巴塞尔协议Ⅰ》《巴塞尔协议Ⅱ》《巴塞尔协议Ⅲ》和《巴塞尔协议Ⅲ》[CCB]。

笔者认为，即使冲击是扩张性的，泰勒规则中的通胀系数使名义政策利率实际上扬从而抑制通胀，但实际利率仍然为负，产出正在增加。在实际利率为负的情况下，扩张使借贷增加。且在《巴塞尔协议Ⅰ》《巴塞尔协议Ⅱ》的情况下，由于资本充足率较《巴塞尔协议Ⅲ》中 CCB 更低，因此借贷增加得更多，所以提高资本充足率会减少借贷。从房价的反应来看，房价随着名义利率的提高而下降。房价是一种资产价格，其与名义利率呈反向变动关系。但是，实际利率的下降使借贷仍在增加。房价的行为主要源于货币政策对通货膨胀的强烈反应。

当我们进行逆周期资本缓冲操作时，借贷略有增加。监管机构观察到借贷相对于其稳态增加时，就会使用其工具予以避免。资本充足率增加到稳态之上，有助于控制信贷。

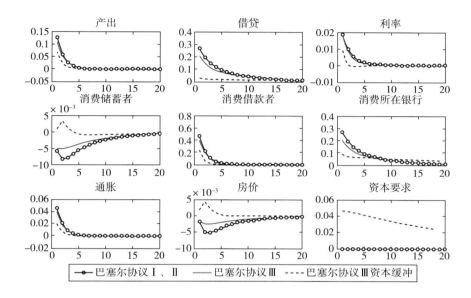

图 5.2　对正向货币冲击的脉冲响应（在《巴塞尔协议 I》《巴塞尔协议 II》
《巴塞尔协议 III》以及《巴塞尔协议 III》^{CCB} 下最优的货币政策和 CB 参数）

因此，提高静态资本充足率，即从《巴塞尔协议 I》《巴塞尔协议 II》中的 8% 到《巴塞尔协议 III》中的 10.5%，可以抑制扩张性货币政策冲击的影响。引入逆周期资本缓冲则更能减轻其影响，其传导机制主要通过借贷，较高的资本要求会降低消费者的借贷能力。

5.11　结论

本章应用了一个含有住房的 DSGE 模型来测算《巴塞尔协议 I》《巴塞尔协议 II》和《巴塞尔协议 III》监管规定的福利效应及其与货币政策的相互作用。该模型有三种类型的主体：储蓄者、借款者和银行。后两者受到金融约束，银行受到巴塞尔最低资本充足率约束，银行必须持有一定数量的资本才能发放贷款。借款人亦受到约束，他们需要抵押品才能获得信贷。模型中存在两个政策当局：中央银行负责货币政策，而宏观审慎当局则负责宏观审慎政策。前者的目标是通过利率实现宏观经济稳定（通胀和产出），后者的目标是通过巴塞尔规定的资本充足率来实现金融稳定。

我们研究在给定货币政策下，本着巴塞尔规定之精神，提高资本充足率对福利的影响。结果表明，巴塞尔规定的福利效应并非均匀分布。由于金融稳定增加，借款者更容易受益，而储蓄者和银行却变得更糟。

本章还分析了《巴塞尔协议Ⅰ》《巴塞尔协议Ⅱ》和《巴塞尔协议Ⅲ》规定中较高的资本要求与货币政策的相互作用。结果表明，为了补偿较低的货币乘数，资本要求越高，最优的货币政策就越激进。同时，较高的资本要求会增加金融稳定和家庭福利。

最后，本章研究了《巴塞尔协议Ⅲ》提出的逆周期资本缓冲与货币政策的相互作用。我们用资本要求对信贷偏离其稳态水平而作出反应模拟该规定。结果表明，从《巴塞尔协议Ⅰ》《巴塞尔协议Ⅱ》向《巴塞尔协议Ⅲ》的过渡过程中，如果没有其动态宏观审慎成分，将使家庭部门实现帕累托改进，并使金融体系更加稳定。增加资本缓冲会使储蓄者和借款者获得更多的福利收益，更进一步提高金融稳定性并有助于降低金融波动性。此外，即使银行家的处境变得更差，他们也可以得到家庭部门的补偿，即卡尔多—希克斯效率，代表了一个帕累托最优的结果。

当分析最优值下模型的动态演化时，我们发现较高的 CRR 和 CCB 通过信贷约束抑制了扩张性冲击的影响，因此实现了宏观审慎目标。

结论表明，存在一种实施《巴塞尔协议Ⅲ》监管规定的方式，在更稳定的金融情景下实现福利提升。改革成功将增加金融稳定、促进经济增长、鼓励创新和加大投资的可能性，从而避免深层次危机。因此，我们应该开展更多的研究，努力确保改革成功。

参考文献

Acharya, V. V. (2009). 'A theory of systemic risk and design of prudential bank regulation', *Journal of Financial Stability*, vol 5, no 3, 224–255.

Akram, Q. F. (2014). 'Macro effects of capital requirements and macroprudential policy', *Economic Modelling*, vol 2, 77–93.

Angelini, P., S. Neri and F. Panetta (2014). 'The interaction between Countercyclical Capital Requirements and monetary policy', *Journal of Money, Credit and Banking*, vol 46, no 6, 1073–1112.

Angeloni, I. and E. Faia (2013). 'Capital regulation and monetary policy with fragile banks', *Journal of Monetary Economics*, vol 60, no 3, 311–324.

Antipa, P., E. Mengus and B. Mojon (2010). 'Would macroprudential policy have prevented the Great Recession?' Mimeo, Banque de France.

Cecchetti, S. G. and E. Kharroubi (2012). Reassessing the impact of finance on growth, *BIS Working Paper Series*, no 381.

Bank of England (2009), 'The role of macroprudential policy', A Discussion Paper. (2011), 'Instruments of macroprudential policy', A Discussion Paper.

Basel Committee on Banking Supervision (2010a). Basel III: A global regulatory framework for more resilient banks and banking systems, *BIS document*. (2010b). Guidance for national authorities operating the Countercyclical Capital Buffer, *BIS document*.

Beck, T., H. Degryse and C. Kneer (2014). 'Is more finance better? Disentangling intermediation and size effects of financial systems', *Journal of Financial Stability*, vol 10, 50–64.

Benigno, P. and M. Woodford (2012). 'Linear-quadratic approximation of optimal policy problems,' *Journal of Economic Theory*, vol 147, no 1, 1–42.

Bernanke, B. S., M. Gertler and S. Gilchrist (1999). The financial accelerator in a quantitative business cycle framework. In: Handbook of Macroeconomics, ed. by J. B. Taylor and M. Woodford, vol 1, chap. 21, pp. 1341–1393, Elsevier.

Borio, C. (2003). Towards a macroprudential framework for financial supervision and regulation? *BIS Working Papers*, no 128. (2011). Rediscovering the macroeconomic roots of financial stability policy: Journey, challenges and a way forward. *BIS Working Papers*, no 354.

Borio, C. and I. Shim (2007). What can (macro-)policy do to support monetary policy?, *BIS Working Paper*, no 242.

Brunnermeier, M., A. Crockett, C. Goodhart, A. Persaud and H. Shin (2009). 'The fundamental principles of financial regulation', *Geneva Report on the World Economy 11*, ICCBM, Geneva and CEPR, London.

Brzoza-Brzezina, M., Kolasa, M., Makarski, K., 2013. Macroprudential policy andimbalances in the euro area, NBP Working Paper, 138.

Clerc, L., L. Derviz, C. Mendicino, S. Moyen, K. Nikolov, L. Stracca, J. Suarez and A. Vardulakis (2014). 'The 3D model: A framework to assess capital regulation,' *Economic Bulletin and Financial Stability Report Articles*, Banco de Portugal, Economics and Research Department.

Drehmann, M. and L. Gambacorta (2011). 'The effects of Countercyclical Capital Buffers on bank lending', *Applied Economics Letters*, vol 19, no 7, 603–608.

Domeij, D. and Flodén, M. (2006). The labor-supply elasticity and borrowing constraints: why estimates are biased. *Review of Economic Dynamics*, 9, 242–262.

European Commission (2013). *Scientific evidence for policy-making*. Research insights from Socio-economic Sciences and Humanities.

Gambacorta, L. and P. E. Mistrulli (2004). 'Does bank capital affect lending behavior?', Journal of Financial Intermediation, vol 13, 436–457.

Gerali, A., S. Neri, S. Sessa and F. Signoretti (2010). Credit and banking in a DSGE model of the euro area. *Bank of Italy Economic Working Papers*, no 740.

Gertler, M. and P. Karadi (2011). 'A model of unconventional monetary policy,' Journal of Monetary Economics, Elsevier, vol 58, no 1, 17–34.

Gertler, M. and N. Kiyotaki (2010). 'Financial intermediation and credit policy in business cycle analysis', in B. Friedman and M. Woodford (Eds.), *Handbook of Monetary Economics*. pp. 547–599. Elsevier, Amsterdam, Netherlands.

Iacoviello, M. (2005). 'House prices, borrowing constraints and monetary policy in the business cycle', *American Economic Review*, vol 95, no 3, 739–764.

(2015). 'Financial business cycles', *Review of Economic Dynamics*, vol 18, no 1, 140–164.

Iacoviello, M. and Neri, S. (2010). Housing market spillovers: Evidence from an estimated DSGE model. *American Economic Journal: Macroeconomics*, vol 2, 125–164.

Kannan, P., P. Rabanal and A. Scott (2012). 'Monetary and macroprudential policy rules in a model with house price booms', *The B.E. Journal of Macroeconomics, Contributions*, vol 12, no 1, 1–44.

Kant, R. and S. Jain (2013). 'Critical assessment of capital buffers under Basel III', *Indian Journal of Finance*, vol 7, no 4, 6–12.

Kydland, F. and Prescott, E. (1982). Time to build and aggregate fluctuations. *Econometrica*, vol 50, no 6, 1345–1370.

Kishan, R. P. and T. P. Opiela (2000). 'Bank size, bank capital and the bank lending channel', Journal of Money, Credit and Banking, vol 32, 121–141.

Lawrance, E. (1991). 'Poverty and the rate of time preference: Evidence from paneldata.' Journal of Political Economy, vol 99, no 1, 54–77.

Longworth, D. (2011). A Survey of Macro- prudential Policy Issues. Mimeo, Carleton University.

Meh, C. A. and K. Moran (2010). 'The role of bank capital in the propagation of shocks', Journal of Economic Dynamics and Control, vol 34, no 3, 555–576.

Mendicino, C. and Pescatori, A. (2007). Credit frictions, housing prices and optimalmonetary policy rules. Mimeo.

Monacelli, T. (2006). Optimal monetary policy with collateralized household debtand borrowing constraint. In: Conference Proceedings "Monetary Policy and Asset Prices" edited by J. Campbell.

N'Diaye, P. (2009). Countercyclical macro prudential policies in a supporting role to monetary policy. *IMF Working Paper*, November.

Official Journal of the European Union (14–02–2012). Recommendation of the European Systemic Risk Board of 22 December 2011 on the macroprudential mandate of national authorities. (15–06–2013). Recommendation of the European Systemic Risk Board of

4 April 2013 on intermediate objectives and instruments of macroprudential policy.

Philippon, T. (2008). Why has the US financial sector grown so much? The role of corporate finance, *NBER Working Paper Series*, no 13405.

Philippon, T. and A. Reshef (2013). 'An international look at the growth of modern finance: Income and human capital costs,' *Journal of Economic Perspectives*, vol 27, no 2, spring, 73–96.

Repullo, R. and J. Saurina (2012). 'The Countercyclical Capital Buffer of Basel III: A Critical Assessment'. In *The Crisis Aftermath: New Regulatory Paradigms*. M. Dewatripont and X. Freixas (Eds.). Centre for Economic Policy Research (CEPR), London.

(2013). 'The procyclical effects of bank capital regulation', *Review of Financial Studies*, vol 26, no 2, 452–490.

Rubio, M. (2011). 'Fixed- and variable-rate mortgages, business cycles, and monetary policy'. *Journal of Money, Credit and Banking*, vol 43, no 4, 657–688.

Rubio, M. and J. Carrasco-Gallego (2013). 'Macroprudential measures, housing markets, and monetary policy', *Moneda y Crédito*, no 235, 29–59.

(2014). 'Macroprudential and monetary policies: Implications for financial stability and welfare', *Journal of Banking & Finance*, vol 49, 326–336.

(2016). 'The new financial regulation in Basel III and monetary policy: A macroprudential approach', *Journal of Financial Stability*, vol 26, 294–305.

Schmitt-Grohe, S. and Uribe, M. (2004). 'Solving dynamic general equilibrium modelsusing a second-order approximation to the policy function', *Journal of Economic and Dynamic Control*, vol 28, 755–775.

Scitovszky, T. (1941). 'A note on welfare propositions in economics', *The Review of Economic Studies*, vol 9, no 1, 77–88.

Van den Heuvel, S. J. (2008). 'The welfare cost of bank capital requirements', *Journal of Monetary Economics*, vol 55, no 2, 298–320.

第6章 小型开放经济体货币政策和宏观审慎政策

F. 古尔钦·奥兹坎（F. Gulcin Ozkan）[1]
和 D. 菲利兹·尤塞尔（D. Filiz Unsal）[2]

　　本章探讨了资本流动突然逆转情况下，小型开放经济体的最佳货币政策规则和宏观审慎政策规则[3]。同时，本章还考虑将泰勒型利率规则（Taylor – type interest rate rule）作为通货膨胀、产出和信贷增长的函数，将宏观审慎工具作为信贷增长的函数。最后，本章得出两个结论：第一，在宏观审慎措施存在的情况下，货币政策不仅会对产出缺口和通货膨胀作出响应，还会对信贷增长作出响应，但是福利收益并不显著。在金融冲击和实体经济双重冲击下，货币政策对金融市场的响应比宏观审慎政策的响应造成的福利损失更大，说明宏观审慎政策应对"逆风而行"（leaning against the wind）完全可行。第二，借款来源是决定替代政策可行性的重要因素，外债规模越大，宏观审慎工具的有效性越高。新兴经济体债务美元化程度相当高，这就解释了为什么宏观审慎政策在应对 2008—2009 年国

　　① 约克大学经济系，E – mail：gulcin. ozkan@ york. ac. uk。
　　② 国际货币基金组织研究部，E – mail：dunsal@ imf. org。
　　③ 非常感谢 Chris Adams、Yunus Aksoy、Parantap Basu、David Cobham、Martin Ellison、Lynne Evans、Refet Gurkaynak、Marcus Miller、Patrick Minford、Peter Sinclair、Joe Pearlman、Rafael Portillo、Damiano Sandri、Mike Wickens、Stephen Wright、Tony Yates 及 2012 年 9 月 6 日至 8 日在都柏林举行的 MMF 年度研讨会的参与人员。也感谢 2012 年 9 月 18 日至 19 日参加拉夫堡大学举办的"宏观审慎监管"会议、2013 年 1 月 16 日参加赫瑞瓦特大学举行的研讨会以及 2013 年 7 月 17 日参加英格兰银行研讨会的各位学者专家提出的意见建议。本章仅代表作者观点，不代表国际货币基金组织及其执行董事会或管理层观点。

际金融危机时效果明显，而发达经济体实施效果则大相径庭。

6.1　引言

人们普遍认为的国际金融危机是 20 世纪 30 年代大萧条（Great Depression）以来最严重的一次危机，迫使人们重新认真思考如何实施货币政策。金融危机的主要特点之一是危机前大多数经济体保持低通胀、高增速走势，但金融脆弱性不断累积，特别是房地产和信贷市场。自 2008 年国际金融危机爆发以来，监管部门开始密切关注货币政策助长资产价格泡沫累积及其应对经济泡沫的作用，以及货币政策有效应对泡沫破裂的能力缺陷（Cecchetti，2008 和 Taylor，2008）。

货币政策对资产价格泡沫累积或泡沫破裂作出响应已不是新鲜事。早在危机前，关于这方面的主题就已经进行了广泛的讨论。尽管有一些反对观点，但"逆风与清理"（lean versus clean）之争已经形成了一个普遍共识，即货币政策应当对资产市场作出响应，即只有当资产市场成为预测中央银行目标函数中的变量且提供有用的信息时，货币政策才会作出响应。货币政策的核心是泡沫破裂后清理的潜在成本并不大，但是 2008 年以来受危机影响国家的经验教训改变了人们的看法。

现在人们普遍认识到，危机前货币政策重点关注物价稳定，但不足以实现金融稳定。此外另一个共识是，政策需要对资产市场失调作出响应，以防止金融不稳定和对宏观经济造成不利后果。然而，目前基于该目的而选择的政策工具仍有争议。众所周知，利用政策利率来权衡宏观经济金融稳定等多重目标具有局限性。因此，金融稳定纳入宏观经济政策目标需要中央银行不仅仅能够使用传统的政策工具，还需要采用宏观审慎措施等其他工具。

使用宏观审慎政策等措施背后的理由是金融市场本质上具有顺周期特征。也就是说，经济繁荣时期，感知到的风险下降，资产价格上涨，借贷和杠杆相互促进。企业增加新借贷，国内通胀上升降低了杠杆家庭的实际债务负担，导致产出和通胀上升。经济萧条时期则相反，去杠杆化、资产抛售和实体经济之间会出现恶性循环。原则上，宏观审慎措施可以解决金融市场的顺周期性，降低繁荣—萧条周期的波动幅度。

但是，政策利率和宏观审慎管理工具应对金融市场响应有何不同？虽然两种工具均影响总需求、总供给，且金融环境类似，但两者并不是完美的替代品。第一，政策利率工具"过于钝化"，因为它影响所有贷款活动，而不管是否对经济稳定构成风险。相反，宏观审慎政策可以专门针对那些被认为对金融稳定风险较大的市场。第二，在金融账户开放的经济体中，如果企业能够以较低的利率从国外借款，那么加息对信贷扩张的影响可能有限。此外，长期利率在很大程度上是由全球市场而非政策利率主导，从而限制了货币政策在促进金融稳定方面的作用（Turner，本书第 1 章）。第三，旨在确保金融稳定的利率变动与实现宏观经济稳定所需的利率变动不一致，这种差异可能会破坏通胀稳定，甚至出现通胀预期脱锚的风险。

有关宏观审慎工具使用的研究文献主要有两个维度。一是侧重于宏观审慎措施在管理负外部性方面的作用，而负外部性是由于代理人没有将个人决定对金融不稳定的影响内部化所致。例如，Jeanne 和 Korinek（2010），Bianchi（2011）关注过度借贷和外部性，认为监管规定促使代理人将其行为后果内部化，从而增加宏观经济的稳定性。过度借贷是模型的专有特征。例如，Benigno 等（2013）发现正常时期借贷不足比过度借贷更常见。二是侧重于分析宏观审慎管理在均衡模型中的潜在作用，其中货币政策在经济遭受冲击后稳定经济作用巨大（例如，Kannan 等，2012；Unsal，2013；Quint 和 Rabanal，2014；Angeloni 等，2015）。

本章利用了开放经济体下以金融摩擦为特征的新凯恩斯动态随机一般均衡模型（DSGE）。该模型借鉴了 Bernanke 等（1999）、Gertler 等（2007）、Kannan 等（2012），特别是 Ozkan 和 Unsal（2012），Unsal（2013）的模型内容。本框架通过货币政策先发制人的响应（泰勒规则）需要对金融市场变量（名义信贷增长）作出响应。宏观审慎政策会使金融中介机构产生更高的成本，从而以更高的贷款利率形式转嫁给借款人，本章称为"监管溢价"（regulation premium）。监管溢价是指针对名义信贷增长作出响应的规则，从而使企业在经济繁荣时期借钱更难，在经济衰退时降低波动性。

本章结论如下。货币政策工具作用于信贷增长，可以提高宏观经济的稳定性，从而改善金融冲击后的福利。然而，在宏观审慎措施存在的情况下，货币政策不仅会对产出缺口和通货膨胀作出响应，还会对信贷增长作出响应，但是福利收益并不显著。此外，如果通过政策利率来响应生产率冲击后的信贷增长，福利成本要远高于宏观审慎工具所产生的成本，表明将逆风而行的政策组合赋予宏观审慎政策完全可行。本章还指出，在促进金融和宏观经济稳定方面，外债规模对政策工具的有效性发挥着关键作用。因此，本章认为外债规模较大的新兴市场经济体使用宏观审慎政策特别有效，在这种情况下，稳定金融市场所需的货币政策需要作出更大的响应。

本章余下部分结构如下。第 2 节总结了模型结构，家庭、企业和企业主行为的详细介绍见附录 A。第 3 节分析了面对金融冲击和实体经济冲击时，货币政策规则和宏观审慎政策规则下的宏观经济结果。第 4 节对货币政策和宏观审慎政策进行了定量的福利分析，计算了货币政策和宏观审慎政策对福利最大化的响应。最后一节是结论。

6.2　模型

6.2.1　基本模型结构

本章框架基于金融加速器为特征的新兴经济体 DSGE 模型（Bernanke 等，1999）。在 Gali 和 Monacelli（2005）、De Paoli（2009）等的基础上，本章将小型开放经济体（SOE）动态推导为两国模型的极端情况，其中 SOE 的规模相对于世界其他地区（ROW）的规模可以忽略不计。经济体由家庭、企业、企业主、金融中介和货币当局组成。

家庭。家庭从消费中获得效用，为企业生产提供劳动力，同时参与国内和部分国际金融市场。此外，家庭拥有企业并从中获利。

企业。模型涉及三类企业：生产型企业（Production Firms）投入资本和劳动力生产差异化的最终消费品，使用本币定价，可以根据成本调整价格。因此，就本币销售市场而言，最终产品价格具有黏性。进口型企业（Importing Firms）也具有一定的市场支配力，根据价格变化调整成本。进出口商品价格黏性导致一价定律（The Law of One Price）失效，以至于短期内汇率传导不完全。竞争型企业（Competitive Firms）将投资与租赁资本结合起来，生产非最终资本品，然后出售给企业主。

企业主。通常情况下这类模型中企业主是关键。他们将非最终资本品租给生产型企业。每个企业主都能获得一种随机的技术，将非最终资本品转化为最终资本品。

企业主依托完全竞争的金融中介机构市场，通过外部借款实现投资。现有关于新兴市场经济体金融危机的文献主要集中在将国外借款或者国内借款作为借款来源。本章考虑了三种关于借款来源的备选假设：只有国外借款，只有国内借款，既有国外借款又有国内借款。这样的假设使我们能够探讨未偿债务的构成是否会影响应对金融市场的措施效果。

作为基准情景，本章首先假定企业主只能从国外借款和以外币计价，这一特点与新兴市场国家状况相似[1]。企业主可以直接观察到生产率，但是贷款人只能使用监测成本进行观察，该成本是收益的一部分。正如 Carlstrom 和 Fuerst（1997）以及 Bernanke 等（1999）所指出的，企业主与贷款人之间的最优契约应当确保企业主在贷款人参与的约束前提下实现预期收益的最大化，从而得出以下条件：

$$\mathrm{E}_t\left[R_{t+1}\right] = \mathrm{E}_t\left[(1+i_t^*)(1+\phi_{t+1})\right], \qquad (6.1)$$

其中，R_{t+1} 为企业主借贷成本，i_t^* 为国外借款利率，$1+\phi_{t+1}$ 为外部融资溢价，E_t 为预期操作数（expectation operatior）。显然，感知到的违约风险越大，企

---

① 参见 Lane 和 Milesi – Ferretti（2003）关于外部借款范围的国际经验。

业主为获得资金所需支付的外部融资溢价越大。更多地使用外部融资会刺激企业主承担更多的风险项目，提高了违约概率，反过来又会增加外部融资溢价 ϕ。同样，企业主净资产的下降也会增加其杠杆率，导致 ϕ 上行。

6.2.2　金融中介机构和宏观审慎政策

完全竞争的金融中介机构将资金从贷款人引导到企业主。在只有国外借款的基准情况下，如果没有宏观审慎政策，零收益条件意味着贷款利率等于 $E_t[(1 + i_t^*)(1 + \phi_{t+1})]$。

宏观审慎政策如何影响贷款利率？维护金融体系稳定的宏观审慎工具清单包括逆周期资本要求、特定金融交易随着时间变化的幅度、银行间风险敞口限制、取决于规模的杠杆限制和贷款价值比上限等（IMF，2011）。人们普遍认为，无论其具体形式如何，宏观审慎政策都会给金融中介机构带来更高的成本（Angeloni 等，2015）。

因此，本章有关宏观审慎政策的制定正是基于这一观点，而不是推导出特定类型宏观审慎措施对借贷成本的影响。在 Kannan 等（2012）、Unsal（2013）、Quint 和 Rabanal（2014）研究论文的基础上，本章重点关注宏观审慎措施提高金融干预成本的一般情况。干预成本最终通过提高利率的形式转嫁给借款人[①]。本章将宏观审慎措施带来的贷款利率上升称为"监管溢价（regulation premium）"，并认为与名义信贷增长正相关。宏观审慎政策设计基于逆周期，即经济好转后感知风险自然下降，经济下行后感知风险上升。

在宏观审慎政策存在的情况下，贷款利率与政策利率之间的利差会受到外部融资和监管溢价的影响。因此，国外借款的贷款成本 $E_t[R_{t+1}]$ 成为

$$E_t[R_{t+1}] = E_t[(1 + i_t^*)(1 + \phi_{t+1})(1 + RP_t)], \qquad (6.2)$$

其中，RP_t 是监管溢价，是经济体系中信贷增长的函数。在基准情况下，计算公式为

---

① Angeloni 等（2015）详细地分析了银行业，表明宏观审慎措施确实会导致借款成本上升。

$$RP_t = \psi\left(\frac{S_t D_t}{S_{t-1} D_{t-1}} - 1\right) \tag{6.3}$$

其中，S_t 表示 t 时期的名义汇率，是以本币计算的外币价格，D_t 表示以外币计价的国外借款。宏观审慎政策定义隐含着基于信贷总额的政策目标。本章将信贷增长作为首选的金融市场指标有两个原因。一是自 2008 年以来限制信贷规模或信贷增速一直是最常用的宏观审慎措施（Lim 等，2011）。二是包括明确金融摩擦的基础模型结构提供了一个自然的环境，以可操作的方式探索政策响应对信贷增长变化的影响。

6.2.3　货币政策

按照文献标准，本章使用简单可执行规则建立了货币政策模型，中央银行根据可观测变量设定政策利率。

$$1 + i_t = \left[(1+i)(\pi_t)^{\varepsilon_\pi}(Y_t/Y)^{\varepsilon_Y}(credit\,growth)^{\varepsilon_D}\right]^{\varpi}\left[1 + i_{t-1}\right]^{1-\varpi} \tag{6.4}$$

其中，i_t 表示政策利率，π_t 为通货膨胀率，Y_t 为总产出，信贷增长表示以本币计价的名义信贷增长，ϖ 为利率平滑参数（smoothing parameter）。式（6.4）中，i 和 Y 分别表示稳态水平时的名义利率和产出。本章首先对校准过程中的 ε_π、ε_Y、ε_D 和 ϖ 设置了一组初始值。然后，通过计算使经济主体总福利最大化的数值，优化推导出 $\{\varepsilon_\pi, \varepsilon_Y, \varepsilon_D\}$ 以及 ψ（宏观审慎工具中名义信贷增长系数）。

作者对该模型进行了数值求解，围绕非随机稳态（non - stochastic steady state）进行了二阶近似。本章使用文献中的既定值校准了一般新兴市场经济模型。附录 B 中的表 B1 总结了模型在消费、生产、企业部门和货币政策方面的参数化情况。

6.3　货币政策和宏观审慎政策

本节将探讨金融部门和实体经济之间的相互作用，以及货币政策和宏观审慎政策在缓解金融冲击和生产率冲击影响的作用。

意料之外的金融冲击导致感知风险上升 1%，致使基准情景下约 2.5% 的产出资本逆转。我们将这种情景描述为对国内借款人信用感知的不利认知冲击，再次反映了金融危机期间金融市场普遍存在的悲观现象。当投资者对企业主生产率分布的认知发生变化时，国内企业主借贷风险增加，导致外部融资溢价上升。随着借贷成本上涨，企业主通过承接较少的项目以减少使用外部融资。杠杆率下降导致风险溢价下降，减轻了金融冲击的最初影响。然而，借贷的减少削减了未来的资本供给，经济体系投资随之减少。资本流入下降也降低了对本币的需求，导致本币贬值。由于企业主借款以外币计价，汇率的意外变化会导致实际债务负担增加而影响资产负债表。

之后，本章讨论 1% 的负向生产率冲击将导致消费、投资和产出下降，但通货膨胀上涨的情况。金融冲击和生产率冲击之间的主要区别之一是宏观经济和金融稳定目标之间存在反向关系，因为后者与前者相比，通货膨胀和信贷增长的方向相反。与金融冲击类似，不利的生产率冲击会带来实际变量的下降，如消费、投资和产出，以及信贷增长、资产价格、资本流动等变量。然而，与金融冲击下的通货膨胀下降不同，生产率冲击后通货膨胀上升，导致政策利率上扬，实际汇率下降。信贷增长和通货膨胀方向相反的事实表明宏观经济和金融稳定目标之间必须有所取舍，这对其他政策制度的福利排名有影响。

货币政策是否应该"逆风而行"？

图 6.1 和图 6.2 显示了三种政策选择下两种冲击的影响：标准的泰勒规则；含有宏观审慎工具的泰勒规则；含有名义信贷增长的泰勒规则。

第一种金融冲击下（见图 6.1），政策利率降低以应对负的产出缺口和较低的通货膨胀（政策规则参数见表 6.1）。较低的政策利率部分抵消了较高风险溢价对贷款利率的影响，降低了消费成本，稳定了产出。此外，需求稳定也会提高通货膨胀。

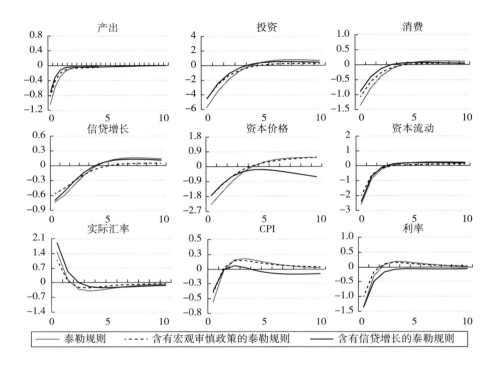

注：①图中显示了投资者对国内企业主生产率的感知受到1%负向冲击的影响。

②变量以稳态时的对数偏差（log – deviations）表示（利率除外），乘以 100 以解释百分误差（percentage deviations）。

图 6.1　负向金融冲击：泰勒规则和宏观审慎政策（偏离稳态百分误差）

表 6.1　　　　　　　　政策规则和宏观审慎工具的有关参数

相关政策	货币政策			宏观审慎政策
	通货膨胀	产出缺口①	信贷增长	信贷增长
泰勒规则	1.5	0.5	0	0
含有信贷增长的泰勒规则	1.5	0.5	0.75	0
含有宏观审慎政策的泰勒规则	1.5	0.5	0	0.75

注：①产出缺口是偏离稳态水平的产出。

图 6.1 比较了标准泰勒规则下的脉冲响应和含有宏观审慎工具泰勒规

则的脉冲响应，后者直接抵消了收紧贷款条件的影响，从而削弱了金融加速器效应。从图 6.1 可以看出，宏观审慎政策抑制了图中所有实际变量和金融变量的响应，其原因在于宏观审慎政策具有逆周期特征，在遭受不利金融冲击后，监管溢价下降，贷款利率降低，有助于遏制经济波动。因此，冲击对产出和通货膨胀的影响也比较小。

图 6.1 还显示了决策者对含有名义信贷增长泰勒规则的响应，超出了其对产出缺口和通货膨胀的影响，被称为含有信贷增长的泰勒规则。相对于第一种情景，在这种规则下政策利率的下降幅度更大，有助于减轻冲击对贷款利率的影响。事实上，在该规则下，消费、投资、产出、资产价格、信贷增长等出现下降趋势，较低的利率也导致汇率进一步贬值①。尽管如此，与标准泰勒规则下的情景相比，投资和消费较低的下降幅度导致产出和通货膨胀下降幅度也较小。

货币政策和宏观审慎政策对宏观经济和金融变量的响应是一致的，两者都是扩张性的。当宏观经济和金融稳定目标之间存在取舍时，随着金融市场的响应，政策将会如何变化？图 6.2 显示了在三种政策机制下经济对生产率冲击的响应。在宏观审慎政策存在的情况下，投资、产出、信贷增长和资产价格降幅较小（图 6.2）。然而，这种情况下的扩张性宏观审慎政策会抵消政策利率上升带来的紧缩，从而导致通货膨胀上升。图 6.2 还表明，与标准的泰勒规则相比，当泰勒规则对信贷增长作出响应时，生产率冲击对产出和信贷的影响会得到缓解。然而，与宏观审慎政策类似，与基准情况相比，通货膨胀上升了约 50%。由此可见，在生产率冲击下，金融市场的响应改善了金融稳定，但并不一定会提高宏观经济的稳定性。

总的来说，面对金融冲击时，政策利率或宏观审慎工具的"逆风而行"措施有助于提高宏观经济和金融的稳定性。然而，生产率冲击下金融市场的稳定效果有所下降。

---

① Turner（第 1 章）利用典型的开放经济体模型，强调货币政策和宏观审慎政策对金融市场的响应主要在于汇率有所不同。

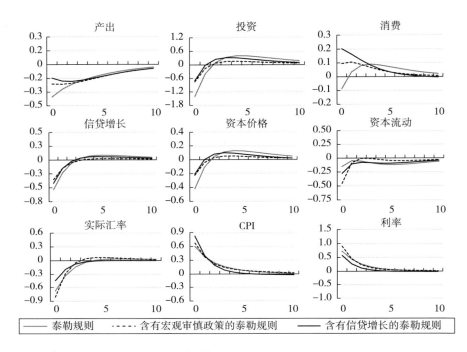

注：①图中显示了 1% 的负向生产率冲击影响。

　②变量以稳态时的对数偏差（log - deviations）表示（利率除外），乘以 100 以解释百分误差（percentage deviations）。

图 6.2　负向生产率冲击：含有信贷增长的泰勒规则和

含有宏观审慎政策的泰勒规则（偏离稳态百分误差）

　　如前所述，本节分析是基于货币政策和宏观审慎政策中外生的给定参数。下一节将重新审视当政策规则以最优方式设定时，如何最好地应对金融不稳定问题。

6.4　最优政策规则和福利评价

　　现在，我们考虑通过货币政策和宏观审慎政策工具来应对金融市场的福利收益，本章采用名义信贷增长来表示。

　　按照 Faia 和 Monacelli（2007）、Gertler 和 Karadi（2010）等论文，本章首先用递归（recursively）的方式表示家庭效用函数。

$$V_t = U(C_t, H_t) + \beta E_t V_{t+1}^{HH} \tag{6.5}$$

其中，V_t 表示家庭的效用函数，用 V_t 确定稳态下二阶近似值。利用模型的
二阶值，分别计算了货币政策和宏观审慎政策下的 V_t。我们通过消费等式
Y 对备选政策进行比较，要求将既定的货币政策和宏观审慎政策部分福利
等同于最优泰勒规则下福利相等所需的消费部分。

表 6.2　　　　　　　　　应对金融冲击替代政策的福利结果

相关政策	福利损失（Y）
泰勒规则（TR）	0.2106
含有信贷增长的泰勒规则（CG）	0.1593
泰勒规则（TR）＋宏观审慎政策（MP）	0.114
优化的泰勒规则（OTR）	—
含有信贷增长的优化泰勒规则（OTR）	－0.0324
优化的泰勒规则（OTR）＋优化的宏观审慎政策（OMP）	－0.1098
含有信贷增长的泰勒规则＋优化的泰勒规则（OTR）＋优化的宏观审慎政策（OMP）	－0.1178

注：福利损失（Y）以稳态消费为单位进行表示。面对 1% 的金融冲击时，要求将既定的货币政策
和宏观审慎政策部分福利等同于最优泰勒规则下福利相等所需的消费部分。福利计算以每种情况下的
初始确定性稳态为条件。

表 6.3　　　应对金融冲击时货币政策和宏观审慎政策规则的优化系数

相关政策	货币政策		宏观审慎政策	
	通货膨胀	产出缺口[①]	信贷增长	信贷增长
优化的泰勒规则（OTR）	1.1	0	—	—
含有信贷增长的优化泰勒规则（OTR）	1.1	—	0.6	—
优化的泰勒规则（OTR）＋优化的宏观审慎政策（OMP）	2.4	—	—	1.1
含有信贷增长的优化泰勒规则（OTR）＋优化的宏观审慎政策（OMP）	1.7	—	0.1	0.9

注：① 产出缺口是偏离稳态水平的产出。
　　②本章通过优化福利 V_t 的参数网格 $\{\varepsilon_\pi, \varepsilon_y, \varepsilon_D, \psi\}$ 搜索参数值以计算优化参数，从而应对
1% 的金融冲击。福利计算以每种情况下的初始确定性稳态为条件。

如表 6.2 和表 6.4 所示，Y 是以稳态消费（steady state consumption）为单位衡量福利损失的指标，该指标值越高，福利损失越大，因此从福利的角度来看，表明该政策不太可取。为了找到最优简单货币政策规则和宏观审慎政策规则，本章在优化 V_t 的参数网格 $\{\varepsilon_\pi, \varepsilon_y, \varepsilon_D, \psi\}$ 中搜索参数值，以应对金融冲击和生产率冲击。表 6.3 和表 6.5 显示了优化的货币政策参数和宏观审慎政策参数。

表 6.4　　　　　　应对生产率冲击替代政策的福利结果

相关政策	福利损失（Y）
泰勒规则（TR）	0.2163
含有信贷增长的泰勒规则（CG）	0.3302
泰勒规则（TR）＋宏观审慎政策（MP）	0.2411
优化的泰勒规则（OTR）	—
含有信贷增长的优化泰勒规则（OTR）	—
优化的泰勒规则（OTR）＋优化的宏观审慎政策（OMP）	—
含有信贷增长的泰勒规则＋优化的泰勒规则（OTR）＋优化的宏观审慎政策（OMP）	—

注：福利损失（Y）以稳定状态消费为单位。它表示在任何给定政策规则下的福利与最优简单规则下的福利相等所需的消费部分（%），面对 1% 的生产率冲击。福利计算以每种情况下的初始确定性稳态为条件。

表 6.5　　应对生产率冲击时货币政策和宏观审慎政策规则的优化系数

相关政策	货币政策			宏观审慎政策
	通货膨胀	产出缺口[①]	信贷增长	信贷增长
优化的泰勒规则（OTR）	1.1	0	—	—
含有信贷增长的优化泰勒规则（OTR）	1.1	—	0	—
优化的泰勒规则（OTR）＋优化的宏观审慎政策（OMP）	1.1	—	—	0
含有信贷增长的优化泰勒规则（OTR）＋优化的宏观审慎政策（OMP）	1.1	—	0	0

注：①产出缺口是偏离稳态水平的产出。

②本章通过优化福利的参数网格搜索参数值以计算优化参数，从而应对 1% 的生产率冲击。福利计算以每种情况下的初始确定性稳态为条件。

6.4.1　最佳货币政策规则与宏观审慎政策规则比较

在金融冲击和生产率冲击双重冲击下，本章发现对通货膨胀的最佳响应趋于统一，对产出缺口的响应为零，与 Schmitt – Grohe 和 Uribe（2007）、Faia 和 Monacelli（2007）观点一致。因此，将 ε_Y 设为零，并重点关注货币政策规则下的通货膨胀参数和名义信贷增长参数，以及宏观审慎政策规则下的名义信贷增长参数①。

很明显，金融冲击发生后对信贷市场做出响应是可以改善福利的。表 6.2 显示，含有信贷增长的泰勒规则和宏观审慎政策规则，福利损失分别减少了约 0.05% 和 0.1% 的稳态消费。更有趣的是，即使优化泰勒规则系数以最小化应对冲击的福利损失，宏观审慎工具中信贷增长优化系数也不是 0，而是 1.1（见表 6.3）。然而，宏观审慎工具的存在要求针对通货膨胀作出更激进的货币政策响应（2.4 而不是 1.1）。因为强有力的扩张性宏观审慎响应可能会超过冲击对信贷条件的负面影响，导致需求和通货膨胀上升，这就要求采取更积极的反通胀立场。尽管如此，与最优泰勒规则相比，使用宏观审慎工具对福利的改善是显著的（占稳态消费的 0.1%）。泰勒规则中信贷增长的优化系数也不为 0（0.6），但相对于最优泰勒规则的福利收益相当小（0.03）。

事实上面对金融冲击，在宏观审慎政策存在的情况下，货币政策规则对金融市场的作用不大。如表 6.2 所示，将名义信贷增长纳入政策规则（见表注）的福利效应可以忽略不计。同样地，优化后的系数也接近于零（表 6.3）。

表 6.4 和表 6.5 列出了生产率冲击后替代政策的福利损失和优化系数。当政策利率对信贷增长作出响应时，福利损失增加了约 0.12% 的稳态消费。不足为奇的是，泰勒规则中名义信贷增长的系数变成了零（见表 6.5）。在生产率冲击下，宏观审慎政策也会降低福利，但福利成本是泰勒

---

①　我们只报告利率保守系数 ϖ =0.5 的结果。对于不同的 ϖ 值，优化后的系数和福利评价略有变化，但结果仍然有效。

规则响应信贷增长政策下成本的五分之一。

6.4.2　借款来源的作用

　　国内外借款来源在替代政策应对金融市场可行性方面发挥着重要作用，主要有两个原因。第一，以外币计价的国外借款，汇率贬值会降低企业主净资产，放大金融加速器效应，从而导致对金融业的冲击更为严重。因此，通过货币政策促进金融稳定需要采取更加积极的应对措施，以防止破坏宏观经济稳定。第二，当企业主信贷来源只有国外借款时，借贷成本是国外利率、国外融资溢价和监管溢价的函数。因此，与宏观审慎政策相比，政策利率并不直接影响信贷成本，通过单一政策工具来应对金融市场的效果较差。相反，当借款仅来自国内时，政策利率会直接影响信贷成本。在这种情况下，相对于通过政策利率对金融市场作出响应，使用两种不同工具的好处往往可以忽略不计。

表 6.6　　　　　金融冲击下信贷市场的优化响应：借款来源

项目	福利损失（Y）		信贷增长优化系数	
借款来源	优化的泰勒规则	优化的宏观审慎规则	泰勒规则	宏观审慎规则
国外	－ 0.0321	－ 0.1098	0.63	1.14
国内	－ 0.0205	－ 0.0310	0.47	0.65
国外和国内	－ 0.0262	－ 0.0447	0.51	0.82

　　注：①福利损失（Y）以稳定状态消费为单位。它表示在任何给定政策规则下的福利与最优简单规则下的福利相等所需的消费部分（％），面对 1％ 的金融冲击。福利计算以每种情况下的初始确定性稳态为条件。

　　　　②本章通过优化福利 V_t 的参数网格 $\{\varepsilon_\pi, \varepsilon_y, \varepsilon_D, \psi\}$ 搜索参数值以计算优化参数，从而应对 1％ 的金融冲击。福利计算以每种情况下的初始确定性稳态为条件。

　　表 6.6 显示了三种不同借款假设下的福利结果和优化系数。福利结果显示，国外借款下金融冲击后使用货币政策工具应对金融市场远远不如宏观审慎工具，福利约占稳态消费的 7％。事实上，宏观审慎规则中信贷增长的优化系数（1.14）高于货币政策规则中信贷增长的优化系数（0.63）。当模型同时允许国外和国内借款时，使用两种政策的福利收益（优化系

数）差异缩小到 2% 左右。当只有国内借款时，从福利角度看，通过政策利率或宏观审慎工具进行应对变得无足轻重，两种工具的名义信贷增长优化系数接近。需要注意的是，与其他两种情景相比，国内借款下两种政策的福利收益较小，因为如前所述，这种情况下冲击对金融部门和整体经济的影响较小。

借款来源对选择应对信贷市场的政策工具非常重要，这一结论具有实际政策意义。对于外国借款规模通常较大的新兴市场经济体来说，使用货币政策促进金融稳定可能会比使用宏观审慎措施产生更大的宏观金融不稳定。事实上，国际金融危机之后，持有国外负债较大的国家已经实施了宏观审慎工具（Lim 等，2011）。

6.5　结论

最近金融危机的经验教训之一是应将金融稳定目标作为宏观经济管理的核心部分。基于此，本章探讨了在开放经济条件下新凯恩斯一般均衡模型如何更好地设计货币政策和宏观审慎政策，且两套政策能够互补实施。

模型设定中，货币政策对信贷市场作出响应需要对政策规则中的金融市场变量作出响应，而宏观审慎政策会对金融中介机构施加成本，然后转嫁给借款人。本章将初始冲击模拟为投资者对风险感知的增加，导致资本流入突然逆转，信贷条件收紧。由于明确考虑到了金融摩擦，货币政策和宏观审慎政策在减轻冲击影响方面都发挥着非同小可的作用。

本章结论总结如下。发生金融冲击后，通过"逆风而行"的政策利率或宏观审慎措施，有助于实现宏观经济和金融稳定，尽管宏观审慎政策在数量上做得更好。但是，在宏观审慎政策存在的情况下，传统的货币政策工具应对信贷增长所带来的福利收益微不足道。此外，从福利角度看，生产率冲击下货币政策比宏观审慎政策应对金融市场的成本要高。本章还发现对外借款规模较大的经济体单独使用宏观审慎工具更为可行，原因在于与宏观审慎工具相比，货币政策不能直接影响国外借贷成本，因此促进金融稳定需要大幅改变政策利率，可能会加剧宏观经济金融波动。

除了其他简化假设外，本章坚持认为汇率是完全可自由兑换的。因此，本章将汇率干预排除在政策工具箱之外，只关注货币政策规则和宏观审慎政策规则。然而，国际金融危机期间和之后，大多数新兴市场都对外汇市场进行了干预，以抑制汇率波动，平滑资本流动波动的影响。本章认为将这一主题与货币政策、宏观审慎政策一起研究，可以为我们理解如何在资本流动受到冲击后更好地维护金融体系稳定作出重要贡献，下一步我们就这些问题会展开进一步研究。

参考文献

Angeloni, I., E. Faia and M. Lo Duca (2015). "Monetary policy and risk taking," *Journal of Economic Dynamics and Control*, vol 52, 285–307.

Benigno, G., C. Huigang, O. Christopher, R. Alessandro and E. Young (2013). "Financial crisis and macroprudential policies," *Journal of International Economics*, vol 89, no 2, 453–470.

Bernanke, B. S., M. Gertler and S. Gilchrist (1999). "The financial accelerator in a quantitative business cycle framework." In J. B. Taylor and M. Woodford (Eds.), *Handbook of Macroeconomics*, Vol 1C, Amsterdam: North-Holland, 1341–1393.

Bianchi, J. (2011). "Overborrowing and systemic externalities in the business cycle," *American Economic Review*, vol 101, no 7, December, 3400–3426.

Carlstrom, C. and T. Fuerst (1997). "Agency costs, net worth, and business fluctuations: A computable general equilibrium analysis." *American Economic Review*, vol 87, no 5, 893–910.

Cecchetti, S. G. (2008). "Measuring the macroeconomic risks posed by asset price booms." In J. Y. Cambell (Ed.), *Asset Prices and Monetary Policy*. Chicago: University of Chicago Press, 9–34.

Curdia, V. (2007). *Monetary policy under sudden stops. Federal Reserve Bank of New York*, Staff Report No. 278.

(2008). *Optimal monetary policy under sudden stops. Federal Reserve Bank of New York*, Staff Report no. 323.

De Paoli, B. (2009). "Monetary policy and welfare in a small open economy," *Journal of International Economics*, vol 77, no 1, 11–22.

Devereux, M. B., P. R. Lane and J. Xu (2006). "Exchange rates and monetary policy in emerging market economies," *The Economic Journal*, vol 116, 478–506.

Faia, E. and T. Monacelli (2007). "Optimal interest rate rules, asset prices and credit frictions," *Journal of Economic Dynamics & Control*, vol 31, 3228–3254.

Galí, J. and T. Monacelli (2005). "Monetary policy and exchange rate volatility in a small open economy," *Review of Economic Studies*, vol 72, no 3, 707–734.

Gertler, M. and P. Karadi (2011). "A model of unconventional monetary policy," *Journal of Monetary Economics*, vol 58, 17–34.

Gertler, M., S. Gilchrist and F. Natalucci (2007). "External constraints on monetary policy and the financial accelerator," *Journal of Money, Credit and Banking*, vol 39, 295–330.

International Monetary Fund (2011). *World Economic Outlook: Tensions from the Two-Speed Recovery: Unemployment, Commodities, and Capital Flows*. Washington, April.

Jeanne, O. and A. Korinek (2010). Managing credit booms and busts: A Pigouvian taxation perspective. *NBER Working Paper*, no 16377.

Kannan, P., P. Rabanal and A. Scott (2012). "Monetary and macroprudential policy rules in a model with house price booms," *B.E. Journal of Macroeconomics, Contributions*, vol 12, no 1, Article 16.

Lane, P. and G. Milesi-Ferretti (2003). "International financial integration," *IMF Staff Papers*, vol 50, 82–113.

Lim, C., F. Columba, A. Costa, P. Kongsamut, A. Otani, M. Saiyid, T. Wezel and X. Wu (2011). Macroprudential policy: What instruments and how to use them? *IMF Working Paper*, no.11/238.

Ozkan, G. and D. F. Unsal (2012). *Global financial crisis, financial contagion, and emerging markets. IMF Working Paper*, no. 12/293.

Quint, D. and P. Rabanal (2014). "Monetary and macroprudential policy in an estimated DSGE model of the Euro Area," *International Journal of Central Banking*, vol 10, no 2.

Rotemberg, J. (1982). "Sticky prices in the United States," *Journal of Political Economy*, vol 90, 1187–1211.

Schmitt-Grohe, S. and M. Uribe (2007). "Optimal simple and implementable monetary and fiscal rules," *Journal of Monetary Economics*, vol 54, no 6, 1702–1725.

Taylor, J., 2008. The financial crisis and the policy responses: An empirical analysis of what went wrong, *Keynote Lecture at the Bank of Canada, Ottawa*, November.

Unsal, D. F. (2013). "Capital flows and financial stability: Monetary policy and macroprudential responses," *International Journal of Central Banking*, vol 9, no 1, 233–285.

附　　录

A　模型方程：国内经济

本附录提出了国内小型开放经济体模型。尽管各经济体规模不对等，但是本国和他国对消费品和资本品均有相同偏好、技术和市场结构[①]。下文中，除非另外注明，不带上标的变量均为国内经济变量，带星号的变量为外国或世界其他地区（ROW）的经济变量。

A.1　家庭

代表性家庭的特征是无限存在且寻求最大化 $E_0 \sum_{t=0}^{\infty}$ $\left(\beta^t \frac{1}{1-\sigma} \left(C_t - \frac{H_t^{1+\varphi}}{1+\varphi} \right)^{1-\sigma} \right)$，其中 C_t 为综合消费指数，H_t 是工作时间，此外 $0 < \beta < 1$，$\sigma > 0$，$\varphi > 0$。

$C_t = [(1-\alpha)^{\frac{1}{\gamma}} C_{H,t}^{(\gamma-1)/\gamma} + (\alpha)^{\frac{1}{\gamma}} C_{M,t}^{(\gamma-1)/\gamma}]^{\gamma/(\gamma-1)}$ 为综合消费指数，其中 $\gamma > 0$，本国商品（$C_{H,t}$）和进口商品（$C_{M,t}$）需求函数分别为

$$C_{H,t} = (1-\alpha)\left(\frac{P_{H,t}}{P_t}\right)^{-\gamma} C_t, \tag{A.1}$$

$$C_{M,t} = \alpha\left(\frac{P_{M,t}}{P_t}\right)^{-\gamma} C_t, \tag{A.2}$$

而相应的价格指数为

$$P_t = [(1-\alpha)P_{H,t}^{1-\gamma} + \alpha P_{M,t}^{1-\gamma}]^{1/(1-\gamma)}, \tag{A.3}$$

其中，$P_{H,t}$、$P_{M,t}$ 分别表示国内商品价格和进口商品价格，P_t 表示消费价格指数。

家庭可获得非或有负债（non-contingent）和一阶段负债（one-peri-

---

① 我们对外国经济使用了类似的模型版本，不同的是国内企业主用外币借款，而外国企业主用本币借款。

od）两类债务，其中 B_t 以本币计价，D_t^H 以外币计价，家庭需要支付溢价

$$\Psi_{D,t} = \frac{\Psi_D}{2}\left[\exp\left(\frac{S_t D_{t+1}^H}{P_t GDP_t} - \frac{SD^H}{PGDP} \right) - 1 \right]^2，其中 S_t 是从世界其他地区借贷货币$$

的名义汇率。

代表性家庭的一阶条件为

$$\chi H_t^{\varphi} = W_t \tag{A.4}$$

$$\left(C_t - \frac{\chi}{1+\varphi}H_t^{1+\varphi} \right)^{-\sigma} = \beta(1+i_t)E_t\left[\left(C_{t+1} - \frac{\chi}{1+\varphi}H_{t+1}^{1+\varphi} \right)^{-\sigma} \frac{P_t}{P_{t+1}} \right] \tag{A.5}$$

$$\left(C_t - \frac{\chi}{1+\varphi}H_t^{1+\varphi} \right)^{-\sigma} = \beta(1+i_t^*)\Psi_{D,t}E_t\left[\left(C_{t+1} - \frac{\chi}{1+\varphi}H_{t+1}^{1+\varphi} \right)^{-\sigma} \frac{P_t}{P_{t+1}} \frac{S_{t+1}}{S_t} \right]$$

$$\tag{A.6}$$

A.2　生产型企业

每个生产型企业生产的差异化商品用 $j \in (0,1)$ 表示，生产函数为 $Y_t(j) = A_t N_t(j)^{1-\eta} K_t(j)^{\eta}$，其中 A_t 表示劳动生产率，$N_t(j) = H_t(j)^{1-\Omega} H_t^E$ $(j)^{\Omega}$ 是劳动力投入，是家庭劳动力 $H_t(j)$ 和企业主劳动力 $H_t^E(j)$ 的函数。$K_t(j)$ 表示企业主提供的资本。

企业对国内和国外市场进行了细分，用本币定价，其中 $P_{H,t}(j)$ 和 $P_{X,t}(j)$ 分别表示国内市场价格和国外市场价格。企业还面临着价格变化的二次菜单成本，即 $\frac{\Psi_i}{2}\left(\frac{P_{i,t}(j)}{P_{i,t-1}(j)} - 1 \right)^2$，其中，$i = H, X$①。

国内外对国产商品 j 的需求量分别由 $Y_{H,t}(j)$ 和 $Y_{X,t}(j)$ 表示。假设不同的商品在两个市场上具有相同的弹性，因此对商品 j 的需求可以写成 $Y_{i,t}(j) = \left(\frac{P_{i,t}(j)}{P_{i,t}} \right)^{-\lambda} Y_{i,t}$，其中 $i = H$，X；$P_{H,t}$ 为国内市场销售商品的价格总指数，$P_{X,t}$ 为出口价格指数。$Y_{X,t}$ 表示国内商品出口总需求，并由世界其他地区模型中的要素确定。

---

① 如 Rotemberg（1982）所言，菜单成本的存在会使两个市场逐渐调整商品价格。

成本最小化行为意味着存在以下一阶约束条件：

$$W_t = \frac{(1-\eta)(1-\Omega)Y_t MC_t}{N_t}, \tag{A.7}$$

$$W_t^E = (1-\eta)\Omega Y_t MC_t, \tag{A.8}$$

$$R_t = \frac{\eta Y_t MG_t}{K_t}, \tag{A.9}$$

其中，W_t^E 为企业主的工资率，R_t 为资本的租金率，MC_t 为边际成本。

由于企业间的利润最大化条件是对称的，因此最优价格设定方程按照总量条件可以写成：

$$P_{H,t} = \frac{\lambda}{\lambda-1}MC_t - \frac{\Psi_H}{\lambda-1}\frac{P_t}{Y_{H,t}}\frac{P_{H,t}}{P_{H,t-1}}\Big(\frac{P_{H,t}}{P_{H,t-1}}-1\Big)$$

$$+ \frac{\psi_H}{\lambda-1}E_t\Big[\Theta_t\frac{P_{t+1}}{Y_{H,t}}\frac{P_{H,t+1}}{P_{H,t}}\Big(\frac{P_{H,t+1}}{P_{H,t}}-1\Big)\Big], \tag{A.10}$$

$$S_t P_{X,t} = \frac{\lambda}{\lambda-1}MC_t - \frac{\psi_X}{\lambda-1}\frac{P_t}{Y_{X,t}}\frac{P_{X,t}}{P_{X,t-1}}\Big(\frac{P_{X,t}}{P_{X,t-1}}-1\Big)$$

$$+ \frac{\psi_X}{\lambda-1}E_t\Big[\Theta_t\frac{P_{t+1}}{Y_{X,t}}\frac{P_{X,t+1}}{P_{X,t}}\Big(\frac{P_{X,t+1}}{P_{X,t}}-1\Big)\Big], \tag{A.11}$$

其中，$\Theta_t = \beta\dfrac{\Big(C_{t+1}-\dfrac{\chi}{1+\varphi}H_{t+1}^{1+\varphi}\Big)^{-\sigma}}{\Big(C_t-\dfrac{\chi}{1+\varphi}H_t^{1+\varphi}\Big)^{-\sigma}}\dfrac{P_t}{P_{t+1}}$ 。

A.3 进口型企业

让 $Y_{M,t}$ 表示国内进口总需求。进口商品的价格指数为

$$P_{M,t} = \frac{\lambda}{\lambda-1}S_t P_t^* - \frac{\psi_M}{\lambda-1}\frac{P_t}{Y_{M,t}}\frac{P_{M,t}}{P_{M,t-1}}\Big(\frac{P_{M,t}}{P_{M,t-1}}-1\Big)$$

$$+ \frac{\psi_M}{\lambda-1}E_t\Big[\Theta_t\frac{P_{t+1}}{Y_{M,t}}\frac{P_{M,t+1}}{P_{M,t}}\Big(\frac{P_{M,t+1}}{P_{M,t}}-1\Big)\Big], \tag{A.12}$$

A. 4　非最终资本生产型企业

t 时期的总投资 $I_t = [\alpha^{\frac{1}{\gamma}} I_{H,t}^{(\gamma-1)/\gamma} + (1 - \alpha)^{\frac{1}{\gamma}} I_{M,t}^{(\gamma-1)/\gamma}]^{\gamma/(\gamma-1)}$ ，由国内投资品和进口投资品组成，价格与消费品价格一样，分别为 $P_{H,t}$ 和 $P_{M,t}$ 。

竞争性企业将投资 I_t 作为投入，与租赁资本 K_t 相结合，生产非最终资本品。成本调整为 $\frac{\psi_I}{2} \left(\frac{I_t}{K_t} - \delta \right)^2$ ，其中 δ 为折旧率。

非最终资本生产型企业选择 I_t 的最优条件可得到单位资本 Q_t 的名义价格。非最终资本生产型企业的成本最小化问题得到：

$$I_{H,t} = (1 - \alpha) \left(\frac{P_{H,t}}{P_t} \right)^{-\gamma} I_t \tag{A.13}$$

$$I_{M,t} = \alpha \left(\frac{P_{M,t}}{P_t} \right)^{-\gamma} I_t \tag{A.14}$$

A. 5　企业主

在区间 $[0, 1]$ 内，k 是一个企业主序列。每个企业主都能获得一种随机技术，将 $K_{t+1}(k)$ 单位的非最终资本转化为 $\omega_{t+1}(k) K_{t+1}(k)$ 单位的最终资本品。假设特有生产率 $\omega_t(k)$ 为 $i.i.d.$ ，来自分布函数 $F(\cdot)$ ，这是 $f(\cdot)$ 和 $E(\cdot) = 1$ 的概率分布函数[①]。

这里描述的是基准情景，企业主只能用外币向外国贷款人借款。在 t 时期末，企业主的预算约束为 $P_t NW_t(k) = Q_t K_{t+1}(k) - S_t D_{t+1}^F(k)$ ，其中 $NW_t(k)$ 为净资产，D_{t+1}^F 表示外币计价的债务。

企业主可以观测到生产率，但是贷款人却观测不到。按照 Curdia（2007，2008）的描述，本附录将贷款人对 $\omega_{t+1}(k)$ 的感知表达为 $\omega_{t+1}^*(k) = \omega_{t+1}(k) Q_t$ ，其中 $\ln(_t) = \rho \ln(_{t-1}) + \varepsilon$ 是给定区间 $[0, 1]$ 内的错误感知因子。我们将金融冲击的来源视为贷款人对特有生产率（ε_Q）

---

① 根据 Bernanke 等（1999）和 Gertler 等（2007），假定 $\log(\omega_t(k)) \sim N\left(\frac{1}{2} \sigma_\omega^2, \sigma_\omega^2 \right)$ 。

的认知变化。

企业主是事后观测 $\omega_{t+1}(k)$，但贷款人只能观测监测成本，并作为收益的一部分 μ。契约问题决定了企业主的资本需求 $K_{t+1}(k)$ 和临界值 $\overline{\omega}_{t+1}(k)$，低于这个临界值，借款人就会违约。

企业主和贷款人的预期收益等式分别为

$$E_t\left[R_{t+1}^K Q_t K_{t+1}\left(\int_{\overline{\omega}_{t+1}}^{\infty}\omega f(\omega)\,\mathrm{d}\omega - \overline{\omega}_{t+1}\int_{\overline{\omega}_{t+1}}^{\infty}f(\omega)\,\mathrm{d}\omega\right)\right]$$

$$= E_t\left[R_{t+1}^K Q_t K_{t+1} z(\overline{\omega}_{t+1})\right] \tag{A.15}$$

$$E_t\left[R_{t+1}^K Q_t K_{t+1}\left(\overline{\omega}_{t+1}^*\int_{\overline{\omega}_{t+1}}^{\infty}f(\omega^*)\,\mathrm{d}\omega^* + (1-\mu)\int_0^{\overline{\omega}_{t+1}}\omega_{t+1}^* f(\omega^*)\,\mathrm{d}\omega^*\right)\right]$$

$$= E_t\left[R_{t+1}^K Q_t K_{t+1} g(\overline{\omega}_{t+1};Q_t)\right] \tag{A.16}$$

其中，R_t^K 是事后资本收益率，$z(\overline{\omega})$ 是借款人收益占总收益的比重，$g(\overline{\omega};Q)$ 是贷款人收益占总收益的比重，预期收益本身是特殊冲击和感知因子的函数。

贷款人参与条件为

$$E_t\left[\frac{R_{t+1}^K Q_t K_{t+1}}{S_{t+1}}g(\overline{\omega}_{t+1};Q_t)\right] = (1+i_t^*)D_{t+1} \tag{A.17}$$

给定 $z(\overline{\omega}_t) + g(\overline{\omega}_t;Q_t) = 1 - v_t$，其中 v_t 是监测成本，企业主净资产又变为

$$P_t NW_t = \vartheta\left[R_t^K Q_{t-1}K_t(1-v_t) - (1+i_{t-1}^*)S_t D_t\right] + W_t^E \tag{A.18}$$

此刻 t 时离开的企业主不会消耗资本收益，退出的企业主消费 C_t^E 为

$$P_t C_t^E = (1-\vartheta)\left[R_t^K Q_{t-1}K_t(1-v_t) - (1+i_{t-1}^*)S_t D_t\right] \tag{A.19}$$

企业主对国内和进口消费品的需求函数为

$$C_{H,t}^E = (1-\alpha)\left(\frac{P_{H,t}}{P_t}\right)^{-\gamma}C_t^E \tag{A.20}$$

$$C_{M,t}^E = \alpha\left(\frac{P_{M,t}}{P_t}\right)^{-\gamma}C_t^E \tag{A.21}$$

A. 6　金融中介和宏观审慎政策

A. 7　货币政策

参见 A. 4。

A. 8　一般均衡

$$Y_t = Y_{H,t} + Y_{X,t}^*, \tag{A.22}$$

其中，

$$Y_{H,t} = C_{H,t} + C_{H,t}^E + I_{H,t} + (1 - \alpha)\left(\frac{P_{H,t}}{P_t}\right)^{-\gamma}$$

$$\left[\sum_{i=H,X}\frac{\Psi_i}{2}\left(\frac{P_{i,t}}{P_{i,t-1}} - 1\right)^2 + \frac{\Psi_M}{2}\left(\frac{P_{M,t}}{P_{M,t-1}} - 1\right)^2 + \upsilon_t\frac{R_t^K}{P_t}Q_{t-1}K_t\right], \tag{A.23}$$

$$Y_{X,t}^* = C_{M,t} + C_{M,t}^E + I_{M,t} + \alpha\left(\frac{P_{M,t}}{P_t}\right)^{-\gamma}$$

$$\left[\sum_{i=H,X}\frac{\Psi_i}{2}\left(\frac{P_{i,t}}{P_{i,t-1}} - 1\right)^2 + \frac{\Psi_M}{2}\left(\frac{P_{M,t}}{P_{M,t-1}} - 1\right)^2 + \upsilon_t\frac{R_t^K}{P_t}Q_{t-1}K_t\right] \tag{A.24}$$

B　校准

本附录使用文献中的既定值校准了一般新兴市场经济模型。表 B1 总结了消费、生产、企业主和货币政策模型参数。贴现因子 β 设定为 0. 99，意味着稳态下的无风险年回报率约为 4% （时间以季度衡量）。跨期替代弹性的倒数 σ 设置为 2，与其他文献保持一致。劳动力供给的弹性倒数 φ 为 2：开放度 $(1 - \sigma)$ 和资本在生产要素中的份额 η 均被设定为 0. 35，与 Gertler （2007） 等人观点一致。Devereux 等 （2006） 指出，同类差异化商品之间的替代弹性 λ 定为 11，意味着灵活价格平衡标记为 1. 1；所有行业的价格调整成本设置为 120。季度贬值率 δ 为 0. 025，文献中经常使用到该常规值。企业主的劳动份额 Ω 设定为 0. 01，即工资总额的 1% 属于企业主。关于货币政策，本章最初使用泰勒估计，并在基线校准中设置 $\varepsilon_\pi =$

1.5 和 $\varepsilon_Y = 0.5$。利率平滑参数度 $(\bar{\omega})$ 取值为 0.5。同样，ρ_ρ 取值为 0.5，意味着需要 9 个季度危机才能消退。国内经济的稳态杠杆率和季度外部风险溢价值分别设定为 0.3 和 200 个基点。Devereux 等（2006）指出，本附录将监测成本参数 μ 设置为 0.2（2006）。这些参数值意味着生存率 ϑ 约为 99.33%。

表 B1 消费、生产领域参数

$\beta = 0.99$	贴现因子
$\sigma = 2$	跨期替代弹性的倒数
$\gamma = 1$	国内外产品之间的替代弹性
$\varphi = 2$	劳动力供给的弗里希弹性倒数
$(1 - \sigma) = 0.35$	开放度
$\eta = 0.35$	资本在生产要素中的份额
$\lambda = 11$	国内商品之间的替代弹性
$\delta = 0.025$	季度贬值率
$\Omega = 0.01$	企业主劳动份额
$\psi_I = 12$	投资调整成本
$\psi_D = 0.0075$	家庭债务/GDP 风险溢价的响应能力
$\psi_i ; \psi_M = 120$	$i = H ; X$ 的价格调整成本
$\bar{\omega} = 0.5$	利率平滑参数
$\rho_Q = 0.5$	认知冲击的持久性
$\phi_\tau = 0.02$	外部风险溢价
$\mu = 0.2$	监测成本
$\vartheta = 0.9933$	生存率

第7章　资本流动和宏观审慎政策：
新兴亚洲框架

马特奥·F. 吉拉尔迪 (Matteo F. Ghilardi)[①]

和沙纳卡·J. 佩里斯 (Shanaka J. Peiris)[②]

7.1　引言：亚洲宏观审慎政策经验[③]

　　新兴亚洲在实施宏观审慎措施方面走在了全球前列。从 2000 年以来 13 个亚洲经济体和 33 个其他地区经济体的样本来看，亚洲广泛使用了与房地产相关的宏观审慎措施，特别是贷款价值比（LTV）上限使用更多（Zhang 和 Zoli，2014）。亚洲和其他地区对本币存款准备金要求的使用相当普遍，可能是将其作为一项货币政策工具来使用[④]。然而，亚洲地区却很少使用其他流动性工具、信贷限额、动态拨备[⑤]、消费贷款限制和资本措施。与中东欧/独联体（CEE/CIS）（外币计价贷款或指数贷款非常普遍）和拉丁美洲相比，亚洲地区较少采用阻止外币交易的措施。亚洲只在小范围内采用了基于居住地的资本流动管理措施。

　　自 2000 年初以来，由于亚洲各经济体不得不面对金融稳定的各类潜

　　①　国际货币基金组织，700 19th Street NW，华盛顿，DC 20431。电子邮件：mghilardi@ imf. org。

　　②　国际货币基金组织，700 19th Street NW，华盛顿，DC 20431。电子邮件：speiris@ imf. org。

　　③　本章基于国际货币基金组织 Ghilardi 和 Peiris 的工作论文《资本流动、金融中介和宏观审慎政策》（IMF，2014）。感谢在诺丁汉大学举行的 CFMC "有效的宏观审慎工具" 会议的组织者和参与者。

　　④　准备金要求在一些研究中被归类为宏观审慎政策（IMF，2013b）。

　　⑤　动态拨备需要在经济周期上升阶段建立储备缓冲，在经济周期转向时予以释放。

在威胁，亚洲所使用的宏观审慎工具存在明显的跨国差异。新西兰引入了核心融资率（core funding）的最低要求，最近还修订了宏观审慎框架，引入逆周期资本缓冲、部门资本要求和贷款价值比限制。中国香港和新加坡主要采用与住房相关的宏观审慎工具。除住房措施外，韩国还对银行非存款外币负债征税，并对银行外汇衍生品头寸设置上限。中国和印度经常把准备金要求作为货币政策工具来使用。在东盟经济体中，国内审慎工具和外汇存款准备金要求已经被使用。印度尼西亚和泰国采取了资本流动管理措施，其中前者规定了对中央银行票据的最低持有期，后者对非居民投资者征收预扣税。

为了了解亚洲和其他地区宏观审慎政策和资本流动管理政策是如何随着时间的推移而演变和建立起来的，本章构建了两个综合指数，即宏观审慎政策指数和资本流动措施指数①。基于这两个指数，宏观审慎政策立场似乎随着时间的推移出现了结构性紧缩趋势，特别是亚洲尤为明显（见图7.1）。宏观审慎政策在危机前的 2006—2007 年繁荣期使用最多，危机后随着资本回流，资产价格上涨，宏观审慎政策再次兴起。相比之下，亚洲各经济体不像其他地区收紧了基于居住地的资本流动措施或工具，以减缓外币交易。

针对 2000 年第一季度至 2013 年第一季度期间，亚洲宏观审慎政策和资本流动管理措施有效性的实证调查表明，与住房相关的宏观审慎工具有助于降低该地区的信贷增长、房价上涨和银行杠杆率（Zhang 和 Zoli，2014）②。与房地产相关的工具非常有效，包括 LTV 上限和房地产税。据估计，平均而言房地产相关工具紧缩在一个季度后使亚洲信贷增长降低了0.7 个百分点，一年后降低了 1.5 个百分点。这些工具对住房价格上涨的

①　鉴于某些宏观审慎措施和资本流动管理措施之间有所重叠，宏观审慎措施和资本流动管理措施之间的分类依据一定的判断。本章试图尽可能地按照 IMF（2012，2013b）讨论的宏观审慎政策和资本流动措施的广泛定义。

②　一些实证研究试图评估宏观审慎政策的有效性。对不同区域的国家进行抽样调查，会发现部分国家的政策和政策之间的差距很明显。按揭贷款上限、债务收入比及准备金要求等个别宏观审慎工具有效地抑制了过高的信贷增长和资产价格上涨（Lim 等，2011；Arregui 等，2013）。其他研究也表明宏观审慎政策可以遏制信贷繁荣（Dell'Ariccia 等，2012）。

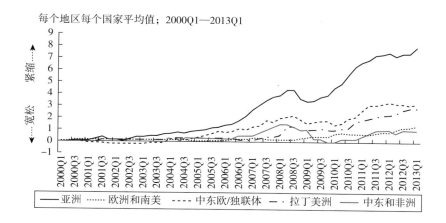

每个地区每个国家平均值；2000Q1—2013Q1

注：指数总结了与房地产相关的措施、信贷措施、准备金要求、动态拨备和核心融资率。所处国家组别中各国的简单平均值。

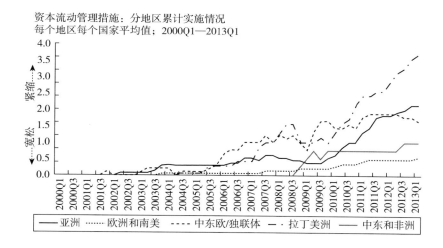

资本流动管理措施：分地区累计实施情况
每个地区每个国家平均值；2000Q1—2013Q1

注：指数总结了外币与基于居住地的措施。所处国家组别中各国的简单平均值。

图 7.1　宏观审慎政策和资本流动管理措施使用情况

影响更大，据估计与房地产相关的紧缩措施在一个季度后使房价涨幅降低了 2 个百分点。

其他与房地产无关的国内宏观审慎工具、限制外币交易措施以及基于居住地的资本流动管理措施对亚洲贷款、杠杆、住房价格上涨或投资组合资产的影响并不明显。然而，政策可能已经影响到金融体系风险分布和抵御系统性压力的能力。例如，与外汇相关的宏观审慎政策可以控制银行体系内的货币、期限和流动性错配，而不会对贷款增长和资产价格产生巨大影响。此外，必须认识到宏观审慎政策实施也有成本，主要来自较高的中介费用及其对长期产出的影响（Arregui 等，2013）。

由于宏观审慎政策似乎已缓解了亚洲金融风险的累积，因此今后在管理本区域资本流动波动带来的系统性风险方面，宏观审慎政策可以发挥重要作用。但是，如何进一步加强本地区现有的宏观经济政策框架？在资产价格下跌、信贷增长放缓、资本流动逆转的情况下，宏观审慎政策如何使用？虽然宏观审慎政策实施具有逆周期特征，尤其是在2008—2009年国际金融危机爆发时，但在金融周期转向时是否应该以及如何重新调整这些工具，还需要积累更多经验。不过，理论上应考虑放松宏观审慎政策，防止在金融周期下行阶段过度去杠杆化①。

在这一背景下，可以考虑采用逆周期资本要求（CCR）和动态拨备②，特别是高波动性情况下这两个工具可能是有效的，因为工具设计专门是基于在周期上升阶段建立缓冲，下降阶段释放使用。尽管几乎没有关于其有效性的经验证据，但这些工具似乎可以在高波动的情况下发挥作用，特别是在提高韧性以及整个周期内监管变化的可预测性方面，CCRs 是有用的。本章重点是评估 CCRs 在亚洲资本流动和宏观金融联系紧密情况下的潜在有效性③。

7.2 文献综述

人们早就意识到金融冲击对实体经济影响的重要性，但在2007年国际金融危机之前，为研究宏观金融联系而开发的多数一般均衡模型只关注信贷市场的需求方，特别是 Kiyotaki 和 Moore（1997）、Bernanke、Gertler

---

① 理论上讲，金融摩擦会造成金融体系的顺周期性，加剧经济周期波动，使用宏观审慎政策作为逆周期调节工具是合理的（见 Angeloni 和 Faia，2013）。

② 2010年中国推出了 CCR，2013年新西兰推出了 CCR 框架。

③ 除了数值模拟的理论练习和评估外，对 CCR 机制实际如何运作的实证研究有所缺失。

和 Gilchrist（1999）、Iacoviello（2005）和 Gertler、Gilchrist 和 Natalucci（2007）引入了信贷和抵押品要求来分析金融冲击的传导和放大机制。此类模型避免假设信贷交易完全通过市场进行，不考虑银行等金融中介机构。在均衡状态下产生的信用利差（外部融资溢价）是企业家投资项目风险和其净财富的函数。银行在完全竞争下经营，只有需求端发生变化。银行在现代金融体系中的地位越来越重要，全球危机表明，金融中介的作用不容忽视，我们需要对信贷供给进行建模，以更好地理解经济周期波动。同时，建立信贷供给模型对于研究源于信贷市场的冲击传导或金融稳定风险也至关重要。为此，2007 年国际金融危机后，人们开发了一些模型来研究金融冲击的影响和传导，以及实体冲击如何通过银行摩擦被放大。Gertler 和 Karadi（2011）、Gertler 和 Kiyotaki（2010）引入了信贷供给端的金融加速器。在该框架中，银行受到激励约束，限制了从储户处筹集资金的规模。Curdia 和 Woodford（2010，2011）使用异质代理框架研究常规和非常规货币政策应该如何应对各种实体和金融扰动。Gerali、Neri、Sessa 和 Signoretti（2010）研究了信贷供给因素和货币政策在该框架中的重要性，在这个框架中，银行发放抵押贷款，贷款利润率取决于银行的资本资产比和价格黏性程度。

除了信贷供给摩擦和冲击作用外，宏观金融文献还考虑了引入金融监管和宏观审慎监管的好处。可以确定有两类主要文献：第一类研究过度借贷如何扭曲主体的决策。在这种情况下，负外部性的产生是因为个体决策的结果没有被主体内部化，而监管可以使主体内部化与其决策相关的负外部性。Bianchi 和 Mendoza（2011）、Jeanne 和 Korinek（2010）、Bianchi（2011）中可以找到一些关于过度借贷如何产生负外部性以及金融监管如何缓解负外部性的例子。第二类研究的重点是宏观审慎政策如何减轻冲击影响以及与货币政策的相互作用。相关文献包括 Angeloni 和 Faia（2009）、Angeloni 和 Faia（2009）、Kannan、Rabanal 和 Scott（2009）、N'Diaye（2009）、Unsal（2013）。这些文献认为宏观审慎政策具有重要作用，金融监管政策和货币政策之间的相互作用不容小觑。文献还提到需求端的"金融加速器"框架，但缺乏一个全面具体的银行业模型来衡量金融稳定和信贷供给冲击。

本章建立了一个以微观为基础的银行业模型，沿用第二类研究思路，将银行资本要求作为宏观审慎工具的选择主要有两个原因：一是根据以往的经验，系统性危机必然会直接或间接地影响银行资本和信贷供给，所以在当前关于监管改革的争论中，银行资本占据中心位置也就不足为奇了。逆周期资本缓冲可以看作是《巴塞尔协议Ⅲ》引入逆周期资本规则的一个例子。二是逆周期风险权重和拨备率作为宏观审慎政策工具在亚洲被频繁使用，也主要是通过银行资本渠道发挥作用。

7.3　模型

本节将回顾该模型，关于该模型的完整描述请参考 Ghilardi 和 Peiris（2014）。核心框架是沿用 Obstfield 和 Rogoff（1995）、Galì 和 Monacelli（2005）、Gertler 等（2007）的思路建立的开放经济模型。主要内容是 Gertler 和 Karadi（2011）以及 Gertler 和 Kiyotaki（2010）开发的以微观为基础的银行部门模型。银行部门的金融加速器机制将贷款需求与银行的资产负债表挂钩。因此，经济冲击会通过银行的资产负债表被放大。下文首先描述该模型的参与者，然后讨论如何建立宏观审慎政策模型。

7.4　经济主体

家庭。家庭分为银行家和工人。他们消费、工作，并以银行存款和国内外债券的形式参与金融市场。消费包括本国生产的商品和外国商品。为了激励购买外国债券，本章假设外国借贷是有风险溢价的。

银行。在该模型中，银行向其他银行借款，并向企业提供贷款。金融摩擦通过银行可用资金来影响实体活动。与 Gertler 和 Karadi（2011）、Gertler 和 Kiyotaki（2010）一样，我们假设家庭和银行之间存在金融摩擦，而银行和非金融企业之间的资金转移不存在摩擦。给定存款规模，银行可以根据非金融企业的未来收益无摩擦地进行贷款。为了引入内生约束，假设银行从储户获得资金后，银行经理可以将一部分资金转移给他的家庭。在认识到这种可能性的情况下，家庭会限制其借出的资金量。

企业。在该模型中，有三种类型的企业：资本生产者、商品生产者和零售部门。资本生产者只是生产新的资本，然后销售给商品生产者，其特点是总投资由国内和国外的商品组成。商品生产者根据以资本和劳动为投入的柯布—道格拉斯生产函数进行生产。零售部门使用同质的批发商品来生产一篮子差异化的商品供消费。模型也指出了名义价格黏性的来源。

中央银行。中央银行根据泰勒规则调整政策利率来实施货币政策。本章考虑了两种规则：第一种规则使用基准情景，使用标准的泰勒规则，包括滞后利率、预期通胀和产出缺口。第二种规则采用的是逆风型规则。此外，它还对信贷增长作出反应。

由于我们要研究资本监管的影响，模型中宏观审慎政策会影响银行资本，更准确地说会影响现有银行家的净资产。为此，我们假设当银行的杠杆率偏离监管给定的目标时，银行必须付出一定的代价。模型中银行家的净资产为

$$NW_t = \left((\theta + \xi)(Z_t + (1 - \delta)Q_t)S_t - R_tD_{t-1} - pen \times f\left(\frac{NW_t}{Q_tS_t} - MP_t\right) \right)BC_t$$

其中，NW_t 表示银行家的净资产，S_t 为贷款，Q_t 是各自商品的价格，D_{t-1} 表示存款，R_t 为存款利息。参数 θ 表示银行家在下期经营的存活概率，ξ 表示银行家开始经营活动时转移的资金，δ 为折旧率。

$pen \times f\left(\frac{NW_t}{Q_tS_t} - MP_t\right)$ 代表偏离特定宏观审慎目标的惩罚，代表了银行在宏观审慎政策形式下所面临的资本要求。我们将 MP_t 表示为

$$MP_t = (1 - \rho_{MP})MP + (1 - \rho_{MP})(X_t - X) + \rho_{MP}MP_t$$

设定 MP 的稳态水平等于杠杆率的稳态水平，变量 X_t 等于产出增长率。在这种情况下，X_t 的正值对应的是逆周期政策，经济好时资本要求会增加（银行必须为既定的贷款量持有更多的资本），而在经济衰退时，资本要求会减少。这与《巴塞尔协议 II》的监管改革建议一致。最后，BC_t 代表银

行资本冲击。

7.5 宏观审慎政策如何降低顺周期性

为了说明宏观审慎政策在降低顺周期性方面的作用，笔者比较了一个没有宏观审慎政策的经济体和一个有一套降低顺周期性政策经济体的几种金融和非金融冲击的影响。本章考虑了三种类型的冲击：外国借款冲击、银行资本冲击和资产价格冲击。

结果指出，以逆周期资本监管为特征的宏观审慎政策是提高金融体系乃至整个经济韧性的有力工具。所有冲击中，我们发现银行资本的波动性下降，杠杆率也会下降，并将通过贷款额和投资额影响实体经济。因此，宏观审慎政策降低了实体经济的波动性，有助于防止典型的繁荣和萧条周期。

图7.2显示了外国借款冲击的影响。正如预期一样，较高的外国借款通过投资渠道增加了未来的资本供给，而投资渠道又对未来相对于资金成本的预期收益率上升作出反应。其结果是资本流入激增之后，需求和流入压力增加，同时经济中的信贷增长繁荣。最后，利率上升，实际汇率升值。在模型中，这种机制被进一步放大，由于允许银行从国外借贷，金融加速器机制在发挥作用。虚线和实线的对比中显示了逆周期资本监管的效果。起作用的机制很简单，增加对外借款会扩大银行业的资产负债表，进而增加净资产。资本监管模式是对过高杠杆率进行的惩罚，以抵消中间人净资产的积累，从而减少贷款额乃至投资额。

图7.3显示了银行资本冲击的反应。如前所述，它清楚地表明了金融稳定对经济周期波动的重要性，以及在冲击的扩大和传导中需要考虑供给端金融加速器效应。初始扰动因素是外生的资本质量下降或银行资本冲击。我们试图以一种简单的方式来捕捉引发中间资产价值下降的外生力量，如大量的不良资产。在模型经济中，最初的外生性下降会以两种方式被放大。第一，由于银行的杠杆作用，资产价值下降对银行净资产影响被增强，其系数等于杠杆率。第二，净资产下降收紧了银行借贷约束，诱发

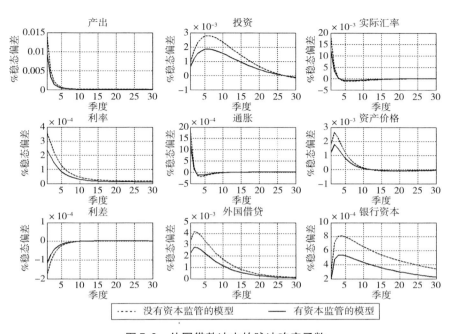

图 7.2　外国借款冲击的脉冲响应函数

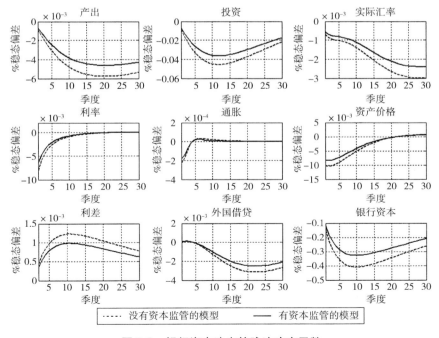

图 7.3　银行资本冲击的脉冲响应函数

银行紧急抛售资产，进一步压低资产价值。由于资产价值下降导致投资和产出下降，危机就会反馈到实际活动中。金融危机期间的传导机制体现在资本预期收益和无风险利率之间的利差行为上。在金融摩擦的情况下，利差作为银行净资产下降的产物而上升。资本成本的增加是造成投资和产出大幅下降的原因。金融因素也是导致缓慢恢复的原因。为了减少资本预期回报率和无风险利率之间的利差，银行净资产必须增加。只要利差高于趋势，金融因素就会拖累实体经济。在整个收敛过程中，银行实际上是在去杠杆化，因为它们在积累相对于债务的权益。通过这种方式，该模型捕捉到了去杠杆化过程是如何减缓经济复苏的。

最后，图 7.4 显示了资产价格冲击的影响。资产价格上涨放松了金融约束，刺激银行发放贷款，增加投资和产出，导致银行资本积累，为

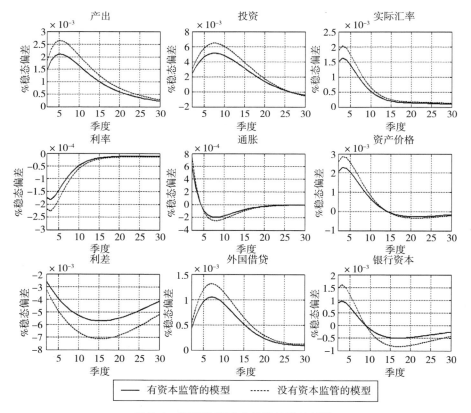

图 7.4 资产价格冲击的脉冲响应函数

进一步贷款创造条件。资产价格上涨还导致短期汇率升值和资本流入激增，造成宏观经济过热。此外，在没有技术进步的情况下，资本流入增加会导致加息。在这种情况下，宏观审慎政策也是减少经济波动的有效工具。

7.6　宏观审慎政策与货币政策和逆风而行政策的相互作用

货币政策与宏观审慎政策的相互作用表明，通过将修改后的泰勒规则与宏观审慎政策相结合，可以最大限度地减少宏观金融的不稳定性。本节将研究逆周期资本宏观审慎政策如何与货币政策相互作用。

为了评估两个政策相互作用的重要性，本章考虑了四种情景。一是采用了标准的泰勒规则，对滞后利率、预期增长和产出缺口进行加权。二是修改了泰勒规则，加入了信贷增长权重。在这种情景下，本章分析了修改后的泰勒规则是否能减少福利损失，从而稳定经济。三是旨在显示宏观审慎政策的重要性，为此在分析中引入宏观审慎框架，并使用标准的泰勒规则。四是在宏观审慎政策框架中采用增强的泰勒规则。我们将最后一种情景视为参考情景。

表 7.1 显示了福利损失的计算结果。为了计算与消费等值的福利损失，本章采用 Schmitt – Grohè 和 Uribe（2007）描述方法，计算出福利损失使用效用函数的二阶近似值，代表了在给定政策规则下，面对 1% 的既定冲击，使福利等同于参考情景下所需的消费部分（按百分比计算）。

表 7.1　　　　　　　　　福利损失

项目	福利损失
国外借贷冲击	
泰勒规则	0.352
含有信贷增长的泰勒规则	0.268
泰勒规则与宏观审慎政策	0.082
含有信贷增长与宏观审慎政策的泰勒规则	——

续表

项目	福利损失
银行资本冲击	
泰勒规则	0.434
含有信贷增长的泰勒规则	0.31
泰勒规则与宏观审慎政策	0.104
含有信贷增长与宏观审慎政策的泰勒规则	—
资产价格冲击	
泰勒规则	0.396
含有信贷增长的泰勒规则	0.274
泰勒规则与宏观审慎政策	0.094
含有信贷增长与宏观审慎政策的泰勒规则	—

表 7.1 强调的第一个结果是宏观审慎政策框架中的增强型泰勒规则更为有效，因为在所有情况下福利损失都为正。

第二个结果是当金融冲击经济时，福利损失更大，特别是银行资本冲击产生的福利损失最大，其次是资产价格冲击。反过来说，宏观审慎政策，乃至一般的金融稳定政策对这些冲击产生的结果是最好的。对于银行资本冲击，在宏观审慎政策框架下，标准泰勒规则情景和增强泰勒规则情景的差值为 0.434。同样，对于资产价格冲击，两者的差值为 0.396。这一差值与对外借款相当，但并不那么明显。

第三个结果表明宏观审慎政策比标准泰勒规则和含有信贷增长的泰勒规则更有效果。这可以从模型中引入宏观审慎政策时的福利损失差值中看出。以国外借款冲击为例，在福利方面，标准泰勒规则和增强后的泰勒规则之间的差值是 0.840（第 1 行和第 2 行之间的差值）。但是，当考虑宏观审慎政策时，两者之间的差值变成了 0.270（第 5 行和第 3 行之间的差值）。当这一政策选项被纳入宏观审慎政策框架时，泰勒规则与信贷增长的作用相对较小。在这种情况下，福利损失差值为 0.082，且适用于所有冲击，意味着如果中央银行想减轻负面金融冲击的影响，宏观审慎政策比泰勒规则中针对金融变量的政策更为有效。

总的来说，金融稳定，特别是资本类宏观审慎措施，在稳定政策和稳定金融冲击方面起着至关重要的作用。

7.7　结论

本章评估了新兴亚洲资本流动、宏观金融联系和宏观审慎政策的作用。利用 DSGE 模型表明宏观审慎措施可以有效地补充货币政策，以应对大多数类型的外生冲击。逆周期性的宏观审慎政策可以帮助降低宏观经济波动性，并与修改后的泰勒规则结合起来提高福利。研究结果还表明了亚洲新兴经济体资本流动和金融稳定对经济周期扩张的重要性，以及供给端金融加速器效应对冲击放大和传导的重要性。

资产价格和银行贷款是亚洲新兴国家资本流入的主要渠道。亚洲新兴国家大量资本流入可能会导致宏观经济过热压力，如通货膨胀和实际汇率升值，以及金融稳定风险，因为资本流入刺激了资产价格上涨和信贷增长快速上升。分析表明，应对金融和国外冲击的最佳对策是实施逆周期的宏观审慎政策，因为这些政策有助于降低宏观经济波动性和金融体系的顺周期性，并结合对信贷增长给予一定权重的修正泰勒规则。事实上，正如福利分析所显示的那样，在所考虑的政策选项中，如果将逆周期性调控与增强的泰勒规则结合起来，福利损失就会最小化。与考虑采取直接措施控制资本流入和大规模外汇干预相比，这似乎是一个更有吸引力的选择，事实证明即使在没有优化银行部门的模型中，这些措施也是次优的。

例如，金融不稳定或不良贷款引发的银行资本冲击，通过宏观—金融联系对实体经济产生了广泛而显著的影响。该模型揭示了金融危机的主要传导机制，显示了银行杠杆如何放大资本的初始冲击，并收紧银行的借贷约束，从而有效地诱导抛售资产。由于资产价值下降对投资和产出大幅下降负有责任，因此危机会反馈到实际活动中。通过这种方式，该模型捕捉到了去杠杆化过程如何延缓复苏，正如在国际金融危机和亚洲金融危机中观察到的那样。这种传导机制还强调了保持足够银行资本缓冲的重要性，避免信贷快速增长，因为信贷快速增长往往会导致不良贷款激增，以及资产价格在放大经济周期方面的作用。在此，宏观审慎政策可以通过将修改后的泰勒规则与逆周期资本要求相结合，以最大限度地降低宏观金融不稳定。

参考文献

Angeloni I. and E. Faia (2009). "A tale of two policies: Prudential regulation and monetary policy with fragile banks," *Kiel Working Papers*, no 1569, Kiel Institute for the World Economy.

Angeloni I., and Ester F. (2013). "Capital regulation and monetary policy with fragile banks," *Journal of Monetary Economics*, vol 60, no 3, 311–324.

Arregui, N., J. Benes, I. Krznar, S. Mitra and A. Oliveira Santos (2013). "Evaluating the net benefits of macroprudential policy: A cookbook," *IMF Working Paper*, no 13/167 (Washington: International Monetary Fund).

Bernanke, B., M. Gertler and S. Gilchrist (1999). "The financial accelerator in a quantitative business cycle framework." In J. B. Taylor and M. Woodford (Eds.) *Handbook of Macroeconomics*, vol 1, 1341–1393. Amsterdam: North-Holland.

Bianchi, J. (2011). "Overborrowing and systemic externalities in the business cycle," *American Economic Review, American Economic Association*, vol 101, no 7, 3400–3426.

Bianchi J. and E. G., Mendoza (2011). "Overborrowing, financial crises and macro-prudential policy," *IMF Working Papers*, no 11/24, International Monetary policy and the financial Accelerator," *Journal of Money, Credit and*

Curdia V. and M. Woodford (2010). "Credit spreads and monetary policy," *Journal of Money, Credit and Banking, Blackwell Publishing*, vol 42, no s1, 3–35.

(2011). "The central-bank balance sheet as an instrument of monetary policy," *Journal of Monetary Economics*, Elsevier, vol 58, no 1, 54–79.

Dell'Ariccia Giovanni, G., D. Igan, L. Laeven, H. Tong, B. B. Bakker and J. Vandenbussche, 2012, "Policies for macrofinancial stability: How to deal with credit booms," *IMF Staff Discussion Note*, no 12/06 (Washington: International Monetary Fund).

Galì J. and T. Monacelli, 2005. "Monetary policy and exchange rate volatility in a small open economy," *Review of Economic Studies, Wiley Blackwell*, vol 72, no 3, 707–734.

Gerali A., S. Neri, L. Sessa, F. M. Signoretti (2010). "Credit and banking in a DSGE model of the euro area," *Journal of Money, Credit and Banking, Blackwell Publishing*, vol 42, no s1, 107–141.

Gertler M., S. Gilchrist and F. Natalucci (2007). "External constraints on monetary policy and the financial Accelerator," *Journal of Money, Credit and*

Banking, vol 39, 295–330.

Gertler, M. and P. Karadi (2011). "A model of unconventional monetary policy," *Journal of Monetary Economics, Elsevier*, vol 58 no 1, 17–34.

Gertler, M. and N. Kiyotaki (2010). "Financial intermediation and credit policy in business cycle analysis." In B. M. Friedman and M. Woodford (Eds.). *Handbook of Monetary Economics*, Vol 3, 547–599. Philadelphia: Elsevier.

Ghilardi M. F. and S. J. Peiris (2014). "Capital flows, financial intermediation and macroprudential policies," *IMF Working Papers*, no 14/157, International Monetary Fund.

Iacoviello M. (2005). "House prices, borrowing constraints, and monetary policy in the business cycle," *American Economic Review, American Economic Association*, vol 95, no 3, 739–764.

International Monetary Fund, 2008, "Exchange rate assessments: CGER methodologies," *Occasional Paper*, no 261 (Washington).

2012, "The liberalization and management of capital flows – An institutional view" (Washington: International Monetary Fund).

2013a, "The interaction of monetary and macroprudential policies – Background paper" (Washington).

2013b, "Key aspects of macroprudential policy" (Washington).

2014c, "Regional economic outlook: Asia and Pacific," April (Washington).

Jeanne, O. and A. Korinek (2010). "Managing credit booms and busts: A Pigouvian taxation approach," *NBER Working Papers*, no 16377, National Bureau of Economic Research, Inc.

Kannan P., P. Rabanal and A. Scott (2009)."Monetary and macroprudential policy rules in a model with house price booms," *IMF Working Papers*, no 09/251, International Monetary Fund.

Kiyotaki, N. and J. Moore (1997). "Credit cycles," *Journal of Political Economy, University of Chicago Press*, vol 105, no 2, 211–248, April.

Lim, C., F. Columba, A. Costa, P. Kongsamut, A. Otani, M. Saiyid, T. Wezel and X. Wu (2011). "Macroprudential policy: What instruments and how to use them? Lessons from country experiences," *IMF Working Paper*, no 11/238 (Washington: International Monetary Fund).

N'Diaye, P., 2009, "Countercyclical macroprudential policies in a supporting role to monetary policy," *IMF Working Paper*, no WP/09/257.

Obstfeld M. and K. Rogoff (1995). "Exchange rate dynamics redux," *Journal of Political Economy*, vol 103, no 3, 624–660, June.

Schmitt-Grohe, M. and M. Uribe (2007). "Optimal simple and implementable monetary and fiscal rules," *Journal of Monetary Economics*, vol 54, no 6, 1702–1725.

Unsal D. F. (2013). "Capital flows and financial stability: Monetary policy and macroprudential responses," *International Journal of Central Banking, International Journal of Central Banking*, vol 9, no 1, 233–285, March.

Zhang, L. and E. Zoli (2014). "Leaning against the wind: Macroprudential policy in Asia," *IMF Working Paper*, no 14/22 (Washington: International Monetary Fund).

第8章　全球化世界中的宏观审慎政策

丹尼斯·莱因哈特（Dennis Reinhardt）

和莱安诺·索沃布茨（Rhiannon Sowerbutts）[1]

8.1　引言：宏观审慎政策与银行业全球化

国际金融危机后，监管改革发生了重大而深远的变化，宏观审慎政策成为大多数中央银行工具箱的一部分。宏观审慎工具使用频繁，国际货币基金组织（IMF）最近的一项调查显示，截至 2013 年末，已有超过 40 个国家使用了一种或多种宏观审慎工具[2]。欧洲系统性风险委员会（ESRB）网站列出了欧盟国家 2014 年采取的 50 多项宏观审慎政策，2015 年则超过 90 项。捷克、中国香港、瑞典和挪威将逆周期资本缓冲设定了正比率，而英国金融政策委员会已经宣布当风险"既未抑制，也未提升"时，逆周期资本缓冲将设定在 1% 左右。事实上，不仅学术界和政策制定者密切关注宏观审慎政策，自危机爆发以来普通大众对宏观审慎政策的兴趣急剧上升，如谷歌趋势图 8.1 所示。

迄今为止，政策制定者重点关注国内影响。本章研究了各国关于宏观审慎政策的通知和新闻报道，发现很少提及对其他国家的跨境影响。通常

①　Dennis Reinhardt 是英格兰银行国际部高级经济学家，Rhiannon Sowerbutts 是英格兰银行金融稳定战略和风险部高级经济学家。感谢 Philip Turner 提出的宝贵意见和建议。本章只代表个人观点，不代表英格兰银行或货币政策委员会、金融政策委员会或审慎监管局董事会观点。

②　参见 Cerutti，Claessens 和 Laeven（2015）中 IMF 关于全球宏观审慎工具调查（Global Macroprudential Policy Instruments，GMPI）中的有关描述。

认为，狭隘的宏观审慎政策有利于稳定本国金融体系，也将间接地稳定其他国家金融体系。

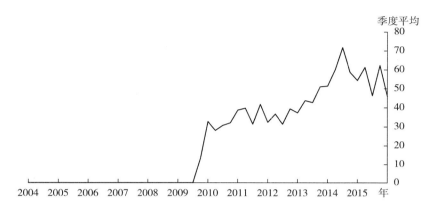

注：图中数字反映了相对于整个时间周期内的搜索量，特定时间内的搜索量多少。图中指标并不是绝对值，而是标准化后的数据，范围为 0～100。当数据不足时，数值为 0。

图 8.1　危机后宏观审慎政策研究兴趣不断上升

（资料来源：谷歌趋势（Google Trends））

然而，金融体系并不是封闭的国内体系，而是与全球有着密切的联系。Lane 和 Milesi – Ferretti（2007，更新至 2011 年）使用了一个简单的跨境金融一体化指标，即发达经济体外国（即对外持有的）资产负债总和占 GDP 的比重。图 8.2 显示了 20 世纪 90 年代末以跨境金融一体化指标衡量的全球化快速发展，发达经济体外国资产负债总和占 GDP 达 600% 左右，创出新高。这一时期，跨境金融一体化有两个加速阶段，第一阶段是 20 世纪 90 年代中期跨境规模急速上升，第二阶段是 2004—2007 年进一步加快。虽然 2008 年跨境规模大幅萎缩，但随后回升并保持高位。银行对外资产负债同样增长迅速，尽管危机过后有所回落，但相对于国内生产总值而言，占比仍然很高。

由于欧洲货币联盟和一体化监管，欧洲金融全球化尤为重要。图 8.3 显示了全球非银行机构从境外银行借款总额[1]。值得注意的是，与美国、

———

① 非银行包括非银行金融机构、企业和居民。

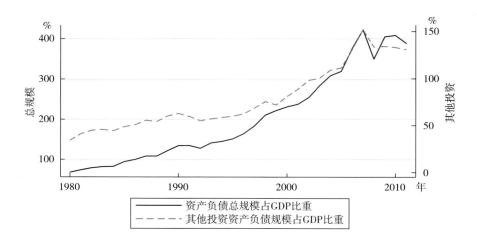

图8.2　发达经济体跨境资产负债规模占GDP比重

（资料来源：IMF《世界经济展望报告》、Lane 和 Milesi – Ferretti（2007））

日本等其他发达经济体相比，大多数欧洲国家，特别是英国此类借款
更高。

如图8.3所示，境外银行在英国银行体系中发挥着重要作用。2013
年，英国有来自56个不同国家的150家吸收存款的境外分行和98家境外
子行。按居住地计算，境外银行资产约占英国银行业资产的一半，最大的
十家境外子行在英国资产规模（包括其非吸收存款实体）合计约2.75万
亿英镑。境外分行资产约占以英国为居住地银行总资产的30%，银行间贷
款的三分之一（Bush，Knott 和 Peacock，2014；Hoggarth，Hooley 和
Korniyenko，2013）。全球近五分之一的全球银行业务在英国进行，以英国
为居住地的银行持有的国外资产负债规模占英国GDP的比重在350%以
上，是经济合作与发展组织（OECD）国家中位数的四倍多。

本章讨论了银行业全球化给宏观审慎政策带来的挑战和机遇，资本流
动会造成过度借贷、金融外部性（Pecuniary Externalities），进而影响宏观
审慎政策发挥作用；本国监管范围有限，意味着监管资源使用不均衡，可
能会改变宏观审慎政策的有效性；国内宏观审慎行动可能会对国外产生溢
出效应。本章还讨论了国际层面上宏观审慎政策互惠和协调情况。

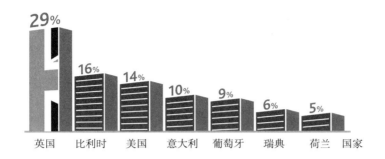

注：①英国有 150 家吸收存款的境外分行、近 100 家吸收存款的境外子行。

②境外分行资产约占以英国为居住地银行总资产的 30%，高于其他大多数经济体。

③本图使用日本、美国和 10 个欧洲大型经济体的数据，从高到低显示了该类统计的经济体顺序。

图 8.3　英国银行体系

危机前，传统上认为金融全球化有积极作用，通过消除资本自由流动障碍，各国可以获得资本流动的好处。然而，最近欧洲资本流动逆转的经验表明，即使是发达经济体也易受到资本账户开放带来的意外影响，特别是当资本流动固有的顺周期性没有得到有效解决时。

Brunnermeier 和 Sannikov（2015）、Korinek（2011）和 Bianchi（2011）都论述过这种现象，指出了宏观审慎政策在开放经济体模型中的作用。与大多数封闭经济体模型鼓励使用宏观审慎政策一样，每篇论文都阐述了企业过度借贷的外部性。一般而言，封闭经济体模型中没有考虑经济下行时抛售资产对其他国家的负外部性，而开放经济体模型允许一国从他国融资用于借贷。

开放经济体对实施宏观审慎政策带来额外挑战，加剧金融外部性，致使资本流动逆转，破坏金融稳定。每篇论文针对这种影响都有不同的看法。Brunnermeir 和 Sannikov（2015）的论文指出，企业借贷太多是因为其没有意识到产能增加降低了销售价格，恶化了贸易条件。每家企业杠杆增加使国内所有企业进一步面临风险，因为负债企业受到不利冲击会增加对资金中断的担忧，从而通过抛售资本来削减产能。Bengui（2011）的论文指出，将债务与市场价格挂钩的信贷约束产生了一种外部性，导致私人代理人过度借贷。由于债务和信贷约束部分是在非贸易部门收入基础上加杠杆，非贸易商品相对价格的变化会引起境外融资急剧地、突然地调整。Korinek（2011）的论文指出代理人承担了过多的外债。国内借款人未能认识到，美元债务的逆周期偿付不仅会增加每个代理人可支配收入的波动性，还会使总需求和汇率变得更不稳定。所有论文都认为，限制借贷的宏观审慎政策和资本管制措施可以改善福利。

8.2　宏观审慎政策在行动

一个好消息是宏观审慎工具已经用于解决系统性风险累积、债务过高等问题。图8.4显示，Reinhardt和Sowerbutts（2015）说明了发达经济体和新兴市场经济体一段时间内实施宏观审慎政策的数量。虽然新兴市场经济体更倾向于使用宏观审慎工具，但危机以来，发达经济体使用宏观审慎工具明显增多。

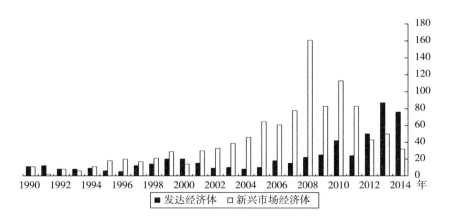

图8.4　历年宏观审慎政策行动数量

（资料来源：Reinhardt和Sowerbutts（2015）根据BIS、IMF、
中央银行和监管部门的网站和出版物，以及作者与监管当局的交流。
本章尽可能地收集了更多数据，但不应视为最终统计数据）

　　本章收集数据时遇到了一些问题。不同监管机构负责实施不同的宏观审慎工具，加之没有一个国际机构负责收集宏观审慎行动的信息，意味着收集其他国家宏观审慎政策变化的信息不仅困难而且耗时。欧洲系统性风险委员会（ESRB）已经将欧盟各成员国收到的通知汇总成一个数据库，但只涵盖了欧盟和挪威；IMF（Lim 等，2011）也进行了调查，但调查数据可靠性较差；Kuttner 和 Shim（2013）从不同来源建立了房地产领域的宏观审慎政策数据库。本章综合了以上所有数据库，还查阅了监管机构和中央银行发布的《金融稳定报告》等一手资料，研究了宏观审慎政策会议上的发言，并与世界各国中央银行进行了沟通交流①。

　　宏观审慎工具实施呈现出巨大的地域差异。虽然危机前新兴市场经济体宏观审慎政策实施居多，但危机后发达经济体宏观审慎政策实施数量明显增加（见图 8.4）。西欧、中东欧等欧洲地区主要使用资本工具，而亚洲

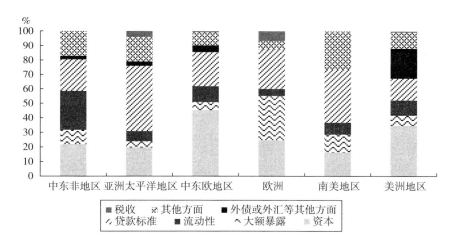

图 8.5　各地区宏观审慎工具使用情况

（资料来源：Reinhardt 和 Sowerbutts（2015）根据 BIS、IMF、中央银行和监管部门的
网站和出版物，以及作者与监管当局的交流。

本章尽可能地收集了更多数据，但不应视为最终统计数据）

---

　　①　英格兰银行建立了"中央银行研究中心"，该中心为世界各地的中央银行和监管机构举办研讨会并提供专家建议。

地区更多地使用贷款标准工具（lending criteria instruments）。欧洲和大洋洲基本上不使用准备金要求，而南美则更频繁地使用该工具（见图 8.5）。不同地区使用不同工具的差异性，反映出各经济体在金融体系、法律制度、信贷周期和系统性风险来源方面的多样性。然而，监管部门和学界仍然需要进一步研究选择不同宏观审慎工具的原因，加深对金融体系结构特征，特别是不同工具之间有效性的理解。

鉴于政策的相关性，部分学术论文研究了宏观审慎政策在国内的影响。这些论文大多使用跨国面板回归方法（cross - country panel regressions），一般根据所研究国家和时间的不同而不同，且并没有直接研究金融失衡，而是集中在与金融不稳定的相关变量上。大多数论文研究了宏观审慎政策对房价和信贷规模的影响，认为这些领域数据可获得性高，且是评估系统性风险的间接指标。虽然分析过程不可避免地会存在一些缺陷，但论文结果大致相同，宏观审慎政策对信贷增长和房价上涨均有影响，尽管影响偶尔是温和的。

Lim 等（2011）利用 10 种宏观审慎工具进行跨国面板回归，发现大多数宏观审慎工具都是有效的。研究引入贷款价值比（LTV）和债务收入比（DTI）限制后，发现信贷增长的顺周期性降低了 80%，但外汇贷款限制、其他资本工具和利润分配限制对信贷增长没有显著影响。Kuttner 和 Shim（2012）研究了多种工具，发现在短期和长期内 DTI 限制都能有效抑制抵押贷款增长。只有 LTV 和大额暴露限制会影响房价上涨，但 LTV 影响不大（房价下跌约 4%）。其他工具同时实施才会有影响，但分别研究各自影响比较困难。Vandenbussche 等（2012）针对中东欧的研究表明，资本要求的变化可以降低房价，LTV 上限、DTI 上限、准备金要求或拨备规则影响不明显。作者指出银行执行政策会存在大量漏损（leakage），如境外母行直接贷款，而不是通过受监管的子行发放贷款，或者其他规避措施导致。

最后，宏观审慎政策可以通过不同的方式进行规避是本章关于全球化世界中宏观审慎政策的核心。全球资本流动可以发挥宏观审慎政策作用，但同时全球化的世界也会削弱政策效果。此外，宏观审慎政策也会对其他国家产生影响，因为银行会调整其资本头寸和贷款以遵守监管新规。

8.3 宏观审慎政策跨境溢出和漏损：理论和证据

宏观审慎政策影响邻国有多种传导渠道。有些跨境传导渠道可能与某一种宏观审慎工具相关，而与其他工具无关。关于这方面的理论研究比较少。Jeanne（2014）提供了一个简单的框架研究小型开放经济体宏观审慎政策。他指出，国内宏观审慎政策和审慎资本控制都会产生国际溢出效应，因为一国国内宏观审慎政策会降低全球投资需求，拉低全球均衡利率。如果各国能够立即作出反应，完美地实施宏观审慎政策，那么就能够抵消不利影响，但如果不能，就会产生负面效应。Bengui 和 Bianchi（2014）对资本流动作用的研究更为清晰。作者研究了宏观审慎政策的不完美应用如何导致未受监管的部门比没有监管的情况下借入更多的资金，这是因为受监管的代理人提供了一种隐性担保。

本节研究了宏观审慎政策的漏损和溢出效应。溢出效应（Spillovers）研究一国实施宏观审慎政策对世界其他国家的影响。漏损（Leakages）研究实施宏观审慎政策对本国的影响。

8.4 溢出效应

宏观审慎政策溢出效应的研究文献仍处于起步阶段，特别是发达经济体关于政策溢出效应的研究。

然而，借鉴其他监管经验，关于潜在溢出渠道的经验证据已经开始出现。Houston、Lin 和 Ma（2012）利用国家层面的银行流动数据和全球监管的调查数据，认为银行将资金转移到监管较少的市场。考虑到难以衡量各国监管强度，溢出效应影响监管套利这一点并不完全清晰①。尽管如此，很明显银行的跨境贷款总量似乎会对其他国家的监管作出反应。Bremus 和 Fratscher（2014）研究了危机以来监管政策和货币政策变化对跨境银行贷款的影响，并利用 Barth 等（2013）的数据指出，较高的资本要求、监管权力和监管者的独立性鼓励信贷外流。然而，不同国家之间存在重要的异质性，如果接受国是欧元区国家，当国内资本监管趋严时，结果就会发生逆转，来自来源国的银行贷款会减少。

Ongena、Popov 和 Udell（2013）利用企业贷款数据分析了母国银行监管对跨国银行东道国贷款标准的影响。论文验证了两个备选假设：母国更严格的监管是否会诱导银行发展更为保守的业务模式，然后将其输出到东道国；或者银行在东道国承担风险，以分担母国银行无法承担的风险。最终，笔者认为后一种假设更可行。

为了估计提高资本要求对境外贷款的直接影响，Aiyar 等（2014a）利用英国银行最低资本要求的数据，研究特定银行资本要求变化对跨境银行贷款供给的影响。研究发现最低资本要求提高 100 个基点，跨境贷款增速会降低 3 个至 5.5 个百分点。尽管不可比，但略低于对国内效应的估计。英国银行倾向于支持与其联系紧密的重要伙伴，因此"核心"伙伴的跨境贷款供给反应明显低于其他国家。

Danisewicz、Reinhardt 和 Sowerbutts（2017）研究了宏观审慎政策通过银行贷款渠道发生的跨境溢出效应。论文比较分析了英国境外银行分行与子行对境外银行母国宏观审慎政策变化的反应。通过关注同一银行集团的分行和子行，作者能够控制影响母行对其境外分支机构贷款决策的所有因素。母国资本监管收紧后，跨国银行的境外分行相对于同一银行集团下的子行，东道国银行间贷款增长会下降 6 个百分点。

作者认为，境外分行和子行之所以会产生不同的行为，是因为分行是母行的组成部分之一，所以母行更容易控制分行，而有自己董事会的子行

---

① Houston 等（2012）论文也依赖于 Barth、Caprio 和 Levine（2013）提到的指数。

则较难控制。

其他宏观审慎政策没有表现出同样的溢出效应。作者发现，母国收紧贷款标准或准备金要求对英国银行间或非银行贷款影响差别不大，这说明宏观审慎政策跨境传导存在明显差异。资本监管最终影响并表银行的资产负债表，按照常规方式对其产生影响。相比之下，贷款标准监管只影响到适用国家的贷款，潜在的溢出效应更多的是行为上的，与风险转移有关，而不是贷款总量的变化。此外，正如 Ongena 等（2013）所指出的，溢出方向有许多备选假设，可能导致结果不明显。

最后，Danisewicz 等（2017）还发现，样本中的宏观审慎政策不会对境外子行和境外分行向非银行借款人提供贷款造成区别化影响，并推测这是因为境外分行和境外子行发放非银行贷款更可能是基于彼此业务联系，所以更加有利可图，可能不会因为监管变化而迅速调整贷款规模。相比之下，银行通常能够更容易地在银行间市场上找到替代资金来源，意味着受影响的分行如果试图将增加的资本成本转嫁到其他银行，银行会迅速找到其他贷款人，而境外子行成本增加较小，客户转向其他借款来源的可能性较小。

8.5　漏损

在全球化的金融体系中，各国监管制度各不相同，家庭和企业从境外银行或其他非银行贷款人借款，可能会改变监管的有效性，因为并非所有金融实体都受到与国内监管银行相同的限制。此外，银行还试图通过转移业务活动到其他地方，以规避监管。

关于规避宏观审慎措施的争论往往集中在比较明显的规避来源上，如家庭为规避 LTV 限制而获得无抵押贷款，这种行为在危机前的美国非常普遍。但监管不均衡的另一个来源是监管部门只能对其监管范围内的金融机构实施监管。如监管机构只能对其实际监管的银行制定资本监管措施。在实践中，监管部门只能对内资银行和境外子行设定资本要求，而不能对境外分行设定资本要求，导致监管不均衡。图 8.6 说明了这一点。

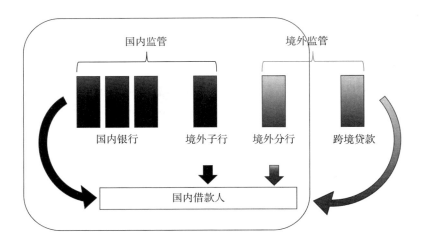

图 8.6　宏观审慎政策应用示意

（资料来源：ESRB《银行业宏观审慎政策操作手册》）

Aiyar 等（2014b）基于英国的独特环境研究了监管不均衡。英国是一个研究监管不平衡主题理想的实验场景，由于 20 世纪 90 年代和 21 世纪初的政策机制，金融服务管理局（FSA）在个别银行层面设定了随时间变化的最低资本充足率。英国拥有大量外资银行的分行，且不受 FSA 监管，而是由母银行的国家主管部门进行监管。当受 FSA 监管的银行资本要求收紧时，这就赋予了在英国经营的境外分行相对的成本优势，境外分行可能会因此而增加贷款。作者发现，境外分行增加贷款是对境内监管引致境内被监管银行贷款下降的反应，即竞争效应（competition effect）。在参考组贷款下降 1 个百分点的情况下，境外分行贷款平均增加了 0.3 个百分点。

Aiyar 等（2014c）研究进一步表明在同样的英国制度环境中，发生漏损不仅仅是因为竞争效应。此外，作者发现在面临更高的资本要求时，境外银行集团会将贷款从受英国监管的境外子行转移至其境外分行，这是一个更为重要的漏损来源。

虽然我们称这些影响为漏损，但不一定正确，而是一种不受欢迎的、意外的影响。例如，Aiyar 等（2014a，2014b，2014c）研究指出英国金融服务管理局（FSA）负责英国第二支柱最低资本要求，主要是出于与操作风险相关的考虑，而不是以减少私营部门借贷为目标；尽管为了给予论文应有的评价，但监管机构似乎确实是以一种"准宏观审慎"（quasi macroprudential）的方式来设定资本要求，这一点从危机前平均最低资本要求与英国 GDP 增长之间的高度相关性可以看出。如果政策的意图是微观审慎目标而非宏观审慎目标，那么再分配可能是理想的，甚至是最优的，因为通过将借款人从最初的机构重新分配到更有能力安全从事国内贷款的其他机构，信贷需求得到了满足。然而，如果政策是根据宏观审慎目标实施的，而目标往往是平滑国内信贷周期，那么信贷再分配就不太理想，可以解释为破坏政策意图的漏损。

论文聚焦资本监管产生的漏损，一定程度上反映了英国独特的监管环境，这种环境侧重于资本变化，而且英国是主要的国际金融中心，使其成为研究宏观审慎政策溢出和漏损的绝佳实验室。但是如先前所示，各国正在采取多种宏观审慎政策，而不仅仅是资本监管，因此必须了解各种工具外部影响有何不同。目前，因为宏观审慎政策制定者通常被赋予了实施多种不同工具的法律权力，一个特别重要的问题是需要了解开放经济体境外银行如何发挥重要作用，哪些工具可能更有效。

Reinhardt 和 Sowerbutts（2015）是第一个在大型跨国面板中研究一系列宏观审慎工具造成的潜在漏损，特别是作者使用了本章第 2 节中描述的数据区分了贷款标准、资本监管以及准备金要求。由于宏观审慎政策收集时间框架较长，作者也能够研究放松工具的影响。

图 8.7 显示了危机前后各种宏观审慎政策措施。每一类政策工具都分为紧缩政策和放松政策，值得注意的是，紧缩资本监管措施比放松资本监管措施更频繁。

我们有充分的理由相信，不同的工具会有不同的潜在漏损。与资本监管不同，金融监管机构只能对总部设在该国的银行或子行实施资本监管，而贷款价值比（LTV）等监管通常适用于某一特定国家。这意味着国内外

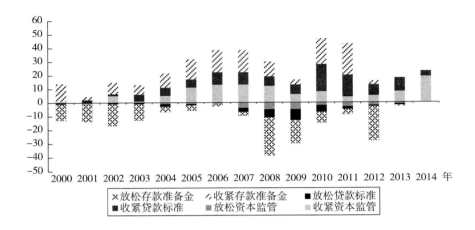

图 8.7 宏观审慎政策随时间变化而采取的紧缩措施和放松措施

（资料来源：Reinhardt and Sowerbutts（2015））

所有金融机构都要受到同样的宏观审慎监管，通过向国外机构借款来规避监管的可能性较小。存款准备金要求的影响更为微妙。替代流动性的成本很高，作者假设境外银行能够更容易地从国外或其母行替代流动性，从而获得竞争优势。这不是监管上的差异，而是由于银行系统的异质性，一些银行比其他银行有更多的选择来筹集流动资金。

作者利用 BIS 关于国内非银行私营部门从境外银行本地和外部借款数据，检验了在采取宏观审慎政策后非银行是否会调整从境外银行借款，并控制了一些可能解释贷款需求的其他因素。

图 8.8 显示了 Reinhardt 和 Sowerbutts（2015）的研究结果，结果符合先前假设。收紧贷款标准并不会导致国内非银行部门向境外银行借贷更多，这与贷款标准监管适用于所有产品的观点一致，因此很难避免。相反，在收紧资本要求或存款准备金要求后，家庭和企业似乎会从国外借入更多的资金。当考虑放宽资本要求时，结果较弱。不出意料，当资本监管不再具有约束力时，可能会放松资本监管要求。

结果表明，在针对特定系统性风险来源部署宏观审慎工具时，政策制定者应考虑到代理人从国外借款和规避宏观审慎政策的能力。

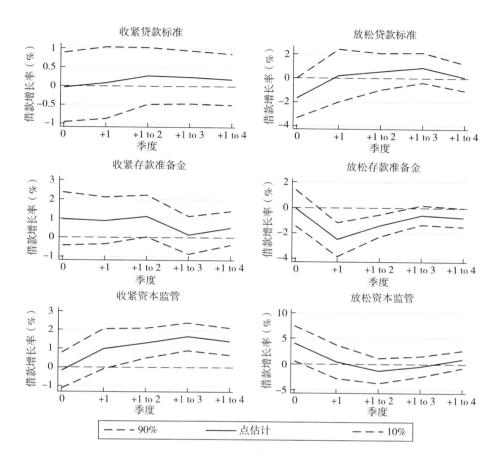

图 8.8　监管对国内非银行部门向境外银行借款的影响

（资料来源：Reinhardt and Sowerbutts（2015））

8.6　国际银行研究网络：监管溢出和漏损

国际银行研究网络（International Banking Research Network，IBRN）目前正在实施一个特殊项目，以研究宏观审慎政策的溢出效应和漏损。国际银行研究网络成立于 2012 年，旨在分析与国际活跃银行有关的议题。该网络汇集了来自超过 25 家中央银行和国际机构的研究人员，大多数人员都能获得国内银行和跨境银行层面的保密数据①。研究人员参与此项研究主要关注两大领域。

（1）宏观审慎政策的"外部"传导（Outward Transmission）

目标国监管如何影响银行国际贷款？

银行对境外监管的（加权）风险敞口如何影响其国际贷款？

（2）宏观审慎政策的"内部"传导（Inward Transmission）

当本国监管发生变化时，内资银行是否会改变其国内贷款？

当母国监管发生变化时，境外子行是否会改变其国内贷款？

重要的是，国际银行研究网络研究人员能够使用保密监管数据，能够研究银行的资产负债表特征如何影响溢出或漏损。由于每个国家都使用相同的经验规范，他们能够对结果进行元分析（meta - analysis）。

该项目是新项目，论文尚未发表。但初步分析（Buch 和 Goldberg，2017）显示，银行间风险敞口限制、贷款价值比和存款准备金要求等审慎工具会经常导致跨境溢出并影响银行贷款。溢出效应最可能通过在一国境外银行的附属机构发生（当 A 国采取行动时，其附属机构减少或扩大在 B 国贷款），也可能通过母国全球银行向内部传导（当 A 国采取行动时，在 A 国存在贷款的 B 国银行将改变对 B 国的贷款）。

银行资产负债表也很重要：通过境外银行附属机构银行同业风险敞口的溢出会受到银行非流动性资产份额、存款份额以及与母银行内部资本市场头寸的影响。

银行体系的结构对溢出效应也有一定作用。在境外银行参与程度较高的国家、特定贷款类别银行实体较少的国家，资本要求更有可能溢出到贷款中。

8.7 这对政策意味着什么？

如上一节分析所示，资本流动全球化的世界对宏观审慎政策提出了两

---

① 有关 IBRN 更多信息请查阅该网站：https：//www.newyorkfed.org/ibrn。

个重要考量：协调（coordination）和互惠（reciprocity）。协调是指当局考虑到其政策对其他经济体的影响，可能会分享信息，甚至共同实现福利的最大化。相反，互惠（reciprocity）是一种安排，具体指一个司法管辖区当局将另一个司法管辖区当局制定的相同措施应用于被监管机构对前者的贷款，换句话说，互惠有助于使其他辖区的宏观审慎政策更加有效。虽然互惠有可能改善福利，甚至对实行互惠的国家来说也是如此，但它并不意味着福利共同最大化。

溢出效应是最需要协调的地方。溢出效应一般来自行为调整以及各国和金融部门贷款的变化，不一定是监管套利造成的。

实施宏观审慎政策在政治上和监管资源上都是有成本的，因此如果一国实施的政策对另一国产生正的溢出效应，就可能出现"搭便车（free - riding）"现象。这两个问题提出了是否以及如何协调宏观审慎政策。

相比之下，"漏损"是互惠发挥最大作用的领域。互惠安排有三大潜在好处。外国监管机构的互惠具有使国内宏观审慎政策更加有效的积极作用。互惠还能确保其他国家以类似的力度实施国内监管，因此可以限制监管套利的范围。最后，扩大互惠还可以避免国内银行将贷款扩大到泡沫经济国家（收紧监管的国家），使自己面临过大的风险。

使讨论和政策反应复杂化的是，这个问题实际上不能分为互惠和协调，因为在适用同一工具时，两者影响会同时出现。

8.8　协调的理由

即使有证据表明存在着相当大的溢出效应，但并不能成为加强国际政策协调的理由。溢出效应也会对其他国家产生明显的负面影响。除了其他因素外，溢出效应为负还是为正将取决于接受溢出效应经济体的信贷周期。表 8.1 列出了 A 国宏观审慎政策收紧后对 B 国产生溢出效应的两种情景。

在信贷周期对称的情况下（左上或右下象限），国内宏观审慎政策收紧（放松）会产生正的溢出效应，因为政策减少（增加）外部贷款，并起到抑制（增加）国内外信贷周期的作用。政策协调本身没有必要，但国内当局在制定自己的政策时，需要考虑到其他国家宏观政策变化带来的正向溢出效应。事实上，如果不考虑这种正外部性，会导致两国在单方面采取行动抑制国内信贷繁荣时，将宏观审慎政策设定得过紧。监管者之间加强宏观审慎政策意图的信息交流，可能会形成重要的下层合作（lower layer of cooperation），有助于将宏观审慎政策设定在最优水平。IMF 也可以发挥作用，帮助评估一国宏观审慎政策变化的跨境影响。

表 8.1   一国宏观审慎政策对他国的影响取决于他国的信贷状况

A 国行动	B 国信贷缺口	
	正	负
收紧宏观审慎政策 （A 国信贷缺口可能为正）	B 国溢出效应为正 （减少跨境贷款）	B 国溢出效应为负 （减少跨境贷款）
放松宏观审慎政策 （A 国信贷缺口可能为负）	B 国溢出效应为负 （增加跨境贷款）	B 国溢出效应为为正 （增加跨境贷款）

当信贷周期不对称时（左下或右下象限）情况恰恰相反：如果 A 国当局收紧宏观审慎政策，以抑制国内信贷周期，那么已经面临国内信贷增长放缓国家的贷款减少，溢出效应为负。B 国银行可能没有能力扩大国内贷款以弥补减少的跨境贷款。因此，原则上可能存在实际政策协调而不仅仅是信息共享。当前全球经济低速增长，新兴市场经济体抱怨发达经济体银行系统监管政策收紧已经减少了对其贷款。

面临国内信贷放缓的国家，其银行在接受国持有的资产可以要求收紧宏观审慎政策的国家予以豁免。这种双边协议是否成功，除其他因素外，将取决于两国是否将这一进程视为一种重复的博弈，表明今天的合作可能由明天的合作来补偿。

协调成功的一个重要条件是如果各国银行向彼此经济放贷方面处于公平竞争的环境，那么合作的好处可能是巨大的、双向的。当然，如果双边风险敞口是单向的，协调的收益将主要适用于其中一方。Ostry 和 Ghosh（2013）强调，由于国家规模的不对称，实践中的政策协调较少：溢出效应往往来自大国，但小国通常不参与国际谈判（如 G20）。然而，鉴于未来新兴市场经济体资本流动可能会增加，贷款人和借款人的角色可能会随着时间的推移而变化，甚至发达经济体和新兴市场经济体之间也是如此。

　　为了说明这一点，英国与主要国家（地区）的信贷周期相关性存在巨大差异。图 8.9 显示了 2000 年第一季度至 2013 年第三季度英国与其他国家（地区）之间信贷缺口（相对于 GDP）的相关性。英国和美国之间的信贷周期同步性最强，说明美国和英国之间可能存在宏观审慎政策的正向溢出效应。英国信贷周期与曾经出现经常账户赤字的其他国家（地区）相关性也很大。相反，与结构性经常账户盈余的国家或地区的相关性往往为负（中国香港、瑞士）或接近于零（德国、荷兰），表明宏观审慎政策溢出效应可能为负，更需要协调①。未来需要做更多的工作来确定信贷周期的相关程度，并验证随着时间的推移发生变化的相关程度。

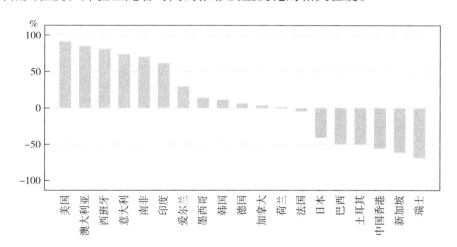

图 8.9　英国与其他国家（地区）信贷缺口与

国内生产总值的相关性（2000Q1—2013Q3）

（资料来源：BIS，世界经济展望报告，银行计算）

---

　　①　按照 BIS 建议程序，信贷缺口使用 HP 滤波进行计算，HP 滤波使用平滑参数为 400000（详见 BIS 季度评论，2013 年 6 月）。本章使用双向滤波。按照 Baxter 和 King（1993）的做法，第一个季度和最后三个季度被剔除，以消除 HP 滤波的端点问题。样本只包括至少有 10 个年度季度数据的国家。

8.9 互惠的案例

Ostry、Ghosh 和 Korinek（2012）提出了宏观审慎政策适用互惠原则的观点。作者提出了接受国和来源国之间进行全球协调的理由，论文侧重于以宏观审慎为目的的资本流动管理措施，但模型原则上可以扩展到以国内为导向的宏观审慎政策。一个关键的方面是，实施审慎措施存在与行政管理、合规以及经济扭曲相关的成本。Ostry、Ghosh 和 Korinek（2012）提出的来源国和接受国之间协调的理由是基于成本形式：如果成本与资本流动管理税之间的比例超过 1:1，那么在全球范围内由借款国和贷款国分担成本将更为有效。在这种情况下，全球总成本将低于借款国单独行动的成本。

这里有一个重要问题，虽然执行政策的全球成本可能较低，但除了明显帮助国内当局的感觉良好因素外，外国当局从政策协调中能够获得什么？

如果单边宏观审慎措施的成本是凸性的，那么在全球层面由政府当局之间分担成本将更为有效。以政策有效性因漏损而受到阻碍的情况为例（如本章前面所述），如果国内当局单方面行动，就需要进一步收紧对国内银行的宏观审慎政策，但如果国外当局同时收紧对其银行跨境贷款的监管，政策实施的联合成本就会降低。《巴塞尔协议Ⅲ》中约定的逆周期资本缓冲（CCyB）互惠原则下，国家收紧政策将要求外国当局对其银行跨境贷款和通过境外分行当地的资本要求实施互惠原则。

在实践中，各国很难分享因执行宏观审慎政策的共同成本降低而带来的短期全球收益（即很难找到一种机制，让接受国部分偿还来源国在限制溢出效应方面给予的帮助）。

但是，可能没有必要，因为互惠/合作符合外国利益。如果两国金融监管者目标相同，执行审慎监管的行政能力相似，而且存在信息不对称（意味着国内监管者能更好地判断国内金融稳定风险），那么外国监管者就有充分的理由限制其银行的境外贷款，以确保其银行也能根据风险适当进行定价。否则，只要其机构具有竞争优势就会受到激励，增加相关宏观审慎风险敞口，从而使国内金融稳定面临风险。

当局互惠激励还有另一个层面：确保外国当局宏观审慎措施取得成功，实现其解决系统性风险的最终结果。正如本章开篇所述，金融体系高度全球化，潜在的传染范围很广。国际金融危机明确地说明了这一点，因为美国市场的局部问题而导致风险迅速蔓延全球。

作为世界银行间网络的中心节点之一，英国更应当关注互惠的各个层面（见图 8.10）。

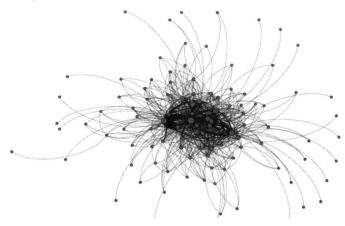

注：本图显示了截至 2013 年第二季度基于 BIS 报告所在国的跨境银行间债权。我们通过可获得的镜像统计数据推断非 BIS 报告国的银行间债权。边缘的大小代表双边跨境债权的规模。节点的大小表明网络关联度。图中节点的位置是基于节点的网络中心度（network centrality）。由于数据保密性的原因，本文未说明节点属于哪个银行。

图 8.10　国际银行间网络

（资料来源：BIS 和英格兰银行计算）

8.10　货币政策协调与宏观审慎政策协调比较

到目前为止，我们只关注宏观审慎政策协调。但是，学习过去有关货币政策协调的不同观点大有裨益。具体而言，与货币政策协调相比，宏观审慎政策协调的必要性或好处之间是否存在主要的概念差异？如上所述，鉴于大多数国家实施宏观审慎政策不久，有关宏观审慎政策国际协调的工作才刚刚兴起，比较宏观审慎政策协调与其他领域协调的工作更是如此。因此，本章所讲的比较只能是探索性的，可能会进一步推动今后工作。最近，面对主要经济体之间的货币政策分歧以及美国货币政策在推动全球资本流动方面的潜在作用，部分作者讨论了货币政策协调问题（Rey，2013；Bruno 和 Shin，2013）。

我们认为，货币政策协调与宏观审慎政策协调之间存在三大区别，这些差异说明协调宏观审慎政策比货币政策更有必要，更有可能成功。

第一，需要国际互惠安排合作的政策漏损更多地与宏观审慎政策相关，而不是货币政策。一个重要的潜在漏损来源是不受母国监管的境外分行，这种漏损可能比货币政策的可比漏损更直接。即使某项宏观审慎政策工具针对所有国内贷款，这种情况也会发生。宏观审慎政策变得更具针对性时，国内外漏损来源可能更大。例如，Dell'Erba 和 Reinhardt（2015）的研究结果表明，新兴市场经济体金融部门 FDI 可能被用来规避债券流入控制。此外，货币政策则会像美联储理事斯坦因（Stein，2013）最近提出的那样，填补所有漏洞。但是，就国内漏损渠道而言，这很可能是真的。Cetorelli 和 Goldberg（2012）认为银行的全球业务使其不受货币政策变化影响，可能会削弱货币政策的银行贷款渠道。造成这一结果的渠道很简单：如果母国央行提高利率，全球银行可能会从利率相对较低的辖区筹集更多资金，并将资金引导回母国市场。未来仍然需要更多的研究来探讨货币政策和宏观审慎政策漏损的相对力度。

第二，宏观审慎政策可以针对特定类型的贷款，从而使国内决策者有可能与其他司法管辖区合作，确保不偏离国内的最优宏观审慎政策。由于货币政策是一种较钝化的工具，对货币政策来说可能比较困难。举例来说，如果一国（A）处于信贷周期的下行期，它可以要求可能处于紧缩周期的伙伴国家（例如 B）豁免对 A 国的特定风险敞口，使其不受紧缩影响，或者直接放松对 A 国风险敞口的监管。B 国监管部门即使不调整其国内风险敞口的最佳政策也可以进行合作。当然，这只是对逆周期资本缓冲（CCyB）商定的互惠制度的说明。

第三，在宏观审慎政策领域中，特别是金融中心等所有主要参与者的合作至关重要，因为国际资本流动提出了更全面的全球合作需要。以逆周期资本缓冲为例进行说明：如果除了一个国家之外，世界上所有的国家都会对等地提高 A 国的逆周期资本缓冲，那么银行可能会通过非合作国家的子行来引导对 A 国的贷款[1]，避免对 A 国贷款增加资本费用，这对 A 国宏观审慎监管的有效性有重要影响。一是在同样的例子中，需要在不合作的国家筹集资金，然后再向提高利率的国家放贷。在前面逆周期资本缓冲的例子中，仅仅通过子行输送资金就足够了。二是如果另一个国家偏离最优利率，那么政策漏损的渠道造成的成本会很高，而如果主要是外资银行通过避免再循环安排，使自己暴露在过高的风险中，那么偏离最优宏观审慎政策的成本可能会更低。

8.11　协调和互惠：现状和下一步措施

在政策领域有一个好消息：逆周期资本缓冲互惠实施是《巴塞尔协议Ⅲ》的基石，欧盟法律要求英国和其他欧洲经济区国家从 2016 年开始对逆周期资本缓冲比率实施互惠。英国金融政策委员会（FPC）提前于 2016 年与挪威和瑞典针对逆周期资本缓冲签订互惠安排。除此之外，各国通过协调方式享受到了金融稳定的好处，金融政策委员会认为其他司法管辖区也应该采取类似的方式实施宏观审慎互惠[2]。

然而，现有规定并没有禁止使用所有潜在的宏观审慎工具。研究表明在其他资本和类似流动性的政策方面也可能存在漏损，表明进一步扩大互

---

[1]　境外分行可以使用互惠协议。

[2]　参见 https：//www.bankofengland.co.uk/ - /media/boe/files/record/2014/financial - policycom-mittee - meeting - september - 2014。

惠原则可能会带来好处。英国金融政策委员会已经宣布，在大多数情况下，互惠原则会增强英国金融体系的弹性，且会考虑对逆周期资本缓冲以外的资本要求实行互惠原则。

在欧洲层面，评估宏观审慎政策的跨境影响和协调成员国的行动是欧洲系统性风险委员会（ESRB）任务的核心。自 2014 年 1 月 1 日起生效的资本规则（CRD Ⅳ/CRR）已经预见到了一些涉及 ESRB 对特定工具的协调程序。2016 年 1 月，ESRB 通过了自愿跨境互惠框架，以保障欧盟内部宏观审慎政策跨境的有效性和一致性[①]。

在国际层面，金融稳定理事会（FSB）在推进监管改革议程方面取得了重要进展。随着时间的推移，可以想象金融稳定理事会或其他全球机构将成为一个全球论坛，共同研讨溢出效应，在国际层面促进各国之间加强宏观审慎政策协调。

参考文献

Aiyar, S., C. Calomiris, J. Hooley, Y. Korniyenko and T. Wieladek (2014a). 'The international transmission of bank capital requirements: Evidence from the UK', *Journal of Financial Economics*, vol 113, 368–382.

Aiyar, S., C. Calomiris and T. Wieladek (2014b). 'Does macroprudential regulation leak? Evidence from a UK policy experiment', *Journal of Money, Credit and Banking*, vol 46, 181–214.

(2014c). 'Identifying Channels of Credit Substitution When Bank Capital Requirements Are Varied', *Bank of England Working Papers*, no. 485.

Barth, J. R., G. Caprio and R. Levine (2013). 'Bank regulation and supervision in 180 countries from 1999 to 2011', *Journal of Financial Economic Policy*, vol 5, no 2, 111–219.

Bengui, J. and J. Bianchi (2014). Capital flow management when capital controls leak. Mimeo.

Bianchi, J. (2011) 'Overborrowing and systemic externalities in the business cycle', *American Economic Review*, vol 101, no 7, 3400–3426.

Bremus, F. and M. Fratzscher (2014). 'Drivers of Structural Change in Cross-Border Banking Since the Global Financial Crisis', *DIW Discussion Paper*, no 1411.

---

① 参见 https：//www. esrb. europa. eu/pub/pdf/recommendations/2015/ESRB _ 2015 _ 2. en. pdf。

Brunnermeier, M and Y. Sannikov (2015). 'International Credit Flows and Pecuniary Externalities', *CEPR Discussion Papers*, no 10339.

Bruno, V. and H. S. Shin (2013). 'Capital flows and the risk-taking channel of monetary policy', *NBER Working Papers*, no. 18942.

Buch C. and L. Goldberg (2017). 'Cross-border prudential policy spillovers: How much? How important? Evidence from the International Banking Research Network', *International Journal of Central Banking*, vol 13, no 2, 505–508.

Bush, O., S. Knott and C. Peacock (2014). 'Why is the UK banking system so big and is that a problem?', *BoE Quarterly Bulletin*, no 4.

Cerutti, E. C. S. and L. Laeven (2015). 'The use and effectiveness of macroprudential policies: New evidence', *IMF Working Papers*, no 15/61.

Cetorelli, N. and L. Goldberg (2012). 'Banking globalization and monetary transmission', *Journal of Finance*, vol 67, no 5.

CEPR 2014 (2014). 'Macroprudentialism' Vox eBook.

Danisewicz, P., D. Reinhardt and R. Sowerbutts (2017). 'On a tight leash: Does bank organisational structure matter for macroprudential spillovers?', *Journal of International Economics*, vol 109, 174–194.

Dell'Erba, S. and D. Reinhardt (2015). 'FDI, debt and capital controls', *Journal of International Money and Finance*, no 58, 29–50.

Hoggarth, G., J. Hooley and Y. Korniyenko (2013). 'Which way do foreign branches sway? Evidence from the recent UK domestic credit cycle' *Bank of England FS Paper*, no 22.

Houston, J., C. Lin and Y. Ma (2012). 'Regulatory arbitrage and international bank flows', *Journal of Finance*, vol 67, no 5.

Jeanne, O. (2014). 'Macroprudential policies in a global perspective,' *NBER Working Papers*, no 19967.

Korinek, A. (2011). *Excessive Dollar Borrowing in Emerging Markets: Balance Sheet Effects and Macroeconomic Externalities*. Baltimore: University of Maryland.

Kuttner, K. N. and I. Shim (2013). 'Can Non-Interest Rate Policies Stabilize Housing Markets? Evidence from a Panel of 57 Economies', *NBER Working Papers*, no 19723.

Lane, P. R. and G. M. Milesi-Ferretti (2007). 'The external wealth of nations mark II: Revised and extended estimates of foreign assets and liabilities, 1970–2004', *Journal of International Economics*, vol 73, 223–250.

Lim, C., F. Columba, A. Costa, P. Kongsamut, A. Otani, M. Saiyid, T. Wezel and X. Wu (2011). 'Macroprudential Policy: What instruments and how to use them?', *IMF Working Paper*, no. 11/238.

Ongena, S., A. Popov and G. F. Udell (2013). 'When the cat's away the mice will play: Does regulation at home affect bank risk-taking abroad?', *Journal of Financial Economics*, vol 108, no 3, 727–750.

Ostry, J., R. Ghosh and A. Korinek (2012). 'Multilateral Aspects of Managing the Capital Account', *IMF Staff Discussion Note*, no 12/10.

Ostry, J. and R. Ghosh (2013) 'Obstacles to International Policy Coordination and How to Overcome Them,' IMF Staff Discussion Note No 13/11.

Peek, J., and E. Rosengren (1997) 'The international transmission of financial shocks: The case of Japan', *American Economic Review*, vol 87, 495–505.

(2000). 'Collateral damage: Effects of the Japanese bank crisis on the United States', *American Economic Review*, vol 90, 30–45.

Reinhardt, D. and R. Sowerbutts (2015). 'Regulatory arbitrage in action: Evidence from banking flows and macroprudential policy', *Bank of England Staff Working Paper*, no. 546.

Rey, H. (2013). 'Dilemma not trilemma: The global financial cycle and monetary policy independence'. Paper presented at the Jackson Hole Symposium, August 2013.

Stein, J. (2013) 'Overheating in credit markets: Origins, measurement, and policy responses', Speech at the 'Restoring Household Financial Stability after the Great Recession: Why Household Balance Sheets Matter' research symposium sponsored by the Federal Reserve Bank of St. Louis, St. Louis, Missouri.

Vandenbussche, J., V. Ursula and D. Enrica (2012). 'Macroprudential policies and housing price', *IMF Working Papers*, no 12/303.

第9章 欧洲银行系统性风险：
监管指标法与市场指标法

马尔腾·范德沃尔特 (Maarten R. C. van Oordt)
和陈舟 (Chen Zhou)[①]

监管规定可能对个体银行风险承担和银行系统性风险水平产生不同影响，所以制定实施审慎规则和政策需要认真考虑个体银行风险和系统性风险的影响。基于市场指标法和监管指标法两种方法，本章评估了大型欧洲银行系统重要性排名是否一致。研究结果显示，系统重要性评估监管指标与系统性风险呈正相关关系，特别是基于监管指标计算的系统重要性得分较高的银行与金融压力情景下金融体系的系统性风险关联更为紧密，而不是存在较高风险的其他个体银行。

9.1 引言

人们普遍认为危机前审慎监管聚焦个体金融机构的稳健性。换句话说，审慎监管旨在围绕微观审慎目标抑制银行风险，忽视了金融体系系统性风险，这是导致发生金融危机的原因之一。相反，宏观审慎管理目标旨在维持整个金融体系的稳健性，换句话说，就是限制系统性风险。

Borio（2003）指出，由于存在系统性风险，政策制定者最终关注的是

---

① 非常感谢 Willem L. H. Evers2014 年在诺丁汉金融、信贷和宏观经济学中心有关"宏观审慎管理有效工具"研讨会上提出的有益意见和建议。本章节选自 Van Oordt 和 Chen Zhou（2014）发表的论文，但不代表加拿大央行或荷兰央行官方观点。

金融不稳定造成的宏观经济成本，即严重破坏金融体系的宏观经济后果。Peek 和 Rosengren（2000）、Boyd 等（2005）、Dell'Ariccia（2008）等分别论述了宏观经济成本。图 9.1 显示，宏观经济的系统性风险取决于金融体系的系统性风险，而后者又取决于个体金融机构的系统性风险。全面理解各个层次的系统性风险有很大挑战，这就是为什么大多数研究只关注系统性风险的一个层次。

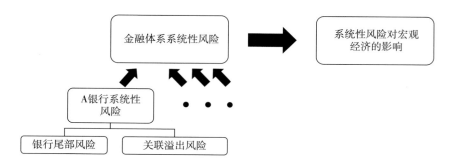

注：图中显示了 Borio（2003）阐述的关于系统性风险投资组合观点的图表，以及 Van Oordt 和 Zhou（2014）关于金融机构系统性风险的组成。

图 9.1　系统性风险：一个多层概念

越来越多的文献研究金融体系系统性风险的影响程度和决定因素，或者换句话说，研究金融体系崩溃的可能性及其潜在程度，而不是研究金融不稳定造成的最终宏观经济成本。比如，金融压力指标（financial stress indicators）和早期预警指标（early warning indicators）研究重在评估系统性风险随时间变化情况。这些研究论文有时被称为时间维度上的系统性风险文章，具体可参见 De Bandt 等（2010）、Galati 和 Moessner（2013）的研究。

本章更多从结构维度而不是时间维度研究金融机构间系统性风险的分布。尽管系统性风险定义众多，但是人们普遍认为特定机构的健康状况对金融体系的稳定性比其他机构更重要。从广义上讲，系统性风险（systemic risk）由"系统性"和"风险"两个要素组成，因此系统性风险不仅取决于个体银行的风险，而且还取决于风险与金融体系中其他机构的关联程度。Borio（2003，2014）指出，共同敞口（common expo-sures）和关联度（interlinkages）对于系统性风险至关重要。从概念上讲，个体银行的系统性风险可以分为两部分：金融压力下银行的下行尾部风险（tail risk）和与其他金融体系关联的溢出风险（以下简称关联溢出风险）（见图9.1）。

个体银行风险和系统性风险的区别引发了微观审慎监管目标和宏观审慎管理目标的持续争议。微观审慎监管目标关注个体银行风险，仅仅考虑了"系统性风险硬币"的一面，并不能保证同时实现宏观审慎管理目标，反之亦然。监管目标的实现其实取决于个体银行尾部风险与关联溢出风险。

近期，各国政府宏观审慎政策之一是识别认定全球系统重要性银行（G‑SIBs），要求G‑SIBs持有更多资本以增加额外损失吸收缓冲。G‑SIBs识别方法和附加资本缓冲水平取决于监管机构对银行的系统重要性评分，具体请参见BCBS（2013a，2014a）。监管机构根据各银行提供的基础信息计算系统重要性得分。除了监管部门使用的测量方法外，学术界还采用多种基于市场的信息从结构维度评估系统性风险，根据评估情况对金融机构系统重要性进行排名。

基于市场指标法和监管指标法两种方法，本章评估了大型欧洲银行系统重要性排名的结果是否一致。本章简要回顾了两种方法的基本原理，之后比较了一组欧洲大型银行排名。结果显示，识别G‑SIB的监管指标得分与市场指标得分两者呈正相关关系，主要是因为面临金融压力时，系统重要性监管指标得分较高的银行与金融体系之间的关联密切，而不是具有较高风险水平的其他个体银行。监管机构根据指标得分识别系统重要性金融机构。

9.2　监管指标法

国际监管机构已采取多种措施增强全球金融体系的稳健性，其中之一是要求 G – SIBs 持有更多的核心一级资本（CET1）。附加资本缓冲要求在 2016 年至 2019 年分阶段实施，缓冲范围为风险加权资产（RWA）的 1% 至 3.5%，且附加资本缓冲要求取决于金融机构系统重要性监管得分，得分升高附加资本缓冲也会随之提升。

巴塞尔银行监管委员会（BCBS）制定了识别银行系统重要性的评分方法。该方法采用基于指标衡量银行参与特定活动的系统重要性程度。大型银行必须公布五大类别 12 项指标的数值，参见 IMF/BIS/FSB（2009）和 BCBS（2013a，2014a）[①]。欧洲银行管理局（EBA）收集了欧洲经济区（EEA）多家大型银行的数据，并在官网公布，参见 EBA（2014）。本章基于 EBA 公布的数据，但也包括 EBA 名单中未包含的 3 家大型银行数据[②]。总体而言，本章研究考虑了 EEA 25 家大型上市银行的 G – SIBs 指标。

表 9.1 列出了 25 家公开上市大型欧洲银行 G – SIB 指标的统计信息。标准差表明各银行报告金额的离散程度相当大。此外，每个指标都显示正偏态（positive skewness），表明每个指标的样本一定程度上包括多个高异常值。

"规模"类别指出银行的重要性与所提供服务的数量成正比。银行规模与系统性风险之间呈正相关关系，如 Brunnermeier 等（2012）、López – Espinosa 等人（2012）、Huang 等（2012）、Vallascas 和 Keasey（2012）、Girardi 和 Ergün（2013）。规模定义为总敞口，包括表内外资产余额。

"关联度"类别表明金融机构之间的关联程度可能会增加传染风险，具体参见 Allen 和 Gale（2000）、Freixas 等（2000）。前两个指标是金融机构间资产和金融机构间负债，涵盖了与其他金融机构的直接关联程度，包括存款、授信额度和其他交易，参见 BCBS（2014b）。

---

① 监管指标法仍在审查修订中，参见 BCBS（2015）最新变化。
② 鉴于要比较监管指标法与市场指标法，我们从 EBA 数据集中排除了 6 家没有上市的银行，增加了 3 家大型 EEA 银行（总敞口超过 2000 亿欧元），分别是德国商业银行（Commerzbank）、丹麦丹斯克银行（Danske Bank）和德意志银行（Deutsche Bank）。3 家 G – SIB 指标数值从官网上获取。

| 表 9.1 | 大型欧洲银行 G – SIB 指标汇总统计 | | | 单位: 10 亿欧元 |

类别	指标	均值	标准差	偏度
规模	调整后的表内外资产余额	1379	654	0.9
关联度	金融机构间资产	102	98	1.3
	金融机构间负债	129	113	1.4
	发行证券和其他融资工具	276	82	0.3
可替代性	通过支付系统或代理行结算的支付额	11527	33130	3.4
	托管资产	874	1357	1.8
	有价证券承销额	27	96	1.8
复杂性	场外衍生产品	3815	16136	1.6
	交易类和可供出售证券	27	59	1.5
	三级资产	1	9	2.3
跨境业务	跨境债权	733	296	1.0
	跨境负债	652	273	1.7

注: 截至 2013 年末, 欧洲经济区 25 家公开上市的大型银行 G – SIB 指标汇总统计, 单位为 10 亿欧元。银行名单见表 9.2。

资料来源: EBA (2014) 和各个银行官方网站。

"发行证券和其他融资工具" 表示银行发行的证券余额, 不考虑其他金融机构是否持有。

"可替代性" 类别通过衡量为经济体系提供的关键功能业务规模, 将银行倒闭造成的潜在危害纳入该类。此类别有三个指标, 分别是现金支出金额 (不包括通过零售支付系统进行的现金支出)、代客户持有的托管资产余额和股票、债券承销额。

"复杂性" 类别关注银行的复杂程度和不透明程度, 与市场承受严重压力时抛售或大量减记有关, 参见 Brunnermeier (2009)、Diamond 和 Rajan (2011)、Flannery 等 (2013)。其中, 第一个指标是双边或中央交易对手方清算的场外衍生产品名义金额; 第二个指标是不符合足够高质量流动资产[①]的持有待售证券 (held – for – trading) 或可供出售 (available – for –

---

① 更具体地说, 不包括出于流动性覆盖率 (LCR) 目的而持有的符合一级资产要求的高质量流动资产。符合二级资产要求的资产权重较低, 有关更多详细信息参见 BCBS (2013b)。

sale）证券余额；第三个指标是三级资产，是指运用市场不可观察参数计算公允价值的金融资产余额。

"跨境业务"类别涵盖了与处置国际金融机构有关的困难程度以及通过国际活跃银行在全球范围内传递的冲击程度，参见 Goodhart 和 Schoen-maker（2009）、Cetorelli 和 Goldberg（2011）。

为了使用单一得分代表每个机构的系统重要性，监管机构必须汇总表9.1 中的 12 个指标值。为了使不同指标报告的金额正常化，银行指标得分以所有大型银行报告的总金额为基点。银行的类别得分是通过将该银行的指标得分在该类别中进行加权平均得出的[①]。最后，银行的系统重要性得分是该银行五个类别得分的简单平均值。表 9.2 第 2 列计算了欧洲银行的系统重要性监管指标得分。根据得分情况，银行被分配到 G – SIB 不同组别，不同组别对应着不同的附加资本要求，其中组别 1 附加资本为风险加权资产的 1%，组别 4 附加资本为风险加权资产的 2.5%。

表 9.2　　　　基于监管指标法和市场指标法计算的
大型欧洲银行系统性风险比较

银行（国家代码）	监管指标法		市场指标法		
	得分	组别	银行尾部风险	关联溢出风险	系统性风险
意大利西雅那银行（意大利）	22	0	1.60	0.61	0.98
西班牙国际银行（西班牙）	196	1	1.18	0.90	1.07
巴克莱银行（英国）	384	3	1.85	0.83	1.54
西班牙对外银行（西班牙）	92	0	1.25	0.88	1.11
法国巴黎银行（法国）	407	3	1.51	0.88	1.33
凯克萨银行（西班牙）	26	0	0.95	0.61	0.58
德国商业银行（德国）	121	0	1.78	0.76	1.35
法国农业信贷银行（法国）	218	1	1.68	0.82	1.38
丹斯克银行（丹麦）	76	0	1.24	0.75	0.93
德意志银行（德国）	417	3	1.36	0.80	1.10

---

① 需要注意的是，"可替代性"类别得分最高不得超过 500 分，参见 BCBS（2014a，第 3.3 小节）。

续表

银行（国家代码）	监管指标法		市场指标法		
	得分	组别	银行尾部风险	关联溢出风险	系统性风险
挪威银行（挪威）	60	0	1.45	0.77	1.12
奥地利第一储蓄银行（奥地利）	33	0	1.62	0.74	1.20
汇丰银行（英国）	477	4	0.90	0.84	0.76
荷兰国际银行（荷兰）	144	1	1.90	0.88	1.67
意大利联合圣保罗银行（意大利）	80	0	1.66	0.84	1.40
比利时联合银行（比利时）	36	0	1.96	0.69	1.34
劳埃德银行集团（英国）	98	0	1.84	0.73	1.35
瑞典北欧联合银行（瑞典）	121	0	1.31	0.84	1.10
苏格兰皇家银行（英国）	238	2	1.75	0.80	1.40
瑞典北欧斯安银行（瑞典）	58	0	1.49	0.81	1.21
法国法兴银行（法国）	225	1	1.72	0.84	1.45
英国渣打银行（英国）	133	1	1.11	0.76	0.84
瑞典商业银行（瑞典）	45	0	1.18	0.76	0.89
瑞典银行（瑞典）	32	0	1.63	0.81	1.32
意大利联合信贷银行（意大利）	148	1	1.86	0.80	1.48

注：表中列出了 2013 年末欧洲经济区 25 家大型上市银行的系统重要性监管指标得分和市场指标法计算的得分。监管指标得分和组别依据 BCBS（2014a）公布的方法，从 EBA（2014）和银行网站公布的数据计算得出。市场指标法基于 2009—2013 年的每日股市收益，采用 Van Oordt 和 Zhou（2014）的方法进行估计。

资料来源：作者计算得出。

9.3　市场指标法

本节讨论运用市场指标法来衡量系统性风险。市场指标法估计金融机构的系统性风险各有利弊。使用市场数据的主要优势是其公开性质和数据收集成本低。此外，由于资产价格频率较高且具有前瞻性，因此与基于会计的指标相比，通常能够更频繁、更及时地获取基于市场数据的信息。

但是，如果价格指标含有政府和监管机构应对危机的潜在措施，则市场指标法可能会低估系统性风险。例如，债券价格和信用违约互换（CDS）利差直接受到救助预期影响，参见 Flannery 和 Sorescu（1996）、Demirgüç–Kunt 和 Huizinga（2013）的研究。市场价格也可能因恐慌、挤兑、流动性不足、抛售等误导实际风险水平。此外，监管机构可能拥有市场参与者无法获得的金融体系机密信息。但是，无论是否与监管机构可获得的信息一致，市场价格仍可能提供有关市场参与者对金融机构系统性风险的观点信息。信息之所以有价值是因为一旦金融体系遭受重大冲击，它反映了投资者和经济体系中其他代理人扩大融资或将现有银行债务展期的意愿。

市场指标法存在的困难是如何确定市场价格同时变动的来源。例如，多家银行共同倒闭可能是由一家银行损失造成的，不过损失在银行间市场上蔓延扩散或者因存在共同敞口从而造成损失。两者之间的区别对于制定某些政策至关重要。在银行间市场蔓延的情况下，救助遭受最初损失的银行将直接帮助其他银行。但是，在有共同敞口的情况下，救助任何一家银行都不太可能帮助其他机构。而且仅使用市场信息很难区分两者。尽管如此，即使市场信息仅显示银行是否与金融体系其他机构共同面临困境，而没有揭示原因，该信息仍然有价值，因为在银行危机期间，银行倒闭将给经济带来更大的负担。因此，此类信息对于宏观审慎管理仍然有用。

近年来，许多学者研究了基于市场价格来衡量金融机构系统性风险的方法。例如，Lehar（2005）的波动贡献（Volatility Contribution，VC）、Adrian 和 Brunnermeier（2016）的条件在险价值（Conditional Value–at–Risk，CoVaR）、Acharya 等（2009，2012）的边际预期损失（Marginal Expected Shortfall，MES）和 Huang 等（2009，2012）的困境保费法（Distressed Insurance Premium，DIP）。波动贡献（VC）衡量了银行对全球监管机构投资组合的风险贡献，条件在险价值（CoVaR）测量了特定银行面临困境时对金融体系产生的风险，反之亦然；边际预期损失（MES）是指金融体系遭受巨大冲击时银行股价的预期损失；困境保费法（DIP）衡量因银行陷入困境而导致预期损失所需的保险费。所有这些系统性风险衡量方法都是基于市场数据从结构维度来区分金融机构的系统性风险。

　　本章旨在评估监管指标法和市场指标法衡量的系统重要性银行排名是否一致。衡量金融机构系统重要性的监管指标明确将系统重要性与个体银行风险进行区分。巴塞尔银行监管委员会认为，应从银行倒闭对全球金融体系和更广泛的经济产生的影响来衡量全球系统重要性，而不是要考虑可能发生倒闭的风险。（BCBS，2013a）

　　因此，比较监管指标法和市场指标法衡量的系统重要性的银行排名时，两者之间的关系可能会因银行风险差异而失真。为了实现研究目标，本章将依据市场指标法来测量系统性风险。

　　Van Oordt 和 Zhou（2014）引入基于市场的系统性风险衡量指标，该指标分为两部分，一部分是反映银行风险水平（银行尾部风险），另一部分反映面临金融压力时银行对金融体系溢出的风险状况（关联溢出风险）。这种分类方法与图 9.1 中的概念框架一致。关联溢出风险衡量面临金融压力时银行与金融体系之间的关联程度，而不包含个体银行风险水平的信息。因此，关联溢出风险可能与系统重要性监管指标密切相关。

　　个体银行的系统性风险使用银行股票收益对金融体系遭受极端不利冲击的敏感度进行衡量。图 9.2 显示了 ING 集团股票的每日收益与欧洲银行业指数（不包括 ING 集团）之间的散点图。本章从汤森路透 Datastream 经济数据库收集了 2009 年至 2013 年以欧元计价的股票市场收益和 25 家欧洲大型银行的市值数据。垂直虚线左侧的观测值被认为是应对银行体系极端不利冲击的观测值[①]。ING 集团系统性风险由银行系统中重大损失之间虚线的斜率表示，实心圆圈（灰色和黑色）表示银行系统的重大损失。

　　银行体系严重冲击的敏感度与 Acharya 等（2009）提出的边际预期损失（MES）指标密切相关。MES 指的是金融体系严重损失情况下金融机构的预期损失，因此 MES 估计用实心圆（灰色和黑色）表示观测值的样本平均值。MES 不仅取决于银行体系严重损失之间的虚线斜率，还取决于银

---

　　①　更准确地说，本章阈值设置如下：即 $n = 1304$ 个观测值中，欧洲银行业指数 $k = 30$ 时的最差收益作为极端不利冲击，对应于 $k/n \approx 2.3\%$ 的观测值。当使用 $k = 20$ 或 $k = 40$ 时，结果质量依然可靠。

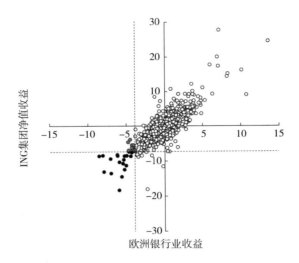

注：实点为欧洲银行业指数遭受最大跌幅的 30 天。

图 9.2 2009 年至 2013 年每日收益散点图

（资料来源：汤姆路透 Datastream）

行体系的损失幅度。两者之间的密切关系从欧洲银行 MES 和对严重冲击敏感度的散点图可得出，见图 9.3。两者之间趋势线的 R^2（R – squared）为

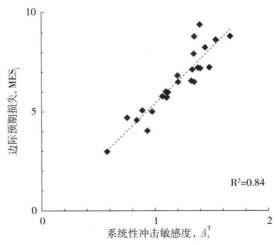

注：图中显示了 25 家欧洲大型银行对系统性冲击敏感度的估计与边际预期损失之间的散点图。估计基于市场损失最大的 30 天。有关估计程序的技术细节，请参阅本章的附录；表 9.2 为银行列表。

图 9.3 2009 年至 2013 年两种以市场为基础的系统性风险方法散点图

（资料来源：汤姆路透 Datastream 数据库和作者计算）

0.84，与理论结果一致，即银行体系严重冲击的敏感度描述了跨机构 MES 中所有空间分散情况，参见 Van Oordt 和 Zhou（2014）。

形式上，我们测量 i 银行在金融体系遭受重大冲击时股票收益率的敏感度 $R_{i,t}$，系数 β_i^T 见下面线性尾部模型：

$$R_{i,t} = \beta_i^T R_{s^{-i},t} + \varepsilon_{i,t} \, for R_{s^{-i},t} < -VaR_{s^{-i}}(\bar{p}), \tag{9.1}$$

$R_{s^{-i},t}$ 是剔除 i 银行的欧洲银行业指数的收益率，$VaR_{s^{-i}}(\bar{p})$ 是小概率 $\bar{p}$ 金融体系的在险价值，$\varepsilon_{i,t}$ 是假定自变量 $R_{s^{-i},t}$ 受到的冲击，β^T 估计量不依赖于极值为条件的普通最小二乘回归。由于观测值数量较小，且股票收益率存在重尾分布，估计策略会有较大的估计误差。

例如，Mikosch 和 De Vries（2013）的研究。相反地，Van Oordt 和 Zhou（2014）采用了一种基于极值理论（Extreme Value Theory，EVT）的方法，其技术细节可以在附录中找到。我们应用这一方法，给出了式（9.1）中测量系统风险的估计量：

$$\hat{\beta}_i^T = SL_i \times IR_i, \tag{9.2}$$

在金融压力下，SL_i 衡量金融压力下银行与金融体系之间的关联强度，而 IR_i 衡量银行的尾部风险。因此，式（9.1）中的系统风险指标 β^T 可以分为两部分：银行尾部风险和关联溢出风险。

每部分的测量方法如下。银行尾部风险 IR_i 是银行在险价值与银行体系在险价值的比率。银行体系在险价值用垂直虚线的阈值来估计，图 9.2 垂直虚线表示银行业指数遭遇巨大损失。我们绘制了一条类似的水平虚线，表示阈值，在该阈值以下，ING 集团同样遭受了巨大损失。该虚线的阈值是 ING 集团在险价值的估计量。两种在险价值的比率是 ING 集团下行尾部风险的标准化度量。表 9.2 中的 "银行尾部风险" 一栏列出所有样本银行的比率。

在发生金融压力时，银行与金融体系之间的关联度 SL_i，依赖于概念的尾部相关性（tail dependence）。参见 Hartmann 等（2007）和 De Jonghe（2010）的两篇论文是银行业尾部相关性的早期实证研究。估计如下：图 9.2 中垂直虚线左侧的观测值对应于银行系统遭遇重大不利冲击。银行系统中的部分重大冲击与 ING 集团的极端损失同时发生。这些观测值由黑色实心圆圈表示。对于系统中的其他重大损失，ING 集团与银行系统之间的关联不够紧密，不足以使 ING 集团遭受极大损失。在银行系统中所有大冲击（灰色和黑色实心圆）中，同极事件（黑色实心圆）的比例是 ING 集团与银行系统之间的尾部相关性的估计量。SL_i 是尾部相关性的严格递增函数，取值介于 0 和 1 之间。表 9.2 报告中的"关联溢出风险"列出了每个银行的 SL_i 水平[①]。系统性风险指标 $\hat{\beta}_i^T$，即报告中的"系统性风险"一列是"银行尾部风险"和"关联溢出风险"列各值的乘积。

表 9.2 中的估计表明，在金融压力下，银行尾部风险和关联溢出风险都不是系统性风险较高的充分条件。考虑银行尾部风险后，西班牙国际银行与金融体系关联度最高，值为 0.90。但是，由于风险水平较低，西班牙国际银行系统性风险仍然有限（1.07）。同样，比利时联合银行尾部风险水平最高，达到 1.96，但也不是对金融体系重大冲击最具敏感度的机构。这是由于该银行对金融体系溢出风险较弱。荷兰国际集团对金融体系遭遇重大冲击敏感度最高，因为其尾部风险和关联溢出风险排名均较高。

9.4 监管指标法与市场指标法

本章旨在评估监管指标法与市场指标法是否会导致银行系统重要性排名一致。因此，本章研究了市场指标法与监管指标法及其类别之间的实证关系。由于观测值较少，因此将 G－SIB 五大类别得分作为解释变量的横截面回归（cross－sectional regression）是不可行的。取而代之的是，我们计算市场指标法计算的系统重要性得分与五大 G－SIBs 类别中的银行得分之间的斯皮尔曼等级相关系数（spearman rank correlations）[②]。进一步考虑

---

① 与尾部相关性水平一样，SL_i 在 0 到 1 之间，更多详细信息请参见附录。关联溢出风险平均值为 0.79，表明面临金融压力时大型银行与金融体系之间关联度较高。这一结果与 Mink 和 De Haan（2014）研究一致，G－SIBs 整体变化就可以解释 G－SIBs 市值变化最大部分的情况。

② 我们还利用市场指标法与基于对数的监管指标法之间的皮尔逊相关系数进行了相关分析，结果保持不变。

监管指标法计算得分与系统性风险两大组成部分之间的等级相关性。鉴于采用监管指标法考虑银行尾部风险后，我们希望 G – SIB 类别得分与关联溢出风险得分之间具有很强的相关性。

　　结果见表 9.3。五个 G – SIB 类别中每个类别的银行得分与市场指标法度量结果正相关，相关系数介于 0.25 到 0.35 之间。不过由于样本量小，系数不具有统计学意义。但是，如果将系统性风险度量分解为两部分后，所有五个 G – SIB 类别的得分与关联溢出效应之间的关系统计学上显著正相关，范围从 0.47 到 0.71。每个系数在 5% 水平上都具有统计学意义[①]。结果符合预期，即关联溢出效应与监管指标法计算值相关性更强，因为监管指标法不考虑银行尾部风险。相反，样本中五个 G – SIB 类别与银行尾部风险之间无统计学意义。结果显示，G – SIB 类别与银行尾部风险相关关系较弱。关联溢出风险也与 G – SIB 所在组别正相关，皮尔逊相关系数（pearson correlation coefficients）为 0.41，在 5% 的显著性水平上具有统计学意义。总之，基于市场数据估计的系统性风险指标显示 G – SIB 类别可以反映银行的系统重要性。

表 9.3　　　　　G – SIB 类别和市场指标法之间的等级相关性

类别	银行风险	关联溢出风险	系统性风险
规模	0.02	0.59	0.27
关联度	0.02	0.60	0.26
可替代性	0.03	0.56	0.25
复杂性	0.16	0.47	0.35
跨境活动	− 0.03	0.71	0.26
总得分	0.04	0.65	0.30
G – SIB 组别（皮尔逊相关系数）	− 0.11	0.41	0.07

　　注：表中显示了基于监管指标法和市场指标法计算的 25 家欧洲大型银行系统重要性分值的等级相关性。在 10%、5% 和 1% 显著检验水平上，绝对值分别大于 0.34、0.40 和 0.51 表示拒绝 0 等级相关系数（双边）的零假设。

---

① 　G – SIB 组别是类别数量有限的分类数据项，因此斯皮尔曼相关性并不可行。

　　为了进一步了解针对系统重要性的监管方法与系统性风险之间的关系，我们考虑对 12 个 G – SIB 指标进行并行分析（parallel analysis），这些指标用于构建表 9.4 中五个类别的得分。与 G – SIB 类别得分结果相似，指标与系统性风险之间的相关性均为正（不显著），范围为 0.02 至 0.33；与关联溢出风险的相关性都为正，且具有统计学意义。唯一的例外是"三级资产"指标，该指标统计上相关系数为 0.26，相关性并不显著。其他指标等级相关系数范围从 0.47 到 0.71。与银行尾部风险的相关性仍然不显著，其中三级资产相关性为正且是最高值。总而言之，如果分析 G – SIB 指标得分而不是 G – SIB 类别得分，则结果不会发生质的变化。

　　尽管与其他 G – SIB 指标相比，三级资产指标与关联溢出风险相关性较低，但没有理由怀疑其作为系统重要性指标的有效性。

表 9.4　　G – SIB 指标和市场指标法计算得分之间的等级相关性

类别	指标	银行尾部风险	关联溢出风险	系统性风险
规模	调整后的表内外资产余额	0.02	0.59	0.27
关联度	金融机构间资产	0.10	0.51	0.30
	金融机构间负债	0.12	0.56	0.33
	发行证券和其他融资工具	− 0.13	0.67	0.15
可替代性	通过支付系统或代理行结算的支付额	0.10	0.47	0.28
	托管资产	− 0.22	0.59	0.02
	有价证券承销额	− 0.11	0.49	0.11
复杂性	场外衍生产品	0.07	0.51	0.27
	交易类和可供出售证券	0.04	0.60	0.21
	三级资产	0.22	0.26	0.31
跨境业务	跨境债权	− 0.10	0.70	0.20
	跨境负债	− 0.06	0.71	0.23

　　注：表中显示了基于监管指标法和市场指标法计算的 25 家欧洲大型银行系统重要性分值的等级相关性。在 10%、5% 和 1% 显著检验水平上，绝对值分别大于 0.34、0.40 和 0.51 表示拒绝 0 等级相关系数（双边）的零假设。

由于三级资产与银行风险之间存在正相关关系，因此不考虑银行尾部风险之前，该指标似乎与系统性风险相关性较强（尽管不显著）。三级资产相对不透明且流动性相对较低，因此与其他资产相比，其更容易受到抛售影响。市场参与者可能会认为持有三级资产的银行风险较高，而不是认为其与银行体系关联更紧密，这就可以解释为什么三级资产与关联外溢风险没有密切关系，但是仍然与较高的系统性风险有关联。

9.5　结论

并非影响银行风险的所有操作都与系统性风险相关。单一政策措施可能会对个体银行风险和系统性风险产生相反的影响。这就是为什么侧重于防范个体银行风险的微观审慎监管目标措施，在范围和方向上可能不同于侧重于防范系统性风险的宏观审慎目标措施。因此，实施审慎政策需要仔细考虑对个体银行风险和系统性风险的影响。

国际监管机构已经制定方法对 G – SIBs 进行识别和分类，以满足更高的损失吸收能力要求。本章通过检验监管指标法与市场指标法是否一致，从而为政策制定与讨论提供意见建议。本章研究提供了一些证据支持监管机构选择系统重要性指标。特别是对于欧洲经济区的大型银行样本来说，本章一方面评估了 G – SIBs 类别和指标之间的关系，另一方面评估了基于市场的指标法识别结果。结果支持 G – SIBs 所有类别和大多数用于衡量银行系统重要性的 G – SIB 指标有关系。

附　　录

本附录详细说明了市场指标法及其两个组成部分指标估计的技术细节。考虑到样本银行数量较小，本章按照 López – Espinosa 等（2012）的思路，基于 24 家银行为每家 i 银行构造了欧洲银行业体系指数 S^{-i}，$R_{i,t}$ 为 i 银行 t 日的股票收益率。S^{-i} 收益率构造如下：

$$R_{S^{-i},t} = \frac{\sum_{j \neq i} e_{j,t-1} R_{j,t}}{\sum_{j \neq i} e_{j,t-1}}, \tag{9.3}$$

$e_{j,t-1}$ 是 j 银行前一交易日市值，$R_{i,t}$ 是 t 日 j 银行收益率。

根据 Van Oordt 和 Zhou（2014）模型，本章通过评估欧洲银行业体系遭受重大冲击的敏感度来衡量一家银行的系统性风险。系数 β_i^T 基于 Van Oordt 和 Zhou 提出的极值理论（EVT）方法进行估计。更具体地讲，$R_{i,t}$ 和 $R_{S^{-i},t}$ 分别使用尾部指数 ζ_i 和 $\zeta_{S^{-i}}$ 表示重尾分布①。在 $\zeta_{S^{-i}} < 2\zeta_i$ 和 $\beta_i^T \geq 0$ 两个弱约束条件下，系数 β_i^T 可以用以下方式进行估计：

$$\hat{\beta}_i^T := \hat{\tau}_i (k/n)^{1/\zeta_{S^{-i}}} \frac{\widehat{VaR}_i(k/n)}{\widehat{VaR}_{S^{-i}}(k/n)} \tag{9.4}$$

尾部指数 $\zeta_{S^{-i}}$ 使用希尔估计（HILL，1975）计算估计量；$\widehat{VaR}_i(k/n)$ 和 $\widehat{VaR}_{S^{-i}}(k/n)$ 使用第 $(k+1)$ 时期银行股票和欧洲银行业指数收益率的估计量；$\hat{\tau}_i(k/n)$ 是多元极值理论中建立的 $R_{i,t}$ 和 $R_{S^{-i},t}$ 尾部相关非参数估计（Embrechts 等，2000），公式如下：

$$\hat{\tau}_i(k/n) = \frac{1}{k} \sum_{t: R_{S^{-i},t} < -VaR_{S^{-i}}(k/n)} 1(R_{i,t} < -\widehat{VaR}_i(k/n)) \tag{9.5}$$

---

① 形式上说，对于所有 $t > 1$ 情况下，如果在 $\lim_{u \to \infty} \frac{l_i(tu)}{l_i(u)} = 1$ 条件下 $Pr(R_{i,t} < -u) = u^{-\zeta_i} l_i(u)$，则 $R_{i,t}$ 分布是重尾分布。为了确保 $\hat{\beta}_i^T$ 的一致性，理论上，k 是 n 的一个序列，如当 $n \to +\infty$ 时，$k = k(n) \to \infty$ 和 $k(n)/n \to 0$。

β_i^T 估计量分解成两部分，以分别反映金融压力下 i 银行关联溢出风险和银行尾部风险的影响程度。银行关联溢出风险定义为 $SL_i = \hat{\tau}_i (k/n)^{1/\hat{\zeta}_{S^{-i}}}$，$i$ 银行尾部风险为 $IR_i = \widehat{VaR}_i (k/n) / \widehat{VaR}_{S^{-i}} (k/n)$，式（9.4）中 β_i^T 估计量可重写为式（9.2）。

根据 Acharya 等（2009），式 9.2 显示了 MES_i 为

$$\widehat{MES}_i(k/n) = -\frac{1}{k} \sum_{t: R_{i,t}^{S^{-i}} < -VaR_{S^{-i}}(k/n)} R_{i,t} \qquad (9.6)$$

参考文献

V. V. Acharya, L. Pedersen, T. Philippon and M. Richardson (2009). "Regulating systemic risk." In V. V. Acharya and M. Richardson (Eds.), *Restoring Financial Stability: How to Repair a Failed System*, New York: John Wiley & Sons, 283–304.

V. V. Acharya, R. Engle and M. Richardson (2012). "Capital shortfall: A new approach to ranking and regulating systemic risks," *American Economic Review: Papers & Proceedings*, vol 102, no 3, 59–64.

T. Adrian and M. K. Brunnermeier (2016). "CoVaR," *American Economic Review*, vol 106, no 7, 1705–1741.

F. Allen and D. Gale (2000). "Financial contagion," *Journal of Political Economy*, vol 108, no 1, 1–33.

BCBS (2013a). "Global systemically important banks: Updated assessment methodology and the higher loss absorbency requirement." *Technical Document.*

(2013b). "Basel III: The Liquidity Coverage Ratio and liquidity risk monitoring tools," *Technical Document.*

(2014a). "The G-SIB assessment methodology: Score calculation," *Technical Document*, no19.

(2014b). "Instructions for the end-2013 data collection exercise of the macroprudential supervision group," Technical Document.

(2015). "Instructions for the end-2014 G-SIB assessment exercise," Technical Document.

C. Borio (2003). "Towards a macroprudential framework for financial supervision and regulation?," *CESifo Economic Studies*, vol 128, no 9, 181–215.

(2014). "The international monetary and financial system: Its Achilles heel and what to do about it," *BIS Working Papers.*

H. Boyd, S. Kwak and B. Smith (2005). "The real output losses associated with modern banking crises," *Journal of Money, Credit, and Banking*, vol 37, no 6,

977–999.

M. K. Brunnermeier (2009). "Deciphering the liquidity and credit crunch 2007–2008," *Journal of Economic Perspectives*, vol 23, no 1, 77–100.

M. K. Brunnermeier, G. Dong and D. Palia (2012). "Banks' non-interest income and systemic risk," *Working Paper*.

N. Cetorelli and L. S. Goldberg (2011). "Global banks and international shock transmission: Evidence from the crisis," *IMF Economic Review*, vol 59, no 1, 41–76.

O. De Bandt, P. Hartmann and J. L. Peydró (2010). "Systemic risk in banking: An update." In A. N. Berger, P. Molyneux and J. O. S. Wilson (Eds.), *The Oxford Handbook of Banking*, Oxford: Oxford University Press, 633–672.

O. De Jonghe (2010). "Back to the basics in banking? A micro-analysis of banking system stability," *Journal of Financial Intermediation*, vol 19, no 3, 387–417.

G. Dell'Ariccia, E. Detragiache and R. Rajan (2008). "The real effect of banking crises," *Journal of Financial Intermediation*, vol 17, no 1, 89–112.

A. Demirgüç-Kunt and H. Huizinga (2013). "Are banks too big to fail or too big to save? International evidence from equity prices and CDS spreads," *Journal of Banking & Finance*, vol 37, no 3, 875–894.

D. W. Diamond and R. G. Rajan (2011). "Fear of fire sales, illiquidity seeking, and credit freezes," *Quarterly Journal of Economics*, vol 126, no 2, 557–591.

EBA (2014). "EBA publishes indicators from Global Systemically Important Institutions (GSIIs)." http://www.eba.europa.eu/-/eba-publishes-indicators-from-global-systemically-important-institutions-g-siis. [Online; release date September 29, 2014].

P. Embrechts, L. de Haan and X. Huang (2000). "Modelling multivariate extremes." In *Extremes and Integrated Risk Management*. Risk Waters Group, 59–67.

M. J. Flannery and S. M. Sorescu (1996). "Evidence of bank market discipline in subordinated debenture yields: 1983–1991," *Journal of Finance*, vol 51, no 4, 1347–1377.

M. J. Flannery, S. H. Kwan and M. Nimalendran (2013). "The 2007–2009 financial crisis and bank opaqueness," *Journal of Financial Intermediation*, vol 22, no 1, 55–84.

X. Freixas, B. M. Parigi and J. C. Rochet (2000). "Systemic risk, interbank relations, and liquidity provision by the central bank," *Journal of Money, Credit and Banking*, vol 32, no 3, 611–638.

E. B. G. Galati and R. Moessner (2013). "Macroprudential policy: A literature review," *Journal of Economic Surveys*, vol 27, no 5, 846–878.

G. Girardi and A. T. Ergün (2013). "Systemic risk measurement: Multivariate GARCH estimation of CoVaR," *Journal of Banking & Finance*, vol 37, no 8, 3169–3180.

C. Goodhart and D. Schoenmaker (2009). "Fiscal burden sharing in cross-border banking crises," *International Journal of Central Banking*, vol 5, no 1, 141–165.

P. Hartmann, S. Straetmans and C. G. de Vries (2007). "Banking system stability: A cross-Atlantic perspective." In M. Carey and R. M. Stulz (Eds.), *The Risks of Financial Institutions*. Chicago: University of Chicago Press, 133–192.

B. M. Hill (1975). "A simple general approach to inference about the tail of a distribution," *Annals of Statistics*, vol 3, no 5, 1163–1174.

X. Huang, H. Zhou and H. Zhu (2009). "A framework for assessing the systemic risk of major financial institutions," *Journal of Banking & Finance*, vol 33, no 11, 2036–2049.

(2012). "Systemic risk contributions," *Journal of Financial Services Research*, vol 42, no 1–2, 55–83.

IMF/BIS/FSB (2009). "Guidance to assess the systemic importance of financial institutions, markets and instruments: Initial considerations," *Report to G20 Finance Ministers and Governors*.

A. Lehar (2005). "Measuring systemic risk: A risk management approach," *Journal of Banking & Finance*, vol 29, no 10, 2577–2603.

G. López-Espinosa, A. Moreno, A. Rubia and L. Valderrama (2012). "Short-term wholesale funding and systemic risk: A global CoVaR approach," *Journal of Banking & Finance*, vol 36, no 12, 3150–3162.

T. Mikosch and C. G. De Vries (2013). "Heavy tails of OLS," *Journal of Econometrics*, vol 172, no 2, 205–221.

M. Mink and J. De Haan (2014). "Spillovers from systemic bank defaults," *CESifo Working Paper*, no 4792.

J. Peek and E. S. Rosengren (2000). "Collateral damage: Effects of the Japanese bank crisis on real activity in the United States," *American Economic Review*, vol 90, no 1, 30–45.

F. Vallascas and K. Keasey (2012). "Bank resilience to systemic shocks and the stability of banking systems: Small is beautiful," *Journal of International Money and Finance*, vol 31, no 6, 1745–1776.

M. R. C. Van Oordt and C. Zhou (2014). "Systemic risk and bank business models," *DNB Working Paper*, no 442.

M. R. C. Van Oordt and C. Zhou (forthcoming). "Estimating systematic risk under extremely adverse market conditions," *Journal of Financial Econometrics*.

第 10 章　系统性风险分析的宏观审慎工具

马钦·罗宾斯基（Marcin ŁUpiński）[①]

作为压力测试框架的组成部分，本章旨在阐述系统性风险分析工具及其运用，以解决宏观审慎政策决策者面临的系统性风险威胁，特别是波兰银行业现存问题。本章第一部分描述了系统性风险的替代定义，然后介绍了度量和分析系统性风险的替代工具。文章将网络模型（network model）与压力测试框架结合在一起实证评估了系统性风险对波兰银行业的影响。研究结果显示，整体上波兰银行业不受内源性和外源性系统性风险因素影响，国内银行业不稳定来源不存在系统性风险，但是未来波兰银行资本所有权结构和抵押信贷组合特征等因素会冲击本国银行业，需要密切监测。

10.1　引言

2008 年以来，国际金融危机浪潮动摇了全球金融体系，中央银行、监管部门和专家学者开始逐渐关注系统性风险。惨痛的教训表明，不同地理区域和司法管辖区运营的金融机构，它们之间的极端风险传染已成为制定管理整个金融体系政策的前置条件。主要中央银行、监管部门和国际组织已经明确了系统性风险的定义、宏观审慎政策一般框架以及与信贷、流动性和资本有关的实施工具。与货币政策框架类似，宏观审慎政策需要专门

---

① 拉扎斯基大学经济管理学院（marcin. lupinski@ lazarski. pl）；波兰国家银行（marcin. lupinski@ nbp. pl）。

的分析工具和数据仓库，以监测和预期金融稳定面临的潜在威胁。尽管各国已采取措施弥合统计数据差距并开发系统性风险模型，但新兴市场经济体仍有明显的改进空间。

　　本章主要目的是针对可用统计数据有限的银行部门，提出适用于系统性风险分析的工具。转型后的新兴市场经济体，金融机构和金融市场蓬勃发展，但可用统计数据有限这一现象非常普遍。本章的研究是学术调查、中央银行及监管机构主流研究的一部分，旨在分析相互关联的（全球）系统重要性金融机构导致近期金融危机爆发及其放大机制的影响。系统性风险传递有三大渠道：（1）金融机构间跨境关联的复杂性（是现有关联数量和强度的函数）；（2）缺乏适用于自身的风险管理方法（所有金融实体都使用相似的方法和模型）；（3）持续的金融创新导致金融工程工具构建复杂，其支付和风险状况几乎不可预测。

　　从新兴市场宏观审慎政策决策者的角度来看，专用分析工具的实用性很难高估，进而对外国系统重要性机构极端风险产生和传递到本地金融体系的重要信息进行警示。掌握特定机构和传导渠道脆弱性的决策者，可以根据可靠且最新的专业知识制定策略和行动，以维护国内金融稳定。使用这些工具的调查结果可以优化危机管理框架中的预防性救助措施。

　　本章作者提出了一套用于评估系统性风险的分析框架，选择网络模型分析研究结果，然后将其应用于波兰银行业及其有关联的外国系统重要性机构。网络模型用于实证分析系统性风险对国际银行体系密切相关的波兰银行业影响，但同时也有其自身特点，在多个方面不同于西欧和美国同行。

　　本章结构安排如下：第 2 节简要回顾产生系统性风险的主要来源和计量模型。接着介绍过去二十年文献中出现的系统性风险主要定义。第 4 节讨论量化系统性风险的替代方法，详细描述网络模型作为调查实证部分中的参考框架。第 5 节简要分析波兰银行业系统性风险所用数据的情况。倒数第 2 节指出研究结果，分析研究对波兰银行业稳定的影响。最后一节就宏观审慎政策提出一些意见建议。

10.2 文献回顾

20 世纪 80—90 年代，描述系统性风险建模的理论和实践研究论文开始出现，但论文作者就系统性风险来源意见不一。当时比较流行三种观点：（1）银行挤兑和流动性不足银行间的相互传染影响；（2）实体经济遭受负面冲击导致银行危机；（3）关注金融风险对全球金融市场的放大影响。

Chen（1999），Sheldon 和 Maurer（1998），Allen 和 Gale（2000），Freixas、Parig 和 Rochet（2000），Wells（2002），Upper 和 Worms（2004）等使用了第一种方法。大多数论文使用反映金融机构之间关联结构和程度的数据来进行建模。

从宏观审慎政策的角度来看，仔细研究描述实体经济波动与金融体系危机之间关系的文献非常重要。Gorton（1988），Lindgren、Garcia 和 Saal（1996）等文章值得参考，其中涉及经济周期和银行信贷波动之间的理论概念。Bordo、Mizrach 和 Schwarz（1995），Kodres 和 Pritsker（1999）以及 Kyle 和 Xiong（2000）论文也提出了类似的方法。

上一次金融危机期间，金融机构遭受重大损失是由系统重要性对手方失败造成的，从而刺激人们进一步探索系统性风险的来源。Gai 和 Kapadia（2010），Drehmann 和 Tarashev（2011）研究的主要目标就是如此。同时，Borio 和 Lowe（2004），Borio 和 Drehmann（2009）撰写的论文，使用早期预警指标方法来识别金融体系不稳定的潜在来源。过去几年，根据实际观察情况，学者专家引入系统性风险度量和评估的实证简化模型，其中最受欢迎的是 Adrian 和 Brunnermeier 提出的 CoVaR（2011），Chan‐Lau 的 Co‐Risk（2009）以及 Acharya、Pedersen、Philippon 和 Richardson（2010）系统性预期损失模型。本章各个部分将分别阐述上述模型，并作为网络模型的备选。

作者的主要兴趣是系统性风险分析网络框架，Eisenberg 和 Noe

（2001）论文中首次予以描述。这种方法直接考虑了上述三种系统性风险的两个主要来源：银行挤兑和流动性不足银行之间相互传染的影响，以及金融风险对全球金融市场的放大影响（例如，第二轮效应）。决策者可以使用通用支付系统的数据来分析机构的破产情况，该系统用于结算最终合同。网络模型通过使用不动点定理（fixed point theorem）和清算支付向量（clearing payments vector）的迭代过程来实现最终目的，清算支付向量可以反映特定金融机构的破产风险，同时考虑了系统重要性金融机构的风险传染情况。

如前所述，网络模型是本章实证评估系统性风险的基础。危机前 Eboli（2004）和危机后 Allen 和 Babus（2009），Hale（2011）以及 Minoiu 和 Ryes（2011）的工作论文可以找到相应的案例。

10.3　系统性风险定义

国际清算银行年报（BIS，1994）首次明确了系统性风险定义。BIS 认为，当金融体系内一家机构无法履行未偿债务，导致与该机构存在合约的其他机构破产时，系统性风险就会变成现实，最终导致连锁反应（多米诺骨牌），引发整个金融体系出现不稳定的情况。

Mishkin（1997）试图将系统性风险定义为市场无效的特殊情况。他认为，系统性风险源于金融市场信息流突然及意外扭曲的可能性，导致在储户和潜在投资企业之间履行传统中间人角色的作用受到限制。

Haldane（2009）根据上一次金融危机期间的情况指出了系统性风险的最重要特征。他认为，雷曼兄弟破产危机可以与 2002 年"严重急性呼吸综合征（SARS）"大流行对全球金融市场影响进行相互比较。依 Haldane 所说，这两种现象都是由突然的"外部"事件引起的，开始只影响到第一个实体，然后引起其他实体陷入恐慌，由于第一个实体与其他实体关联度高，最终导致整个系统出现困境。在这种情况下，关联实体的常见不规则活动造成的破坏（对于金融系统而言为损失）与引发连锁反应的初始冲击规模不成比例。

因此，系统性风险可以看作是复杂的、适应性的实体网络对原始外源性冲击的反应。网络复杂性是正规和非正规金融实体相互关联多样性状况的衍生。网络的适应性可以定义为实体之间的相互影响，这些实体遭受初始冲击后，尝试继续使用优化后的先前标准作出决策，但是在非常规情况下，事实上这些决策基于不完整的或误导性的信息，从而改变了对整个金融体系的影响。Haldane 有关系统性风险的定义与网络模型进行了创造性的关联，分析了银行业内部的关联性，以此作为本章的参考模型。

最近，国际货币基金组织、金融稳定理事会和国际清算银行（2011）将系统性风险定义为"金融服务的中断风险，包括：（1）全部或部分金融体系受损；（2）有可能对实体经济造成严重负面影响"。

无论谁来定义系统性风险来源，系统性风险的理论方法与度量分析系统性风险的实践指引之间存在很大差距。本章下一部分着重于系统性风险分析的实证方法，力图与国际清算银行、Haldane 有关系统性风险的定义保持一致，并强调其网络属性。

10.4 替代的系统性风险模型

一般而言，系统性风险建模有三种不同方法：（1）构建早期预警指标；（2）考虑金融实体之间关联的五分位数风险指标（五分位数风险模型分组）；（3）网络分析结构，可以直接量化金融机构间的关联度。首先，我们引入五分位数风险指标，以便与压力测试框架相互结合。

10.4.1 CoVaR 模型

Adrian 和 Brunnermeier（2011）首次提出了 CoVaR 模型，是众所周知的在险价值（VaR）方法的增强版，该方法用于计算系统重要性机构之间的风险，其他重要性程度低的金融机构与金融部门和部门本身的关联情况。计算 t 时期一家银行（以 j 表示）或整个行业的风险水平可以用有条件的在险价值（CoVaR），具体取决于系统重要性机构产生的风险（以 i 表示）。

$$Pr(AR_t^j \leqslant CoVAR_t^{j\,|\,i,k}\,|\,AR_t^i = VaR_t^{i,k}) = k \qquad (10.1)$$

AR_t^j 代表 j 机构的资产收益率，AR_t^i 代表 i 机构的资产收益率，k 代表 j 机构资产收益率五分位数分布（通常 $k = 1\%$ 或 5%），VaR_t^i 是用 k 五分位数计算的资产收益率的在险价值。

从 i 机构到 j 机构的风险传染用两者差值来计算，即当 j 机构资产收益等于置信水平 $(1-k)$ 下的在险价值时 i 机构的条件在险价值，与发生在险价值时 j 银行条件在险价值的差。该等式如下：

$$\Delta CoVAR_t^{j\,|\,i,k} = CoVAR_t^{j\,|\,i,k} - CoVAR_t^{j\,|\,i,50\%} \qquad (10.2)$$

CoVaR 方法与压力测试框架的简单结合基于以下事实：$\Delta CoVAR_t^{j\,|\,i,k}$ 分布取决于风险因子向量（RF_t），该向量表示观察到的经济金融形势。从技术角度看，此分布是用 t 时期 i 机构资产收益率通过五分位数回归的等式来计算：

$$AR_t^i = a^i + b^i RF_{t-1} + \varepsilon_t^i \qquad (10.3)$$

（a^i 和 b^i 分别代表参数向量）使用类似等式描述 t 时期 j 机构资产收益率，其中 $c^{j\,|\,i}$ 是参数向量。

$$AR_t^i = a^{j\,|\,i} + b^{j\,|\,i} AR_{t-1}^i + c^{j\,|\,i} RF_{t-1}^i + \varepsilon_t^{j\,|\,i} \qquad (10.4)$$

式（10.2）分别对选定的置信水平和中位数进行五分位数回归。

根据 Adrian 和 Brunnermeier 的论文，考虑的风险因子（RF_t）包括：

1. 所选的股票交易所指数波动指标（VIX）；

2. 3 个月回购利率和到期期限剩下 3 个月的政府债券利率价差；

3. 3 个月国库券一周收益率变化；

4. 10 年期政府债券与 10 年期 3 个月华沙银行间同业拆借利率（WIBOR）利差；

5. 公司债券收益率和 10 年期政府债券收益率信用利差一周变化；

6. 选定的股票交易所指数一周变化；

7. 房地产企业（开发商、建筑商）收益一年动态指数。

10.4.2　Co – Risk 模型

Chan – Lau（2009）提出的 Co – Risk 模型，借助信用违约互换（CDS）价格之间的关系，量化机构群体的各个风险敞口之间的依存关系。关联程度的分布通过五分位数回归进行估算。国际货币基金组织报告（IMF，2009）描述了 Co – Risk 模型在评估系统性风险中的实际应用情况。

根据特定风险分布 k 个五分位数的 Co – Risk 模型，t 时期选定的（以 j 表示）金融机构的 CDS（或用银行部门替代则忽略）价格类似于用以下线性表达式描述系统重要性金融机构：

$$CDS_t^{j,k} = a^{i,k} + b^{i,k}CDS_t^{j,k} + c^{i,k}RF_{t-1} \qquad (10.5)$$

RF_{t-1} 是指宏观经济金融环境产生的风险因子向量，$a^{i,k}$、$b^{i,k}$ 和 $c^{i,k}$ 分别是参数向量。

Co – Risk 模型中的风险因子一般与 CoVaR 结构中的风险因子相同：本地股票交易所 VIX，10 年期政府债券收益率与 3 个月货币市场利率利差等。本章使用金融机构 5 年期 CDS 价格（利差）估计 Co – Risk 模型。

式（10.5）参数使用尾部置信水平（$1 - k$）情况下五分位数回归进行估计，以计算共同面临的系统性风险指标：

$$CoRisk_t^{j,i,q} = \left(\frac{\hat{a}^{i,95\%} + \hat{b}_i^{i,95\%} CDS_t^{i,95\%} + \hat{c}^{i,95\%} RF_{t-1}}{CDS_t^{j,95\%}} - 1 \right) \times 100\%$$

$$(10.6)$$

$CDS_t^{j,95\%}$（$CDS_t^{i,95\%}$）是 t 时期 $j(i)$ 机构 CDS 价格第 95 个百分位实证分布结果。

10.4.3　系统性预期损失模型

度量和评估系统性风险的第三种方法是系统性预期损失（SES）模型。这种方法建立的模型可以分析预期损失分布的尾部特征。Acharya、Pedersen、Philippon 和 Richardson（2010）提出了系统性风险度量结构，该结构与 2007 年以后美国银行业真实损失的观察结果相吻合。损失规模根据美国财政部纾困无力偿债银行的救助资金和受金融危机严重影响但未破产银行的累计损失进行计算。Acharya 等假设创纪录的纾困规模和损失近似等于整个美国银行业的系统性预期损失。系统性预期损失总额取决于表征美国系统重要性金融机构（以 i 表示）的两个变量，即边际预期损失（MES）和杠杆水平（L）：

$$SES_t^i = a + bMES_t^i + cL_t^i + \varepsilon_t^i \qquad (10.7)$$

该式中，SES_t^i 为整个银行部门实际损失的资本总额或纾困无力偿债银行所需的资本额。t 时期 i 机构的边际预期损失指历史上最差收益率的 5% 的日子里的平均股票收益率。使用系统重要性机构 CDS 利差也可以计算边际预期损失。

式（10.7）的系数通过线性回归分别针对每个指标 t 进行估算。将上述参数的估计值代入整个银行部门在 t 时期 i 机构的系统性风险（SR）公式后，即可得出：

$$SR_t^i = \frac{\hat{b}}{\hat{b} + \hat{c}}MES_t^i + \frac{\hat{b}}{\hat{b} + \hat{c}}L_t^i \qquad (10.8)$$

上述三种系统性风险模型显然无法完整地与压力测试框架相融合。此外，值得关注的系统性风险分析模型还包括 Huang、Zhou 和 Zhu（2009）提出的困境保费模型（DIP）或 Gray 和 Jobst（2010）提出的或有权益分析法（CCA）模型。CoVaR、Co – Risk 和 SES 三种系统性风险模型最受欢迎，实证文献、中央银行和监管机构报告中大多参考了这三种模型。

10.4.4　银行部门网络模型

Eisenberg 和 Noe（2001）最初提出的系统性风险网络模型，通常作为宏观审慎分析中使用的信用风险、融资和流动性风险评估模型的补充分析结构。该模型的主要优点是可以直接通过量化债务工具（担保和无担保短期贷款）和资本结构渠道对银行之间的关联程度进行建模。基于网络模型的这些特征，本章实证部分将网络模型用作参考框架。

网络模型的主要假设之一是 $t = 0$ 时每个被分析的金融实体都持有一定

的负债组合,其特征是与对手方签订的合同。当金融和宏观经济环境遭受负面冲击时,一个或多个实体可能将无法偿还其债务。在这种情景下,这些机构只能支付一部分应付款,并通过一系列关联的破产金融机构引发连锁反应。考虑到系统性风险传染的多阶段影响、双边银行关系的复杂性以及系统性风险对特定机构的异质性,网络模型似乎是最合适的风险建模方法之一。这是一个自下而上的框架,可让我们确定特定机构就其同行问题的来源和独特反应。

Eisenberg 和 Noe(2001)模型假设银行部门由 N 个实体(网络节点)组成,它们相互链接,并且双边债务清算在同一个清算系统中。每个实体的资产负债表(用下表 i 表示)均有以下特征。

负债:

(1)$\sum_{j=1}^{N} CS^{i,j} EV_t^j$ 表示总股本,其中 $CS^{i,j}(CS^{i,j} \geq 0)$ 是指 j 银行占 i 银行股份的比重,范围在 [0,1],EV_t^j 是 j 银行的股本;

(2)持有到期净值 EV_t^i 的外债;

(3)属于 j 机构持有到期净值 $L_t^{i,j}(L_t^{i,j} \geq 0)$ 的银行间负债。

资产:

(1)补充净收入 EI_t^i 的外部资产;

(2)用 k 机构应收账款净额补充的 $L_t^{k,i}(L_t^{k,i} \geq 0)$ 银行间资产。

图 10.1 简要介绍了 i 机构的资产负债表和现金流量表 t 时期 i 银行假定的(合同)付款流如下:

$$P_t^i = \sum_{j=1}^{N} L_t^{i,j} + EL_t^i \tag{10.9}$$

如果 i 银行的净外部收入和来自其他实体的应收账款不足以支付其从该部门和外部对其他实体的净应付款,则按比例支付:

$$\Pi_t^{i,j} = \begin{cases} \dfrac{L_t^{i,j}}{P_t^i}, 如果 P_t^i > 0 \\ 0, 其他情况下 \end{cases} \tag{10.10}$$

t 时期 i 银行实际支付通过以下等式确定:

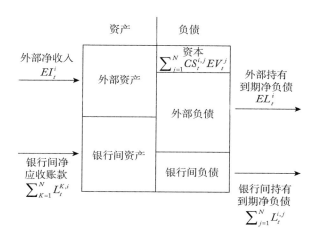

图 10.1　*i* 机构的资产负债和现金流量情况

（资料来源：作者绘制）

$$AP_t^i = \begin{cases} P_t^i, \text{如果 } P_t^i \leqslant \sum_{k=1}^{N} L_t^{k,i} + EI_t^i \\ \sum_{k=1}^{N} L_t^{k,i} + EI_t^i, \text{其他情况下} \end{cases} \quad (10.11)$$

考虑假设后，模型可通过矩阵/向量 $\{CS_t, EV_t, L_t, EI_t, EL_t\}$ 表示，其中：

CS_t 是被分析银行资本份额矩阵；

EV_t 是银行股本向量；

L_t 是银行部门实体共同持有到期负债净额矩阵；

EI_t 是银行外部收入向量；

EL_t 是银行外部持有到期负债净额向量。

$t=0$ 初始时期，通过审慎的统计方式计算（或近似）所提到的矩阵集合。提及的矩阵和向量用于推导假定的到期支付向量 P_t、等比例支付矩阵 $\varPi_t$ 和实际支付向量 AP_t。

模型的求解基于不动点定理。首先，对于上述矩阵集合，构建投影图：

$$M(EI_t^i, \varPi_t, CS_t, EV_t^i, AP_t) = \left[EI_t^i + \varPi'_t AP_t - AP_t + CS_t EV_t^i \right] \vee \vec{0}$$

$$(10.12)$$

$\vec{0}$ 是空向量（默认为 N×1），对于给定的实际支付向量 AP_t 只存在一个固定点 M，对应于特定银行股本价值份额向量（$\overline{EV_t(AP_t)}$），计算如下：

$$\overline{EV_t(AP_t)} = \left[EI_t^i + \Pi'_t AP_t - AP_t + CS_t \overline{EV_t(AP_t)} \right] \vee \vec{0} \quad (10.13)$$

所选择的固定点对应于实际支付向量 $\overline{AP_t}$，也称为清算支付向量。定义如下：

$$
\overline{AP_t^i} = \begin{cases}
0, \text{如果 } EI_t^i + \sum_{j=1}^{N} \left(\Pi_t^{i,j} \overline{AP_t^j} + CS_t^{i,j} \overline{EV_t^j(\overline{AP_t^j})} \right) \leqslant 0 \\[2mm]
EI_t^i + \sum_{j=1}^{N} \left(\Pi_t^{i,j} \overline{AP_t^j} + CS_t^{i,j} \overline{EV_t^j(\overline{AP_t^j})} \right), \\[2mm]
\quad \text{如果 } 0 < EI_t^i + \sum_{j=1}^{N} \left(\Pi_t^{i,j} \overline{AP_t^j} + CS_t^{i,j} \overline{EV_t^j(\overline{AP_t^j})} \right) \leqslant P_{t.}^i \\[2mm]
P_t^i, \text{如果 } P_t^i < EI_t^i + \sum_{j=1}^{N} \left(\Pi_t^{i,j} \overline{AP_t^j} + CS_t^{i,j} \overline{EV_t^j(\overline{AP_t^j})} \right)
\end{cases}
$$

$$(10.14)$$

Eisenberg 和 Noe 在其著作中证明了清算支付向量的存在和独特性。此外，他们还提出了一系列拓展措施，以更好地表示被分析的金融实体行为。拓展考虑了破产机构的特殊成本（$BC_t^i > 0$）。当从特定金融机构的营业收入中支付时，此类成本具有最高优先级。引入模型后，清算支付向量将被重新定义如下：

$$
\overline{AP_t^i} = \begin{cases}
P_t^i, \text{如果 } P_t^i < EI_t^i + \sum_{j=1}^{N} \left(\Pi_t^{i,j} \overline{AP_t^j} + CS_t^{i,j} \overline{EV_t^j(\overline{AP_t^j})} \right) \\[2mm]
\max \left(0, EI_t^i - BC_t^i + \sum_{j=1}^{N} \left(\Pi_t^{i,j} \overline{AP_t^j} + CS_t^{i,j} \overline{EVX_t^j(\overline{AP_t^j})} \right) \right)
\end{cases}, \text{其他情况下}
$$

$$(10.15)$$

$EVX(\overline{AP_t^j})$ 是根据以下等式修改了 i 机构股本份额所占比重的向量值：

$$
\overline{EVT_t^i(\overline{AP_t^j})} = \begin{cases}
EI_t^i - \overline{AP_t^i} + \sum_{j=1}^{N} \left(\Pi_t^{i,j} \overline{AP_t^j} + CS_t^{i,j} \overline{EVX_t^j(\overline{AP_t^j})} \right) if \overline{AP_t^j} = P_t^i \\[2mm]
0, \text{其他情况下}
\end{cases}
$$

$$(10.16)$$

　　模型的第二个扩展假定特定金融机构负债具有不同的优先权。银行负债按照 SC 进行分类，即 $S_t^i = (1,2,\cdots,SC^i)$。优先类别最大数量为 $\overline{SC} = \max_i(SC^i)$。

　　引入负债优先权导致需要重建模型的几乎所有等式。t 时期 i 银行拥有优先权 s 的负债值等于：

$$P_t^{i,s} = \sum_{j=1}^{N} L_t^{i,j,s} + D_t^{i,s} \tag{10.17}$$

其中，$P_t^{\cdot,s} = (P_t^{1,s}, P_t^{2,s}, \cdots, P_t^{N,s})'$。等比例支付矩阵 $\varPi_t^s$ 的元素可用以下等式表述：

$$\varPi_t^{i,j,s} = \begin{cases} \dfrac{L_t^{i,j,s}}{P_t^i}, & \text{如果 } P_t^{i,s} > 0 \\ 0, & \text{其他情况下} \end{cases} \tag{10.18}$$

　　i 银行实际支付对应于 t 时优先权 (S_t^i) 特定类别为 $AP_t^{i,s}$，支付聚合向量为 $AP_t^{\cdot,s} = (AP_t^{1,s}, AP_t^{2,s}, \cdots, AP_t^{N,s})$，这种形式的拓展投影图为

$$M(EI_t^i, \varPi_t^s, CS_t, EV_t^i, AP_t^{\cdot,s}) = \left[EI_t^i + \sum_{s=1}^{\overline{SC}} \varPi' AP_t^{\cdot,s} - \sum_{s=1}^{\overline{SC}} AP_t^{\cdot,s} + CS_t EV_t^j \right] \vee \vec{0} \tag{10.19}$$

　　此外，清算支付向量 $S \in \{1,2,\cdots,\overline{SC}\}$ 重新定义为

$$\overline{AP_t^{i,s}} = \min\Big(\max\Big(EI_t^i + \sum_{j=1}^{N} \sum_{s=1}^{\overline{SC}} \varPi_t^{i,j'} \overline{AP_t^{i,s}} - \sum_{s=1}^{\overline{SC}} P_t^{i,s} \\ + \sum_{j=1}^{N} \sum_{s=1}^{\overline{SC}} \overline{CS_t^{i,j} EV_t^j(\overline{AP_t^{i,s}})}, 0 \Big), P_t^{i,s} \Big) \tag{10.20}$$

清算支付向量可通过固定点

$$M_1(AP_t) = M_1(AP_t^{1,1}), M_1(AP_t^{1,2}), \cdots, M_1(AP_t^{1,\overline{SC}}), \cdots, M_1(AP_t^{N,1}), \cdots,$$
$M_1(AP_t^{N,\overline{SC}}))$ 进行计算，以替代 M_1：

$$\overline{M_1 AP_t^{i,s}} = \min\Big(\max\Big(EI_t^i + \sum_{j=1}^{N} \sum_{s=1}^{\overline{SC}} \varPi_t^{i,j'} \overline{AP_t^{i,s}} - \sum_{s=1}^{\overline{SC}} P_t^{i,s} \\ + \sum_{j=1}^{N} \sum_{s=1}^{\overline{SC}} \overline{CS_t^{i,j} EV_t^j(\overline{AP_t^{i,s}})}, 0 \Big), P_t^{i,S} \Big) \tag{10.21}$$

　　考虑整个范畴时，这是 AP_t 的单调递增函数。因此，可以容易地推断

出存在最大和最小清算向量。最后，清算向量的计算公式为

$$\overline{AP_t^{i,S}} = \{[\overline{EVV_t(P_t)} + \sum_{s=S}^{\overline{sc}} p_t^{i,s}] \vee 0\} \wedge p_S^i \qquad (10.22)$$

使用辅助函数 $\overline{EVV_t(P_t)}$ 定义如下：

$$\overline{EVV_t(P_t)} = EI_t + \sum_{s=1}^{\overline{sc}} \Pi_t^s AP_t^s - \sum_{s=1}^{\overline{sc}} P^s + \overline{CS_t(EVV_t(AP_t))} \vee \vec{0}$$

$$(10.23)$$

使用迭代的虚拟违约算法（Fictitious Default Algorithm，FDA）可以找到实际的模型解决方案。该算法的每个步骤（对应 t 时）都要计算清算向量并识别出破产银行。在 t 时发现的破产银行可能在随后的迭代中导致其对手方破产。该算法按清算向量排序，其输出结果被认为实现了 N 个银行部门破产时未观察到的过程。

FDA 从计算最初银行组的初始持有到期负债净额和清算向量开始，该清算向量可以识别一组破产银行。然后开始部分迭代，t 时每个步骤如下：

（1）计算被调查银行的持有到期负债净额（考虑其他机构的偿付能力）。如果所有银行的负债都被当前收入/资本缓冲所覆盖，则停止该算法。

（2）如果确定了一些资不抵债机构，则计算清算向量，并确定所有由于缺乏对手方付款而失去偿付能力的关联机构。如果一阶违约传染并不表示银行破产，则停止该算法。如果表示银行破产，则开始下一次迭代。

FDA 在以下情况下停止使用：在特定步骤中没有默认设置；所有 N 家银行均已违约。

发现特定银行破产的迭代指标被认为度量该机构系统性风险的脆弱性指标。在第一轮被发现的破产机构可以被视为外在的资不抵债。下一步，将确定那些具有基本偿债能力但易受系统重要性金融机构破产的实体。类似地，第三轮揭示了易受系统重要性银行及其（不那么重要）交易对手影响的银行。考虑到 FDA 的特点，可以将其视为每家银行分类为（最大）N 类系统性风险的算法。资不抵债银行未偿债务的价值通常用作度量已分析银行业的系统性风险影响。

10.5 系统性风险压力测试使用数据

系统性风险建模是压力测试框架和宏观审慎分析中需要最先考虑的风险模型之一。新兴市场经济体中央银行和监管机构无法使用便捷的参考输入数据集,不同于描述信用风险或市场风险模型,随后的巴塞尔协议和地方监管部门针对机构的统计活动携手并进。2008 年国际金融危机爆发后,系统性风险分析领域的数据缺口开始出现。为了应对这种情况,各国当局和国际监管机构(BCBS、EBA)和中央银行(尤其是欧洲中央银行)启动了许多旨在开展宏观审慎统计的活动。有关系统性风险数据缺口的广泛讨论详见卢卡斯(Lucas,2011)以及 FSB 和 IMF 的报告(2011)。

10.6 波兰银行业系统性风险实证分析

本章使用了波兰国家银行公布的波兰审慎统计数据。波兰 40 家最大银行(按照总资产标准)的负债和应收账款约占波兰银行业在银行间市场登记总资产的 95%,该数据来自欧盟大额风险暴露数据库(登记时达到或等于机构资本标准的 10%)和国内大额风险暴露数据库(登记时达到或等于 12 万欧元标准)。从上述两个来源获得的记录可以识别交易双方,也可以识别本地银行向国外交易对手(主要是母行)的交易。欧洲财务报告(FINREP)和通用报告(COREP)数据库互补,分别提供资产负债表内外和资本需求/资本结构数据。数据的时间跨度为 2008 年至 2012 年,本章选择 2011 年和 2012 年进行分析,并使用前三年数据进行模型校准。

对波兰银行业的系统性风险分析是压力测试工作的一部分,该测试用于评估宏观背景下的稳定性。计算分两个阶段进行:

第 1 个阶段选定三种压力测试情景,计算了信用风险、市场风险、融资和流动性风险对外来收入/流动性缓冲冲击的反应(反应考虑了上述所有三个风险来源的损失);

第 2 个阶段使用 FDA 迭代过程来确定破产金融机构的数量及其未发现的损失（如前所述），这些损失被视为系统性风险指标。如果未发现任何破产情况，则停止该算法。

图 10.2 根据波兰国家银行 2010 年审慎数据计算得出的负债/应收账款矩阵，提出了波兰商业银行之间的系统关联情况。需要注意的是，40 家银行有近 75% 的机构（黑色）被认为与国内其他金融机构密切关联。但是，值得强调的是波兰银行间关联程度不如发达经济体金融体系。与西欧银行相比，波兰银行使用银行间无抵押贷款的可能性也要低很多。波兰商业银行更多基于传统业务，且波兰银行资产占 GDP 比重保持稳定。

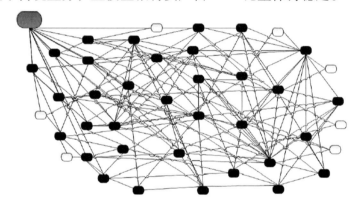

注：与其他实体有密切关联的银行用黑色表示，国外/整体/银行部门用灰色表示。

图 10.2　根据 2010 年银行间市场上（抵押和无抵押）

贷款和存款确定的 40 家波兰最大银行相互持有的头寸

（资料来源：作者根据波兰国家银行审慎统计数据作图）

波兰银行与非居民银行的关系（见图 10.3）反映了当地银行业实体所有权结构的状况，2006—2008 年观察到信贷活动迅速增长，且抵押贷款主要以外币计价。在上一次金融危机的第一阶段（2007 年至 2010 年），非居民银行为其在波兰经营的附属银行提供了流动性来源。此次假定部分母银行破产只能间接地导致波兰银行业系统性风险。这种情况在 2011 年下半年发生了变化，当时由于在当地辖区处置动荡的母银行，并计划吸收《巴塞尔协议Ⅲ》的建议（收紧对自有资金的要求以及杠杆率和流动性管理规定），重新定义与其在波兰经营的附属银行的关系。在这种情况下，母银行的主要活动集中在维持其本国司法管辖区核心业务的稳定性，以及履行本地和国际监管机构引入的新法规方面。部分母银行集团停止救助其附属银行的潜在意愿（例如，通过国库交易或转让价格允许对国外直接资本转移实行限制）受到当地金融监管机构的限制。

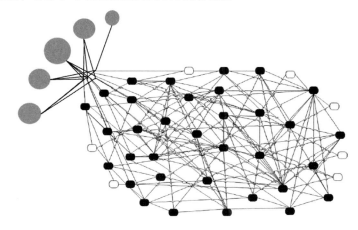

图 10.3　排名前五位的非居民银行对 2010 年波兰最大 40 家银行的影响

（资料来源：作者根据波兰国家银行审慎统计数据作图）

10.7　波兰银行业系统性风险的压力测试结果

波兰银行业针对系统性风险的压力测试分两个阶段进行。第一阶段分析了银行业内部假定破产导致的系统性风险。第二阶段分析了外国母银行对波兰附属银行的影响。

系统性风险压力测试活动的第一阶段分为三个情景：根据第一种情景，仅分析宏观经济和金融情景的影响（通过信用风险和市场风险渠道传导）。第二阶段考虑融资和流动性风险情景。最后阶段分析了组合后的四种冲击源。此外，还考虑了三种不同程度的冲击影响：基线情景、中度情景和重度情景。结果列于表 10.1 和随后的两个图表中。第一种情景伴随着中度冲击，波兰银行业所有实体都不受所产生冲击的影响，无论其来源和强度如何。融资和流动性遭受中度冲击时，结果保持一致。第三种情景，在施加具有中等程度的四种冲击源的情况下，导致三家银行破产（所有银行在第一轮都失去了偿付能力）。所有倒闭的银行都不是系统重要性机构，因为它们的资产总额低于整个调查样本的2%。

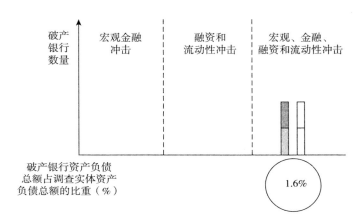

图 10.4　波兰银行业压力测试活动结果——中度冲击情景

（资料来源：作者根据自己的计算作图得出）

表 10.1　　　　　　　波兰银行业系统性风险压力测试结果

（基准年为 2010 年，情景年度为 2011 年和 2012 年）

第一种情景：只有宏观经济金融冲击			
冲击类型	基准冲击	中度冲击	重度冲击
破产银行数量	0		
第二种情景：只有融资和流动性冲击			
冲击类型	基准冲击	中度冲击	重度冲击
破产银行数量	0	0	4（第一轮）＋2（第二轮）
破产银行资产负债总额占调查实体资产负债总额的比重（%）	—	—	4.3%
第三种情景：宏观经济、金融、融资冲击和流动性冲击			
宏观经济/金融冲击类型	基准冲击	中度冲击	重度冲击
融资冲击和流动性冲击类型	基准冲击	中度冲击	重度冲击
破产银行数量	0	3（第一轮）	5（第一轮）＋3（第二轮）
破产银行资产负债总额占调查实体资产负债总额的比重（%）	—	1.6%	7.6%

资料来源：作者自己计算得出。

　　融资和流动性极端冲击导致 3 家不那么重要的银行破产，其总资产负债总额是被分析银行资产负债表总额的 4.3%。宏观经济、金融、融资冲击和流动性重度冲击情景下，5 家银行在第一轮破产。在这种情况下，另外 3 家银行在第二轮破产。即使在这种情况下，破产银行的资产负债表总额仍未超过部门资产负债表的 8%。值得注意的是，无论产出多少，被识别的破产银行都不是波兰资产负债表最大的十大银行之一（见图 10.5）。

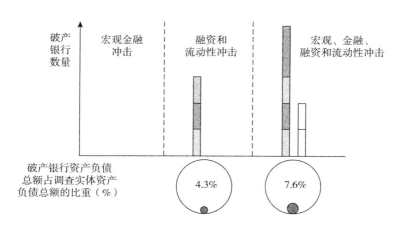

图 10.5　重度冲击情景下波兰银行业压力测试结果

（资料来源：作者根据自己计算作图）

　　总结系统性风险压力测试第一部分的结果，发现波兰商业银行的大多数银行都选择了传统的商业模式（信贷活动的平衡融资，存款主要来自个人），且波兰银行业普遍流动性过剩，使波兰银行免受系统性风险的严重影响。尽管在极端宏观经济、金融、融资和流动性风险的情况下会出现系统性风险，但它仍然不会影响系统重要性金融机构。

　　在系统性风险的第二部分，压力测试调查分析了外国银行业对本地银行的影响。假设有 5 家非居民银行（主要是母行）失去了偿付能力。减少波兰附属银行当前活动融资的可能性以及部分资产价值的损失，并未对波兰银行业造成任何破产影响。然而，必须强调的是分析结果基于 2010 年底的可用数据，当时欧洲主要外资银行的一些问题没有暴露出来，或者在一年后就没有那么重要了。因此，建议定期监测波兰各银行母机构的财务状况及其相互关联的程度，以便尽早了解本地银行业外部风险。

从压力测试两部分结果可以得出结论，考虑到波兰银行业所处的发展阶段及其机构所采用的最受欢迎的经营策略，系统性风险对该行业稳定构成的威胁有限，并且不会对系统重要性机构的财务产生实质性影响。

10.8　结论

本章旨在介绍压力测试框架下的系统性风险分析工具，进而运用这些工具评估波兰银行业的宏观稳定性。本章第一部分描述了系统性风险的替代定义。值得注意的是，在上一次国际金融危机爆发以及雷曼兄弟倒闭后，关于系统性风险的观点发生了很大变化。如今，人们经常强调，银行在金融市场相互关联的体系中运营，在无担保贷款和复杂的资产衍生工具帮助下，冲击会迅速在跨司法管辖区之间传导。

系统性风险分析工具，尤其是参考网络模型是对压力测试框架内组合的信用风险、市场风险和流动性风险分析结构的补充。通过对波兰银行业应用压力测试方法获得的结果表明，在波兰运营的绝大多数银行的传统经营模式使本地银行业普遍不受系统性风险的内源性和外源性影响。由于（抵押和无抵押）同业间贷款负债相对较低、资产结构相对平衡（ABS、MBS 等结构化工具规模极小）、大多数机构杠杆水平稳定、总体流动性过剩，这些因素成为波兰银行业稳定的重要支柱。

这种情况与定量压力测试结果一致，根据测试结果，即使在重度宏观经济、金融、融资和流动性冲击相结合的情况下，40 家银行中只有五分之一受到系统性风险影响。受影响银行中没有一家是系统重要性金融机构，也不是资产负债表规模最大的前十家银行。此外，最终的多米诺骨牌效应将限制在波兰运营银行的影响力，根据有关情景设置，从而在第二轮系统性风险影响模拟中 2 家到 3 家银行会破产。但是，作者想强调国家银行部分所有权资本结构的重要性。尽管外生风险压力测试确认 5 家母银行的破产对国内机构统计上缺乏重要影响，但仍归因于国内银行的资本所有权结构和银行信贷组合结构，外国银行的破产可能会影响在波兰经营附属银行的财务状况。

参考文献

Acharya, V., L. Pedersen, T. Philippon and M. Richardson (2010). 'Measuring systemic risk', *New York University Working Paper*.

Adrian, T. and M. Brunnermeier (2011). 'CoVaR', *NBER Working Paper*, no. 17454.

Allen, F. and A. Babus (2009). 'Networks in finance'. In Kleindorfer P., Wind Y. and Gunther R. (Eds.) *The Network Challenge: Strategy, Profit, and Risk in an Interlinked World*, Upper Saddle River, NJ: Pearson Prentice Hall.

Allen, F. and D. Gale (2000). 'Financial contagion', *Journal of Political Economy* vol 108, no 1, 1–33.

BIS 1994. *Yearly Report*. Basel.

Bordo, M. D., B. Mizrach, A. J. Schwartz (1995). 'Real versus pseudo-international systemic risk: Lessons from history', *NBER Working Paper*, no 5371.

Borio, C. and M. Drehmann (2009). 'Towards and operational framework for financial stability: "Fuzzy" measurement and its consequence', *BIS Working Paper*, no 284.

Borio, C. and P. Lowe (2004). 'Securing sustainable price stability: Should credit come back from the wilderness?', *BIS Working Paper*, no 157.

Chan-Lau, J. (2009). 'Co-risk measures to assess systemic financial linkages', *IMF Working Paper*.

Chen, Y. (1999). 'Banking panics: The role of the first-come, first-served rule and information externalities', *Journal of Political Economy*, vol 107, no 5, 946–968.

Drehmann, M. and N. Tarashev (2011). 'Measuring the systemic importance of interconnected banks', *BIS Working Papers*, no 342.

Eboli, M. (2004). *Systemic Risk in Financial Networks: A Graph Theoretic Approach*, Mimeo, Universita di Chieti, Pescara.

Eisenberg, L. and T. Noe (2001). 'Systemic risk in financial systems', *Management Science*, vol 47, no 2, 236–249.

Freixas, X., B. Parigi, J. C. Rochet (2000). 'Systemic risk, interbank relations and liquidity provision by the central bank', *Journal of Money, Credit, and Banking*, vol 3, no 3/2, 611–640.

FSB and IMF (2011). 'The financial crisis and information gaps: Implementation', Progress Report.

Gai, P. and S. Kapadia (2010). 'Contagion in financial networks', *Bank of England Working Paper*, no 383.

Gray, D. and A. Jobst (2010). 'Systemic CCA: A model approach to systemic risk', *IMF Working Paper*.

Gorton, G. 1988. 'Banking panics and business cycles', *Oxford Economic Papers*, no 40.

Haldane, A. G. 2009. *Rethinking the Financial Network*, public speech.

Hale, G. 2011. 'Bank relationships, business cycles, and financial crises', *Federal Reserve Bank of San Francisco Working Paper*, no 2011–14.

Huang, X., H. Zhou, H. Zhu (2009). 'A framework for assessing the systemic risk of major financial institutions', *University of Oklahoma Working Paper*.

IMF (2009). 'Responding to the financial crisis and measuring systemic risks', *Global Financial Stability Report*.

(2011). 'Towards operationalizing macroprudential policy—When to act?', *Global Financial Stability Report*.

Kodres, L. E. and M. Pritsker (1999). 'Rational expectations model of financial contagion', *Joint IMF and Federal Reserve Board Report*.

Kyle, A. S. and W. Xiong (2000). 'Contagion as a wealth effect', *CFSC Paper presented on June 2000 at Rethinking Risk Management Conference in Frankfurt am Main*.

Lindgren C. J., G. Garcia, M. I. Saal (1996). 'Bank soundness and macroeconomic policy', *IMF Report*.

Lucas, D. (2011). 'Evaluating the government as a source of systemic risk', *Proceedings to Conference on Systemic Risk and Data Issues, University of Maryland*.

Minoiu, C. and J. Ryes (2011). A network analysis of global banking: 1978–2010, *IMF Working Paper*.

Mishkin F. S. (1997). 'The causes and propagation of financial instability: Lessons for policy makers, Maintaining financial stability in a global economy', *Federal Reserve Bank of Kansas City*.

Sheldon, G. and M. Maurer (1998). 'Interbank lending and systemic risk: An empirical analysis of Switzerland', *Swiss Journal of Economics and Statistics*, vol 134, 685–704.

Upper C. and A. Worms (2004). 'Estimating bilateral exposures in the German interbank market: is there a danger of contagion?', *European Economic Review*, vol 48, 827–849.

Wells, S. (2002). 'UK Interbank Exposures: Systemic Risk Implications', *Bank of England Financial Stability Review*, no 13, 175–181. Available at https://www.bankofengland.co.uk/-/media/boe/files/financial-stability-report/2002/december-2002.pdf.

第 11 章　宏观审慎政策何时有效？

克里斯·麦克唐纳[①]（Chris McDonald）

现有研究表明，宏观审慎管理工具中贷款价值比（LTV）和债务收入比（DTI）工具可以稳定房地产市场，且针对这两项工具所实施的紧缩政策比宽松政策更有效。本章研究了宏观审慎政策紧缩和宽松时的相对有效性是否取决于政策实施时房地产周期所处阶段。结果发现，当贷款迅速扩张和房价相对收入较高时，紧缩政策效果会更大，而宽松政策要比紧缩政策效果小很多，且在经济下行期两种政策并无多大差别。此外，宽松政策之所以效果较小与房地产周期所处阶段有很大关联。

11.1　引言

国际金融危机以来，贷款价值比（LTV）和债务收入比（DTI）已成为各国应对房价波动越来越受欢迎的宏观审慎管理工具，但是工具效果到底如何还存在不确定性。比如，人们未能充分认识随着房地产周期变化的政策有效性，也不清楚紧缩政策和宽松政策的效果是否具有对称性。本章试图通过考虑不同房地产周期阶段政策变化的效果来解决这些不确定性，

———————————

① 非常感谢国际清算银行香港办事处的同事，特别是 Frank Packer、Ilhyock Shim 和 James Yetman 提出了很多好的意见建议。也非常感谢 Paul Mizen、诺丁汉大学金融、货币和宏观经济学中心（CF-CM）和 2014 年 11 月在诺丁汉举行的货币、宏观与金融研究小组（MMF）会议上其他专家提供的意见。特别感谢 Steven Kong 先生，花费大量时间协助收集了非常翔实的数据。2014 年，本人临时调任到国际清算银行亚洲香港代表处工作，期间基本完成了本篇文章，此后回到新西兰储备银行继续进行了完善。Email：chris. mcdonald@ rbnz. govt. nz。

再评估紧缩政策和宽松政策效果是否对称。

各国政府实施宏观审慎政策至少有两个原因：一是建立安全缓冲机制，避免银行在经济下行期间遭受严重损失；二是抑制金融失衡风险累积，降低房价大幅度回调的风险。本章研究了 LTV 和 DTI 政策变化与金融失衡风险累积之间的关系，发现越来越多的国家使用宏观审慎政策应对房地产市场失衡问题。本章还总结了一些国家实施 LTV 和 DTI 政策的经验，其中大多数是亚洲国家经验，同时也参考了其他国家经验。

2008 年国际金融危机以来，宏观审慎政策调控房地产市场有效性的文献大量出现。为了更广泛地讨论宏观审慎政策的有效性，全球金融体系委员会（2012）和国际货币基金组织（2013）发布的背景论文对此进行了全面阐述。各方普遍认为经济上行期间宏观审慎政策可以遏制房地产贷款增速和房价上涨。Kuttner 和 Shim（2013）评估了 57 个国家宏观审慎政策调控房地产贷款增速和房价涨幅的效果，结果发现收紧 DTI 会使房地产贷款下降 4~7 个百分点，而收紧 LTV 会使房地产贷款下降 1 个百分点左右。Crowe 等（2011）也发现 LTV 政策抑制了金融失衡累积，且 2000 年至 2007 年最大允许 LTV 值与 21 个国家房价上涨呈正相关。

现有文献普遍关注宏观审慎政策整个有效期内的周期性影响，而不是围绕政策变化本身。Classaens 等（2013）使用银行层面的数据，研究了 48 个国家的 2800 家银行执行宏观审慎政策时是否可以降低银行脆弱性，结果发现繁荣时期 LTV、DTI 等部分宏观审慎工具降低了银行杠杆率、资产和非核心负债占核心负债的比重，并且其有效性随着房地产周期变化而提高；低迷时期 LTV 和 DTI 效果有所不同，其中 LTV 能够持续降低银行资产和非核心负债占核心负债的比重，但经济低迷情况更加明显，而 DTI 则相反[①]。国际货币基金组织（IMF）（2012）使用国家层面的数据研究检验了宏观审慎政策的有效性，结果发现新兴市场国家实施 LTV 和 DTI 后，

---

① 作者认为，LTV 可能会在贷款紧缩期间产生反向效果，因为随着借款人净资产和收入下降，严格的 LTV 政策促使放贷人无法提供更多贷款，可能导致房价进一步下降进而抵消更严 LTV 政策的负面效果。

季度贷款增速下降了 0.6 至 1 个百分点，但几乎没有证据表明在经济衰退或贷款危机期间效果会有所不同。

虽然 LTV 和 DTI 政策的长期效果至关重要，但政策制定者也会关注其短期影响，进而对当前金融体系状况作出合适反应。LTV 或 DTI 宽松政策不会轻易扭转其长期效果，因为如果需求疲软，放松贷款要求可能不会导致贷款扩张，所以了解宽松政策是否能够在经济下行期刺激抵押贷款也很有必要。Kuttner 和 Shim（2013）以及 Igan 和 Kang（2011）分别考虑了收紧和放松 LTV 和 DTI 的效果，两篇论文都发现宽松政策对刺激房地产市场效果有限，而紧缩政策则可以减缓房地产贷款增速和房价涨幅。通过研究政策变化前后平均实际房地产贷款增速和平均实际房价涨幅情况，紧缩政策效果和无宽松政策效果具体情况见图 11.1，其中收紧 LTV 和 DTI 后，季度贷款增速平均下降了 1.5 个百分点左右，季度房价上涨了约 3 个百分点，而放松 LTV 和 DTI 对房地产贷款增速和房价影响甚微。

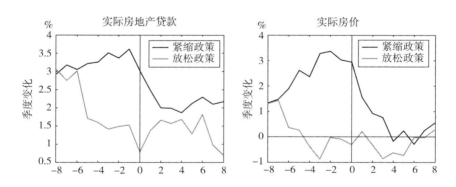

注：本图显示了政策变化前后 X 季度平均实际房地产贷款增速和平均实际房价涨幅情况。

图 11.1 政策变化前后房地产贷款增速和房价涨幅情况

本章贡献之一是确定宽松政策是否无效，因为宽松政策通常在经济下行时实施。本章特别检验了一旦控制了房地产周期的所处阶段，紧缩政策和宽松政策是否同样有效。本章使用 Kuttner 和 Shim（2013）开发的模型对 17 个国家的数据估算了 LTV 和 DTI 变化的效果。模型样本包括了使用宏观审慎政策最积极的国家，过去二十年来 LTV 和 DTI 政策变化主要发生在这些国家。本章评估了政策变化对实际房地产贷款增速和实际房地产价格上涨的效果。估计结果基于反事实（counter‐factual）的视角研究"如果政策没有变化会发生什么"，反事实依据实际利率、收入增速和假定贷款增速（或房价涨幅）具有可持续性等进行构造。与 Kuttner 和 Shim（2013）一样，本章也估计了下一年度政策变化的效果，比较了政策变化前后替代指标的效果。解释政策变化前状况有助于更好地阐述内生性，如是贷款增速意外疲软导致实施了宽松政策，还是宽松政策导致了贷款疲软，而实际上宽松政策是由其他因素导致的。尽管模型中因变量的持久性特征可以部分解释内生性，但并未考虑残差的持久性。

本章的另一个贡献是通过将政策变化效果与房价收入比等周期性指标相互作用，阐释 LTV 和 DTI 实施效果会随着房地产周期而有所不同。房价收入比是衡量房地产偿付能力的常用指标，监管机构经常使用其来衡量金融失衡。从直觉上看，当房价相对于收入较高时，LTV 和 DTI 限制措施才会有最强约束力。较高的房价意味着预付定金积累时间会更长，因此能够负担起 LTV 限制所需抵押贷款的购房者就变少了。较高的房价还会使贷款规模变大，因此 DTI 限制更有可能具有约束力。如 Igan 和 Kang（2011）指出，政策变化还可以通过改变未来房价预期来影响房地产需求，尤其是当房价高企时，预期可能更容易受到负面冲击。其他周期性指标还包括年度房地产贷款增速和年度房价涨幅，这些指标与 LTV 或 DTI 政策的有效性有关，如经济繁荣时期贷款标准更严格。

研究结果表明，经济繁荣时期收紧 LTV 和 DTI 限制往往会产生更大的效果。衡量房地产周期的几种指标与 LTV 和 DTI 变化的效果有关，年度房地产贷款增速和房价收入比就是很好的例证。通过减少紧缩限制措施，LTV 和 DTI 宽松政策似乎会刺激贷款，但是在经济下行期，紧缩政策和宽松政策的效果差异不大，这与宽松政策实施时房地产周期所处的阶段有很大关联。

11.2　数据

实证分析首先要归集每个国家的数据。数据主要包括两部分：LTV 和 DTI 数据，以及其他宏观经济指标。

11.2.1　LTV 和 DTI 数据

本章使用了 Shim 等的 LTV 和 DTI 变化数据[①]。完整的数据集涵盖了 1990 年至 2012 年年中 60 个国家或地区的数据，其中 17 个国家或地区数据更新至 2013 年底，包括澳大利亚、中国、中国台北、中国香港、日本、韩国、马来西亚、新西兰、菲律宾、新加坡、泰国 11 个亚太地区经济体，以及冰岛、丹麦、加拿大、瑞典、拉脱维亚、挪威 6 个经常使用宏观审慎政策的国家。在数据集中，LTV 实施紧缩政策和宽松政策分别为 54 次和 21 次，而 DTI 实施紧缩政策和宽松政策分别为 20 次和 5 次。从整体上看，样本中紧缩政策次数是宽松政策次数的 3 倍左右。

为了评估政策变化效果，本章针对每个国家的 LTV 和 DTI 紧缩和宽松政策构建了时间序列。按照 Kuttner 和 Shim（2013）的方法，当政策收紧或放松时，时间序列值为 1，其他情况时为 0。本章构建了四个时间序列：针对 LTV 和 DTI 每项工具分别构建了紧缩政策和宽松政策实施时间序列。LTV 政策包括发放贷款时贷款要求相对于房屋价值的任何变化。禁止向外国人或第三套房发放贷款禁令被视为 LTV 无限制，因此在实施贷款禁令时，LTV 紧缩时间序列值设定为 1，而当取消上述禁令时，LTV 宽松政策时间序列值同样设置为 1。DTI 要求是根据借款人收入限制贷款规模或服务成本。并非所有的紧缩政策和宽松政策都是等同的，如 LTV 可能仅适用于第二套房或某些地区。政策的效果也可能大不相同，从而降低了回归模型中主要参数的统计显著性。总体而言，这种方法具有简单且易于复制的

[①]　宏观审慎政策数据库可以在国际清算银行网站上获取。

优点①。

11.2.2 其他宏观经济数据

本章使用实际房屋贷款增速和实际房屋价格涨幅估计 LTV 和 DTI 变化的效果。房地产贷款数据来自 CEIC、官方统计机构和中央银行，房价指数主要来自 CEIC 和 BIS 房价数据库。回归模型中涉及的控制变量数据来源多样，其中短期利率（主要是货币市场利率）和 CPI 数据来自国际货币基金组织（IMF）国际金融统计（IFS）数据库；居民可支配收入由世界银行的人均实际国民总收入代替，数据频率从季度到年度。

其他周期性指标也被认为是衡量 LTV 和 DTI 政策变化有效性的可用指标，如年度房地产贷款增速和年度房价涨幅，还应考虑房价收入比绝对值和相对于每个经济体均值情况②。房价收入比按照以下方式进行处理：房价尽可能采取单位平均价格表示，不一定把房价指数作为因变量；基于房地产交易的指标，如房价中位数更能代表购房者愿意支付的价格，所以更适合考虑 LTV 和 DTI 政策效果；对于大多数亚洲国家而言，房价指标适用于一国首都或部分主要城市，考虑到大量房地产贷款流向城市借款人手中，LTV 和 DTI 政策也在这些城市运用广泛；国家统计机构家庭调查统计得出的家庭总收入作为收入指标③。

仅就 LTV 和 DTI 政策变化而言，图 11.2 显示了四个最活跃国家（地区）的房价收入比。深色点表示何时收紧 LTV 或 DTI，浅色点表示何时放松 LTV 或 DTI，黑色水平线显示了 20 世纪 90 年代以后样本的平均房价收入比。目前，大多数国家或地区房价收入比都很高，其中中国香港目前房价收入比最高，房价几乎是收入中位数的 20 倍；中国房价收入比非常高，

---

① 通过观察 LTV 和 DTI 变化后一年的实施效果，而不是整个政策周期的效果，研究结果侧重于政策抵御金融失衡累积的能力，不是经济下行期间为金融体系建立缓冲。这与使用货币政策来抵御经济周期之间存在一些相似之处。

② 房价收入比相对于平均水平反映了每个经济体的周期性变动，绝对值也考虑了各个经济体之间的差异。

③ 在可获得数据的情况下，数据使用房价和收入中位数指标，如果没有则使用均值。一种替代方法是使用官方房价指数并对其处理后以匹配房价水平。

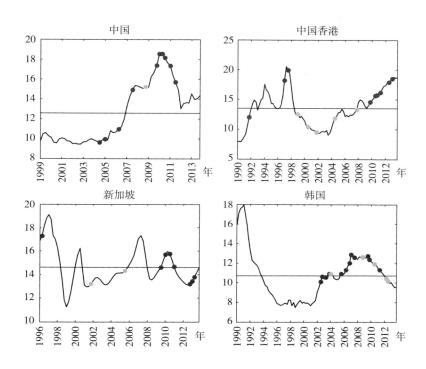

注:每个深灰色点显示 LTV 或 DTI 限制越来越严格,每个浅灰色点则表示政策宽松状态。房价指标基于交易情况,或者使用中位数、单位均价等。收入指标是名义家庭收入的估计值。

图 11. 2 积极实施 LTV 和 DTI 政策国家 (地区) 的房价收入比

保持在 14 倍左右,但低于 2010 年的峰值水平 (18 倍)[①];受亚洲金融危机影响,中国香港和新加坡房价收入比受到了显著影响;由于 20 世纪 90 年代初期的大幅调整,韩国房价这段时期已经下降;目前,澳大利亚、新西兰、瑞典、挪威、加拿大等大多数发达国家房价收入比高于平均水平,具体见附录中的图 A1。

中国香港可能是样本中最典型的地区,宏观审慎政策制定也符合房价收入比情况。20 世纪 90 年代,严格的 LTV 限制了不断上涨的房价收入比。

---

① 房价收入比指标是北京、上海和深圳三地的平均值。

亚洲金融危机到 2008 年国际金融危机前，中国香港也放松过几次限制措施。2009 年以来，中国香港房价再次上涨，政府才开始收紧政策。17 个经济体样本中，紧缩政策时房价收入比通常高于平均水平，而宽松政策时则在平均水平附近，具体参见附录中的表 A1。尽管监管机构考虑了很多衡量金融失衡的指标，但是一些政策变化似乎与房价收入比不符。例如，韩国和中国当时房价收入比很高，但在 2008 年危机期间两个经济体都放松了贷款要求。即使房价收入比一直处于低位，新加坡最近还是收紧了政策。

11.3 实证规范

本节概述了在整个周期内如何评估 LTV 和 DTI 政策变化的效果。尽管大多数国家可获得时间序列数据有限，但是本章还是使用 1990 年第一季度至 2014 年第一季度数据进行面板回归。该模型来自 Kuttner 和 Shim (2013) 论文，因变量使用实际房地产贷款增速和实际房价涨幅[1]，控制变量包括实际利率、实际可支配收入增速、滞后因变量等影响房地产市场的因素。房地产贷款、房价和收入以年化季度百分比表示。等式（11.1）为房地产贷款水平的基准回归模型：

$$\Delta Credit_{j,t} = A_j + B\,(controls)_{j,t-i} + C\,(policychanges)_{j,t-i} + residual_{j,t}$$

$$(11.1)$$

其中 j 表示各个国家，t 是时间，i 是控制变量和政策变量的滞后阶数[2]。国别固定效应允许平均贷款增速出现跨国差异。模型参数使用 Arellano 和 Bover (1995) 以及 Blundell 和 Bond (1998) 引入的广义矩估计 (GMM) 进行估算。标准误差保持稳健。

考虑到政策变化具有滞后性，研究贷款增长与政策变化（C）之间的相关性更可能了解政策变化对贷款的效果，而不是针对贷款增长改变政

---

[1] 各国可获得的房地产贷款数据范围参见附录。

[2] 包括利率和收入增长滞后 1~2 个季度。仅包括滞后一阶因变量。

策。如果监管部门根据模型中未包含的信息制定政策，且该信息与未来贷款增长相关，则可能会低估政策变化的效果。例如，如果监管部门认为房地产市场疲软（如在国际金融危机初期）并相应地放松政策，则看起来宽松政策可能是导致经济下行的原因。回归模型中包括滞后因变量有助于控制贷款增长过去无法解释的效果。

Kuttner 和 Shim（2013）提出了一种总结政策变化对贷款影响的方法，即"四季效果"（four‑quarter effect），以反映后续四个季度政策变化对房地产贷款（或房价）的影响，进而解释贷款增长的持久性现象。等式如下：

$$4Q_{\text{effect}} = \frac{1}{4}\big[\gamma_{t+1}(1+\rho+\rho^2+\rho^3) + \gamma_{t+2}(1+\rho+\rho^2)$$
$$+ \gamma_{t+3}(1+\rho) + \gamma_{t+4}\big] \tag{11.2}$$

其中 ρ 是滞后因变量系数，而 γ_i 是滞后 i 个季度的政策变量系数①。"四季效果"为正表示政策变化会扩大贷款，为负则表示政策变化会减少贷款。

本章还估计了政策变化前后"四季效果"的差值，作为评估其效果的替代方法。当贷款突然增加或减少时，政府通常会相应地采取紧缩或宽松政策。图 11.3 显示了紧缩政策前八个季度到实施后八个季度的虚拟变量估计值。紧缩前虚拟变量估计值为正，表明贷款增长通常比模型所暗示的要强。如果贷款要求保持不变，那么先前的政策强度可能会继续下去，紧缩效果可能会大于 Kuttner 和 Shim 指出的"四季效果"。政策变化前后的"四季效果"差值（称为"前后差值"）假设先前的意外会持续存在，并针对政策变化的效果设置了上限。Kuttner 和 Shim（2013）也对"四季效果"设置了下限。

本章使用两种方法来估计整个周期内政策变化的效果。第一种方法，对于每个周期性指标，政策变化分为两组，分别为上半部分和下半部分，并使用以下等式估计两组的效果：

$$\Delta Credit_{j,t} = A_j + B(\text{controls})_{j,t-i} + C(\text{policy changes above X})_{j,t-i}$$
$$+ D(\text{policy changes below X})_{j,t-i} + \text{residual}_{j,t} \tag{11.3}$$

---

① 德尔塔方法（Delta 方法）用于计算标准误差。

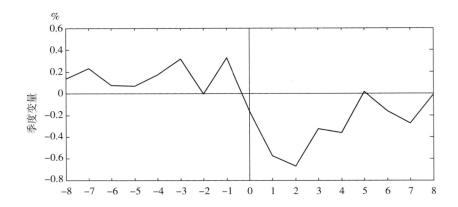

注：回归包括同时提前 8 个季度和滞后 8 个季度的政策变量。

图 11.3　紧缩政策前后虚拟变量估计值

第二种方法，通过政策变化变量与各种周期性指标的相互作用，允许政策变化在整个周期内产生不同效果。等式如下：

$$\Delta Credit_{j,t} = A_j + B(\text{controls})_{j,t-i} + C(\text{policy changes})_{j,t-i}$$
$$+ D(\text{policy changes} \times \text{cycle})_{j,t-i} + \text{residual}_{j,t} \quad (11.4)$$

C 是周期性指标为 0 时政策变化的效果，D 是政策效果如何随周期变化而变化。交互项的统计意义决定了政策变化在整个周期中是否具有不同的效果。该方法假设政策变化效果会单调增加或减少。两种方法中，政策变化分为两组很容易理解，而包含交互项可能对小样本量模型不太敏感①。

11.4　结果

基准回归显示了控制变量的参数估计。这些控制变量决定了潜在的反事实变量，可以从中计算出政策变化的效果。表 11.1 给出了房地产贷款

---

① 　如果模型中不包括滞后 1~2 个季度周期性指标，则将其添加为附加控制变量。当周期性指标与政策变化互相作用或用于分拆样本时，周期性指标会滞后 1 个季度。这说明了政策变化会立即影响周期性指标。例如，如果紧缩政策立即降低了年度贷款增速，那么年度贷款增速最初较低时，效果可能会更大。

增速和房价涨幅两个回归结果，两者都表现出了持久性。较高的利率往往会降低房地产贷款增速和房价涨幅，而较高的收入增速会提高房地产贷款增速和房价涨幅。本章其他部分每次回归时都会重新估计参数，尽管未显示但其值通常与此处显示的值相似。

正如 Kuttner 和 Shim（2013）研究一样，基准回归也显示了 LTV 和 DTI 政策变化的平均效果。每种类型的政策变化都将显示"四季效果"及其前后差值。结果表明，收紧 LTV 会产生更大的效果，房地产贷款会下降 4~6 个百分点，房价则下跌 5~9 个百分点；收紧 DTI 会使房地产贷款下降 2~3 个百分点，尽管该点估计值为负，但对房价影响不大。政策效果与 Kuttner 和 Shim（2013）研究有所不同，他们发现收紧 DTI 比收紧 LTV 政策效果更大，而 LTV 和 DTI 宽松政策对房地产贷款和房价效果均不显著。

表 11. 1 　　　　　　　　　　　　　　**基准回归**

变量	实际房地产贷款增速	实际房价涨幅
实际房地产贷款增速 ｛−1｝	0.66***（0.07）	
实际房价涨幅 ｛−1｝		0.46***（0.13）
实际利率 ｛−1｝	−0.33***（0.06）	−0.39***（0.09）
实际利率 ｛−2｝	−0.01（0.10）	0.10*（0.08）
实际人均国民收入增长 ｛−1｝	0.36**（0.17）	0.96***（0.32）
实际人均国民收入增长 ｛−2｝	−0.14（0.16）	−0.51*（0.28）
紧缩政策		
LTV "四季效果"（后）	−3.88***（1.23）	−4.67***（1.17）
差值前后	−6.32***（1.83）	−9.80***（1.95）
DTI "四季效果"（后）	−3.50**（1.25）	−0.10（2.85）
差值前后	−2.03（1.93）	−3.70（5.41）
宽松政策		
LTV "四季效果"（后）	0.59（2.20）	−3.93（2.80）
差值前后	−0.92（1.87）	−2.38（3.01）
DTI "四季效果"（后）	−5.25***（1.84）	−3.08（1.95）
差值前后	−1.76（2.02）	−3.63（3.68）
观测值	1309	1450

注：括号中数值是稳健标准误。"四季效果"和差值前后标准误使用 Delta 方法构造。滞后长度显示在大括号中。*、**、*** 分别表示 10%、5%、1% 的统计意义。政策变化效果通过综合估计（即每列都是单独回归）。

下面分析将 LTV 和 DTI 组合在一起考虑，以扩大样本量，尽管其效果的稳健检验需要分别单独进行估计。不管是组合在一起还是分开考虑，LTV 或 DTI 变化在不同时间和不同国家（地区）所产生的个体效果都会有所不同，有些更大而有些更小，其效果大小可能取决于多重因素。因此，本章下一节将考虑政策变化的时机（即在房地产周期中政策变化的时机）是否是其有效性的决定因素。

11.5 LTV/DTI 变化效果是否取决于周期

本节中，本章将研究紧缩政策的效果，并根据紧缩政策在周期中的不同阶段考虑其效果是否有所不同。紧缩政策和宽松政策之间的效果比较放在下一节进行讨论。结果显示收紧 LTV 和 DTI 政策对实际房地产贷款的组合效果，单个效果分析会在后面进行讨论。

检验政策变化在整个周期中是否具有不同效果，一种方式是根据周期的先前状态将政策变化分为两组。例如，将收紧观测值按照房价收入比是各国平均水平的 1.12 倍分为两个类似规模的群体。超过此阈值的紧缩政策将使来年房地产贷款降低 3.4 个至 5.5 个百分点，低于此阈值的紧缩政策将使房地产贷款下降 3 个至 4 个百分点。分组差异很小，但是如果看一下表 11.2 中的其他周期性指标，其效果可能会显著不同。

首先要注意的是，大多数周期性指标上半部分效果要大于下半部分。当查看其前后差值效果时，差值会更大且更显著，"四季效果"也是一样。与不同效果相关的周期性指标是年度房地产贷款增速、年度房价涨幅、房地产贷款缺口和年度国民总收入增长。根据先前年度贷款增长，紧缩政策的上半部分将贷款水平降低 4 个至 8 个百分点，而下半部分降低约 3 个百分点，表明贷款快速增长时往往更容易受到紧缩政策的影响。

图 11.4 显示了结果的轻微差异。图中显示了紧缩政策前后的平均房地产贷款增速，并根据先前年度贷款增长情况将紧缩政策分为上半部分和

下半部分。从结构上看，紧缩前上半部分贷款增长要强于下半部分。黑线表明平均而言紧缩政策前季度贷款增长约为 3.5%，之后季度贷款增长约 2%。对于紧缩政策而言，先前年度贷款增速最高降幅最大，季度平均贷款增速从近 5% 下降至 2.5%。相反，当先前贷款增速较低时，开始时平均增速为 1% ~ 2% 时几乎没有下降①。通过这种方法，先前贷款增长越强，紧缩效果似乎越大。

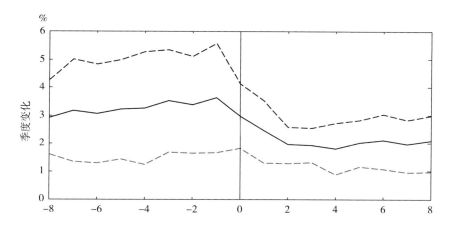

注：上半部分是在 $t-1$ 时期当年度房地产贷款增速高于 10.8 个百分点。

图 11.4　政策紧缩前后实际房地产贷款平均增速

表 11.2　　　　　整个周期内紧缩政策对实际房地产贷款的影响

周期性变量	四季效果（后）			前后差值		
	下半部分	上半部分	差值	下半部分	上半部分	差值
房地产						
相对于平均水平的绝对房价收入比	-3.04*** (1.04)	-3.41*** (0.66)	-0.37 (1.26)	-4.06*** (1.16)	-5.49*** (1.56)	-1.43 (2.03)
绝对房价收入比	-2.16* (1.23)	-4.15*** (0.55)	-1.99 (1.29)	-3.10** (1.54)	-6.30*** (1.51)	-3.20 (2.52)

---

①　当贷款增长最初强劲时，紧缩前季度贷款似乎在增加，可能反映了买家急于获得贷款，而当贷款增长最初较慢时看不到这种现象。

续表

周期性变量	四季效果（后）			前后差值		
	下半部分	上半部分	差值	下半部分	上半部分	差值
年度房地产贷款增速	－3.65***	－3.97***	－0.32	－2.79***	－8.04***	－5.25***
	（0.62）	（1.39）	（1.45）	（0.61）	（1.55）	（1.53）
年度房价	－2.68**	－2.80***	－0.12	－1.93**	－6.33***	－4.40***
	（1.10）	（0.60）	（1.28）	（0.80）	（1.41）	（1.34）
房地产贷款缺口	－2.56***	－2.80***	－0.24	－0.79	－6.49***	－5.70***
	（0.94）	（0.95）	（1.38）	（1.39）	（1.39）	（1.86）
其他						
年度CPI	－3.32***	－4.06***	－0.74	－6.06***	－4.65***	1.40
	（0.82）	（0.99）	（1.05）	（1.88）	（1.01）	（1.94）
年度国民总收入增长	－2.87***	－4.84***	－1.97*	－3.39***	－7.22***	－3.83***
	（1.01）	（0.72）	（1.13）	（0.77）	（1.29）	（1.19）
国民总收入缺口	－3.61***	－3.91***	－0.30	－3.50***	－6.52***	－3.01*
	（0.93）	（1.01）	（0.89）	（0.79）	（1.86）	（1.60）
实际利率	－4.43***	－2.99***	1.45	－6.59***	－3.06***	3.53*
	（1.05）	（1.07）	（1.50）	（1.56）	（1.28）	（2.09）

另一种方法是紧缩政策的效果与各种周期性指标相互作用。紧缩政策效果更大还是较小取决于周期的先前状态。表11.3显示了"四季效果"以及前后差值之间相互作用的结果，交互项负号表示繁荣期间效果更大。

几乎所有的交互项都是负数，意味着在扩张阶段紧缩政策更为有效。此外，前后差值与绝对房价收入比、年化房地产贷款增速、年化房价、房地产贷款缺口、年度国民总收入增长之间的交互项均显著为负。当绝对房价收入比为10时，紧缩政策产生的"四季效果"要比房价收入比为5时高出1.5个百分点。类似地，考虑到前后差值，房价收入比为10时比为5时效果高出2.5个百分点。绝对房价收入比较高时，紧缩政策会使贷款下降4至6个百分点，而绝对房价收入比较低时，紧缩政策效果会使贷款下降2个百分点。可以说，新加坡、中国香港、中国内地等地的LTV和DTI政策效果可能大于房价收入比较低的大多数发达国家。

表 11.3　　　　　　　　紧缩政策对贷款和周期性指标的相互作用

周期性变量	四季效果相互作用	相互作用前后差值
房地产		
相对于平均水平的绝对房价收入比	−1.72 (3.81)	−9.59 (6.95)
绝对方法收入比	−0.31** (0.14)	−0.49* (0.27)
年度房地产贷款增速	−0.03 (0.03)	−0.37*** (0.05)
年度房价	−0.05 (0.06)	−0.34*** (0.06)
房地产贷款缺口	−0.02 (0.12)	−0.95*** (0.18)
其他指标		
年度 CPI	−0.51 (0.43)	−0.57 (0.83)
年度国民总收入增长	−0.30* (0.17)	−0.56*** (0.19)
国民总收入缺口	−0.11 (0.30)	−0.72* (0.36)
实际利率	0.34 (0.41)	0.53 (0.51)

　　注：括号中数值是稳健标准误。＊、＊＊、＊＊＊分别表示10%、5%、1%的统计意义。缺口指标根据 HP 滤波趋势的百分比偏差，其中 lambda 设置为1600。

　　图 11.5 说明了整个周期中紧缩政策的不同效果，包括绝对房价收入比和先前年化房地产贷款增速。房价收入比较高和先前贷款增长较快时，紧缩效果更大，尽管统计贷款增长指标的方法不一致。前后差值假定紧缩

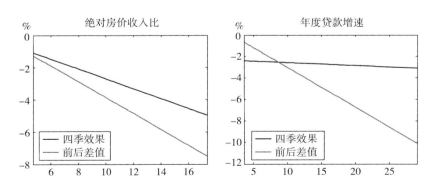

　　注：x 轴范围设置为包括中间 80% 的紧缩措施。

图 11.5　紧缩政策对周期内实际房地产贷款的效果

前的贷款强度会继续，而"四季效果"则忽略了这一因素。如果没有发生紧缩，先前政策强度会部分延续①。因此，紧缩的可能效果介于"四季效果"和前后差值之间。这也表明，当贷款增长起初更加强劲时，紧缩政策可能会产生更大的效果，这与本章在图 11.4 中看到的一致。

为了说明这些结果的经济意义，本章计算了自 2008 年以来如果中国香港和挪威未收紧 LTV 和 DTI 时的贷款增长情况（见图 11.6）。本章运用交互方法允许紧缩政策效果取决于先前房价收入比。浅色线显示观察到的房地产贷款增长情况，深色线显示了如果不采取紧缩政策未来政策变化后的发生情况。这些图是基于未来紧缩政策估计的"四季效果"，而不是前后差值。根据模型估计，当房价收入比很高时（如中国香港一样），LTV 和 DTI 变化对房地产贷款具有显著效果，如 2012 年第三季度和 2013 年第一季度政策实施后贷款下降了 5 个百分点以上。结果，到 2013 年底贷款增长几乎为零。挪威政策效果则不一样，紧缩政策几乎没有减少贷款，因为政策发生在房价收入比较低的情况下。以上表明收紧贷款标准的效果很大且变化不一。

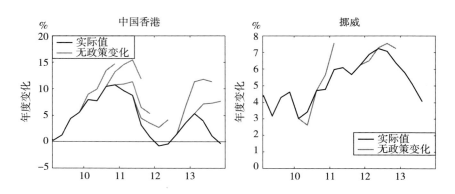

注：线条显示了如果未实施紧缩政策时隐含的贷款增长情况。每次实施紧缩政策后，估计效果仅持续一年。紧缩政策包括 LTV 和 DTI 限制政策变化。

图 11.6　紧缩政策对中国香港和挪威实际房地产贷款的影响效果

---

① 自身的滞后反映了贷款增长的持久性，但没有反映潜在的残差的持久性。

11.6　紧缩政策和宽松政策是否对称？

基准回归显示，放松 LTV 和 DTI 效果并不明显，这不符合常识。如引言中所述，Kuttner 和 Shim（2013）以及 Igan 和 Kang（2011）均发现，宽松效果不大。本章将在本节检验紧缩政策的效果是否因周期所处阶段不同而有所不同。上一节显示在经济周期疲软阶段紧缩效果小于繁荣期间。本章也知道经济低迷时期更频繁实施宽松政策，也许这就是为什么宽松政策收效甚微的原因。

图 11.7 显示了宽松政策前后的平均季度贷款增长，将其与先前年度贷款增长分开。上半部分包括十三项宽松政策，先前年度贷款增速超过 7%，下半部分是十三项政策，先前贷款增速低于 7%。从结构上看，上半部分在宽松前季度贷款增速为 2.5%，要高于下半部分 0.5% 的增速。与紧缩政策相反，放松后贷款增长没有明显变化。宽松前贷款增长强劲放松后更加强劲，宽松前疲软放松后更加疲软①。表 11.4 显示了宽松政策的估计

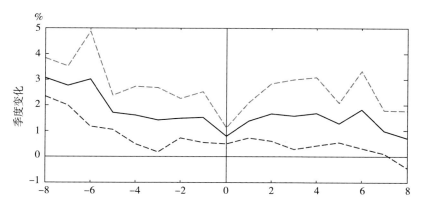

注："上半部分"包括紧缩之前（$t-1$）所在季度贷款年度增长率超过 7% 的 13 项宽松政策。
"下半部分"是指那些先前年贷款增速低于 7% 的国家。

图 11.7　政策宽松前后的平均实际房地产贷款增速

---

① 宽松的刺激效果表明发生宽松政策时所在季度平均贷款增速下降，特别是在先前贷款增长强劲的情况下（见图 11.7）。表 11.4 中没有考虑到这种下降，因为它只是在放松前后进行比较。

效果。为了比较房地产周期不同阶段的效果，本章按照绝对房价收入比、年度贷款增长和年度国民总收入增长进行了区别。

表 11.4 突出显示了"四季效果"指标的一个缺陷，有助于说明为什么本章将"前后差值"作为替代选择。先前年度贷款增长对宽松政策的上半部和下半部的"四季效果"有很大不同。当贷款增长先前疲软时，"四季效果"显著为负，而当贷款增长先前强劲时，则显著为正。如图 11.7 所示，即宽松之前贷款增长疲软，宽松之后贷款增长继续疲软。因此，"四季效果"表明当贷款疲软时实施放松政策将使经济下滑更为严重。几乎可以肯定，这不是放松贷款标准的实际影响。通过减去宽松之前的"四季效果"，前后差值可以更好地衡量宽松政策效果。前后差值几乎都是正的，尽管不显著且在周期的不同阶段都很相似。结果表明放松措施可以使房地产贷款水平提高 0 至 3 个百分点。这些效果很难厘清且并不一致。

表 11.4　　　　采取周期性措施后宽松政策对实际房地产贷款的影响

周期性变量	四季效果（后）			前后差值		
	下半部	上半部	差值	下半部	上半部	差值
绝对房价收入比	2.00	-0.15	-2.15	-0.06	1.38	1.44
	(2.31)	(2.65)	(3.77)	(2.05)	(3.14)	(3.87)
年度房地产贷款增速	-3.09***	5.12**	8.21***	1.75	1.90	0.15
	(0.86)	(2.57)	(2.84)	(1.17)	(3.48)	(3.45)
年度国民收入增长	2.04	0.60	2.65	2.78	0.81	1.97
	(2.34)	(2.41)	(2.34)	(2.52)	(2.71)	(3.50)

注：括号中数值是稳健标准误。*、**、***分别表示 10%、5%、1% 的统计显著意义。

至于紧缩政策和宽松政策，一种可比较的方法是估算它们在经济周期相同部分的效果。图 11.8 给出了宽松政策与紧缩政策相比的估计效果，基于先前贷款增长的各种增速（通过将年度贷款增长与政策变化相互作用）得出的结果。效果是基于政策变化前后各年的"四季效果"之间的差值（前后差值）。当先前年度贷款增速较低（如低于 10%）时，点估计表明宽松政策会使贷款水平提高 1~2 个百分点，而紧缩政策负面效果则大致相同。贷款增长强劲的宽松指标很少，因此很难了解其效果。那么紧缩

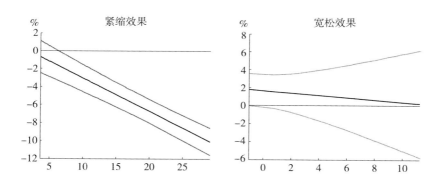

注：从紧缩或宽松政策实施季度开始，计算效果是在年度贷款增长的第 10 个百分点至第 90 个
百分点之间进行的。虚线表示 90% 的置信区间，标准误差是使用 Delta 方法计算。效果基于前后差
值，即后一年的"四季效果"减去前一年的"四季效果"。

图 11.8　先前年度实际房地产贷款增速带来紧缩和宽松效果

政策和宽松政策是对称的吗？紧缩和宽松政策的估计效果之间至少存在一
些差异，可能是由它们所处经济周期阶段所致。一般来说，宽松政策发生
在经济低迷时期，通常对贷款标准的影响相对较小。

11.7　稳健性

本章检验了结果是否对模型的两个方差具有敏感性：一是用房价涨幅
代替房地产贷款作为因变量；二是分别单独估计 LTV 和 DTI 变化的影响。

房价

政策变化对房价和房地产贷款的效果比较类似。图 11.9 显示了政策
变化前后的平均房价涨幅，其变化根据先前年度贷款增长进行了划分。紧
缩前房价涨幅通常约为 3%，宽松前房价涨幅约为 0。紧缩政策后季度房
价涨幅趋于下降，而对于那些贷款增长高的指标而言下降幅度最大，这与
贷款影响类似。宽松政策几乎不会导致平均房价涨幅发生变化，符合宽松

对房价的影响很小或没有影响。按先前贷款增长划分宽松指标时，效果似乎有所不同。

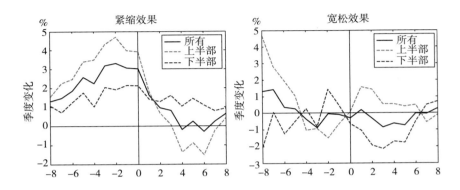

注：上半部分和下半部分是根据先前年度贷款增速进行划分。

图 11.9　政策变化前后的平均房价涨幅

表 11.5 显示了政策变化对房价的估计影响，政策变化分为房价收入比和年度房地产贷款增速。紧缩政策对房价产生了显著的负面影响，在房价收入比较高以及先前年度贷款增长较强的情况下，影响更大。考虑到先前年度贷款增长的差值，差值最大。如果贷款增长强劲，紧缩政策会使房

表 11.5　　　　　　　　　实际房价政策变化效果

周期性变量	四季效果（后）		前后差值	
	下半部	上半部	下半部	上半部
紧缩				
绝对房价收入比	− 1.99*	− 2.67**	− 6.92***	− 8.31***
	(1.10)	(1.27)	(2.40)	(2.50)
年度房地产贷款增速	− 1.61**	− 5.77***	− 4.02**	− 12.23***
	(0.70)	(1.92)	(1.96)	(2.31)
宽松				
绝对房价收入比	− 6.51	0.56	− 3.51	1.96
	(4.52)	(1.73)	(3.95)	(2.66)
年度房地产贷款增速	− 5.23**	1.29	− 6.54	9.84**
	(2.35)	(2.24)	(4.03)	(3.80)

注：括号中数值是稳健标准误。*、**、***分别表示 10%、5%、1% 的统计显著意义。

价降低 6～12 个百分点，而当贷款增长疲软时则下降 2～4 个百分点。宽松政策对房价的影响各不相同，但效果不大。几乎没有宽松的观测值，并且标准误差很大。

11.8　LTV 和 DTI 个体估计效果

表 11.6 总结了 LTV 和 DTI 对贷款增长的单独效果。收紧 LTV 和 DTI 具有类似的效果。在较高的房价收入比和实施前强劲的贷款增长情况下，效果会更大，尤其是考虑前后差值时。经济上行期间，收紧 LTV 似乎会使贷款水平下降 4～9 个百分点，而在经济下行期间，贷款水平会下降 2～5 个百分点。鉴于更高的房价和更快的贷款增长，收紧 DTI 限制似乎也会产生更大的效果：上行期间下降贷款水平会下降 6～8 个百分点，而下行期间为 0～6 个百分点。

表 11.6　　　　　　实际房地产贷款政策变化的个体效果

周期变量	四季效果（后）		前后差值	
	下半部	上半部	下半部	上半部
收紧 LTV				
绝对房价收入比	- 2. 41 (1. 80)	- 4. 73*** (0. 76)	- 4. 83** (2. 21)	- 8. 08*** (2. 04)
年度房地产贷款增速	- 5. 28*** (0. 79)	- 4. 11** (1. 79)	- 4. 80*** (1. 25)	- 9. 09*** (2. 13)
收紧 DTI				
绝对房价收入比	- 2. 52*** (0. 83)	- 6. 92*** (0. 62)	- 0. 29 (1. 45)	- 8. 58*** (1. 37)
年度房地产贷款增速	- 6. 61*** (1. 63)	- 5. 97*** (1. 47)	- 4. 54*** (1. 00)	- 7. 10*** (2. 36)
宽松 LTV				
绝对房价收入比	2. 68 (2. 92)	1. 60 (3. 13)	0. 95 (2. 34)	0. 31 (4. 93)
年度房地产贷款增速	- 3. 58*** (1. 35)	5. 67** (2. 63)	2. 13 (1. 51)	0. 28 (3. 73)

注：括号中数值是稳健标准误。＊、＊＊、＊＊＊分别表示 10%、5%、1% 的统计意义。放松 DTI 限制不会分为两组，因为只有五个观测值可用表 11.5 中提供了这五个观测值的结果。

根据前后差值分析，LTV 宽松政策使贷款水平提高了 0~2 个百分点，表明宽松政策影响较小。但是，无论处在房地产周期强劲或低迷阶段，宽松效果似乎没有什么不同。相比于紧缩政策，LTV 宽松政策效果甚至与经济下行期间的紧缩政策（即下半部分）相比，放松 LTV 限制的效果似乎也很低。标准误差很大，所以其效果相当不确定。

11.9　结论

通过研究 17 个国家或地区的 100 项政策调整，本章发现当贷款快速扩张且房价相对较高时，LTV 和 DTI 政策的变化往往会产生更大的效果。经济上行期间采取紧缩政策，降低可允许最高 LTV，次年房地产贷款将下降 4~8 个百分点，房价将下跌 6~12 个百分点。相反，经济低迷时期，采取紧缩政策后，房地产贷款将下降 2~3 个百分点，房价将下跌 2~4 个百分点。结果与 Classeans 等（2013）研究一致：LTV 和 DTI 限制的持久性影响会随着房地产周期强度的增加而增加。

房地产周期的几种衡量指标与 LTV 和 DTI 限制变化的影响存在相关性。紧缩政策实施前，贷款增长越强劲，其效果就越大。尽管可能有多种原因，但一种解释是繁荣时期可以向更多边际借款人提供贷款。高房价收入比也与更大的紧缩效果相关，房价较高时，针对 LTV 和 DTI 限制似乎就会变得越来越严格。不同国家或地区房价收入比差别较大是造成各经济体宏观审慎政策有效性差异的重要因素。

已有研究发现，收紧 LTV 和 DTI 似乎比放松 LTV 和 DTI 更有效。贷款增长乏力且房价相对便宜的低迷时期，紧缩政策会使房地产贷款下降约 2~3 个百分点，而宽松政策会将房地产贷款提高 0~3 个百分点。考虑到不确定性的界限，两项政策并没有什么不同，因为宽松政策通常发生在低迷时期，与宽松效果较小相一致。

参考文献

Arellano, M and O. Bover (1995). "Another look at the instrumental-variable estimation of error-components models," *Journal of Econometrics*, vol 68, 29–52.

Blundell, R. and S. Bond (1998). "Initial conditions and moment restrictions in dynamic panel data models," *Journal or Econometrics*, vol 87, 115–143.

CGFS (2012). "Operationalising the selection and application of macroprudential instruments," *CGFS Papers*, vol 48, December.

Claessens, S., S. Ghosh and R. Mihet (2013). "Macro-prudential policies to mitigate financial system vulnerabilities," *Journal of International Money and Finance*, vol 39, 153–185.

Crowe, C., G. Dell'Ariccia, D. Igan and P. Rabanal (2011). "How to deal with real estate booms: Lessons from country experiences," *IMF Working Paper* 11/91.

Igan, D. and H. Kang (2011). "Do Loan-to-Value and Debt-to-Income Limits Work? Evidence from Korea," *IMF Working Paper* 11/297.

IMF (2012). "The interaction of monetary and macroprudential policies – background paper," December 27.

—— (2013). "Key aspects of macroprudential policy – background paper," June 10.

Kuttner, K. and I. Shim (2013). "Can non-interest rate policies stabilise housing markets? Evidence from a panel of 57 economies," *BIS Working Paper*, no 433.

Shim, I., B. Bogdanova, J. Shek and A. Subelyte (2013). "Database for policy actions on housing markets," *BIS Quarterly Review*, September.

附　　录

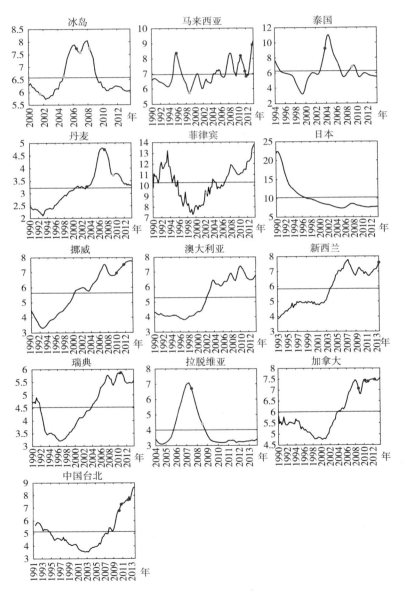

注：收紧 LTV 或 DTI 政策时，深灰色点位于四分之一，而实施宽松政策时，浅灰色点位于四分之一。黑色的水平线表示整个样本的平均房价收入比。

图 A1　房价收入比、LTV 和 DTI 变化

表 A1　　　　　　　　政策变化对房价收入比汇总统计

政策变化		观测值	中位数	第 10 个百分位数	第 90 个百分位数
收紧	LTV	54	1.18	0.90	1.43
	DTI	20	1.16	0.91	1.35
宽松	LTV	21	0.98	0.80	1.18
	DTI	5	1.04	0.95	1.18

注：此表显示了 LTV 和 DTI 限制后，季度房价收入比（相对于每个国家的平均值）的中位数、第 10 个百分位和第 90 个百分位。

表 A2　　　　　　　　　　回归变量汇总统计

变量	观测值	均值	标准差	最大值	最小值
实际房地产贷款增长	1425	9.0	11.8	77.4	−26.1
实际房价上涨	1469	2.4	13.5	72.5	77.8
实际短期利率	1866	2.5	6.1	76.7	−70.5
实际人均国民收入增长	1898	2.8	4.8	23.8	−44.7
相对于平均水平的房价收入比	1525	1.0	0.2	2.2	0.5

注：增长率是按季度计算的年化指标。实际利率是在 CPI 中使用年化季度变化百分比进行平减。

表 A3　　　　　按国别（地区）房地产贷款增速数据时间范围

国别（地区）	起始日期	截止日期	国别（地区）	起始日期	截止日期
澳大利亚	1990Q1	2013Q4	泰国	1992Q1	2014Q1
中国	2001Q2	2013Q4	中国台北	1992Q1	2014Q1
中国香港	1990Q1	2013Q4	冰岛	1992Q1	2014Q1
日本	1990Q1	2013Q4	德国	2000Q4	2013Q3
韩国	1996Q1	2013Q4	加拿大	1990Q1	2014Q1
马来西亚	1997Q1	2014Q1	瑞典	2002Q1	2014Q1
新西兰	1991Q2	2014Q1	拉脱维亚	2003Q4	2013Q4
菲律宾	1997Q2	2013Q4	挪威	1990Q1	2013Q3
新加坡	1990Q1	2013Q4			

注：房地产贷款数据来自 CEIC、各国家（地区）统计局和中央银行。本章曾尝试使用抵押贷款数据，但挪威等国家（地区）只能找到居民家庭贷款总额数据。数据序列中名义数据已用消费者价格指数进行了剔除处理。

第 12 章　宏观审慎政策：
实践先于理论且职责应当清晰

理查德·巴维尔（Richard Barwell）①

科学的经济政策需要清晰的目标和可靠的模型，而宏观审慎政策制定者缺少这两项，从而使得政策实施变得较为复杂。此外，急于界定宏观审慎政策工具箱还为时过早，并且可能适得其反，因此需要顺其自然：首先要识别市场失灵和确定模型，其次是确定政策目标，最后是向政策机构分配有效工具。本章针对实施宏观审慎政策"边做边学"过程中存在的问题提出了六项建议：如何在深入认识稳定金融体系过程中实现公共政策目标。

12.1　引言

2009 年，时任英格兰银行行长 Mervyn King 在伦敦市长官邸演讲中警告，危机后宏观审慎政策实施步伐有些过快（King，2009）：宏观审慎工具箱最终会包含降低金融体系和周期性风险的一系列工具，且不能急于全部放在一起使用。同大多数人一样，我认为距离改善市场功能的精准监管干预措施还有很长的路要走。

人们有些漠视 Mervyn King 的警告可能导致严重的后果。本章标题借

① 本章仅代表个人观点，不代表法国巴黎银行资产管理公司观点。同时，非常感谢 David Aikman、Nicola Anderson、Marnoch Aston、Oliver Burrows、Jagjit Chadha、Andrew Mason、Jack McKeown、Paul Mizen 和 Philip Turner 过去几年对本章提出的意见建议。

用了 Mervyn King 在《货币政策实践先于理论》演讲中的内容，他在演讲中基于经济不完全和不断发展的认识阐述了货币政策实施情况，得出以下结论（Mervyn King，2005）：30 年前，至少在英国货币政策理论领先于实践，现在我希望这些实践对理论工作者有所启发。

同样地，宏观审慎实践远远领先于理论。更令人担忧的是，官方赋予的职责还未正式明确，宏观审慎政策目标就已经确定了。因此，在宏观审慎政策酝酿的早期阶段，明确宏观审慎政策工具还为时过早，而且令人担忧。为时过早是因为在准确评估市场失灵和想要达到的目标未有清晰定位之前，政策制定者能够使用哪种工具几乎没有意义。令人担忧是因为一旦决定使用哪项工具，可能会影响政策制定者行为，正如"工具定律"（Law of the Instrument）（Maslow，1966）指出的："我想这很诱人，如果你唯一的工具就是把锤子，那么你会把所有的问题都看成钉子。"

本章的基本主张是基于识别后谋求使用宏观审慎工具的行为是错误的。首先必须明确阐述科学经济政策的基础是清晰制定政策的偏好和约束。为了避免造成任何混淆，不应将这一主张误解为一个论点，即政策机制中不需要宏观审慎视角，或更笼统地说，近年来的监管改革"言过其实"。系统性金融危机的发生频率和严重程度太高已经让社会计划者（social planner）感到不安（Haldane，2010）。问题是应当做什么，而不是什么也不做，尤其是如何处理"边做边学"的问题：边学习尝试稳定金融体系边作出决策。

本章剩下部分结构如下：下一节简要介绍科学的经济政策方法。第 4 节回顾了宏观审慎机制实践情况，分别从宏观审慎政策目标的不确定性和符合政策目的（fit‒for‒policy‒purpose）宏观金融体系模型的基本特征两个方面进行了论述。第 5 节主要讨论了有效的宏观审慎工具，并认为政策社区争论过多地集中在了不必要的狭义工具上。倒数第 2 节针对如何处理"边做边学"问题提供了六项建设性建议。最后一节是结论。

12.2 科学的经济政策方法

货币政策是一门艺术，还是一门科学，长期以来宏观经济学家对此争论已久（Clarida、Galí 和 Gertler，1999；Walsh，2001；Blanchard，2006；Mankiw，2006）。但是，这种观点也令人困惑：宏观经济学家将货币政策作为一门艺术时，意味着政策制定者必须结合自身判断弥补科学的已知局限性。当然，把货币政策视为一门科学，又需要始终为政策问题提供"正确"答案。所以说，两者之间存在障碍：政策制定者会习惯性地强调判断在实施货币政策中的重要性，正如 White（2013）所指出的那样："适用于货币政策各个方面的观念变化显著且反反复复。"但是，重要的是要牢记制定政策的"艺术家"正在严格的科学框架内使用判断。

科学的政策实施方法基于两个熟悉的架构：社会计划者的偏好和政策制定者实施政策面临的约束条件。基于此，政策制定者就可以在任何时候推测政策工具的最佳设置，从而在试图影响的经济体系结构中实现最高的福利水平。

就货币政策而言，政策实施依赖于损失函数和宏观经济模型。尽管宏观经济模型不完善，损失函数描述不完整，政策制定者对模型和函数的设定细节持有不同意见，但是总体上存在广泛共识。大家对合适的经济模型讨论已耳熟能详，因此本章主要讨论货币政策的科学方法（损失函数）。

货币政策损失函数是指所关注的宏观经济变量偏离最优或目标水平等不同自然状态下的隐性福利损失。损失函数形式中平方损失函数（quadratic）占据主导地位。这种函数形式已经在宏观经济思想中根深蒂固，Alan Blinder（1997）曾指出："大多数学术经济学家从始至终使用形式思维研究货币政策目标，即通过设定周期性的损失函数来权衡失业率、通胀率与目标设定值的平方偏差。"

失业率缺口衡量实际经济不均衡存在争议，大多数人倾向于使用产出缺口全面衡量经济不均衡状态，但通胀率和产出（失业率）等比例或超出其"自然"水平从而导致福利水平损失的假设并不成立。理论上损失函数应与社会计划者的偏好、人口效用相对应，从而反映现有的经济结构。换句话说，损失函数应当是特定的模型，其特征变量及相对重要性应取决于模型的结构（Walsh，2005）。幸运的是，可以证明在特定条件下，传统的平方损失函数与代表代理人（representative agent）的预期效用大致相等（Woodford，2003）。

尽管政策制定者具有优先偏好很容易理解，但是实践中指导决策的准确损失函数仍存在不确定性，如损失函数中产出缺口与通胀偏离的相对重要性。根据显露出的偏好，中央银行家通过沟通策略含蓄地承认了这一点（Barwell 和 Chadha，2014）。如果代理人掌握了损失函数（Campbell，Evans，Fisher 和 Justiniano，2012），那么货币政策如何应对未来事件的"德尔菲式"（Delphic）沟通不仅多余，而且可能适得其反（沟通中唯一的新闻是关于政策制定者如何评估经济前景）[①]。由于偏好会引发"误解准确目标"的行为，处理这种不确定可以避免对偏好产生"歧义和混淆"，因此可以适时公布准确的损失函数（Svensson，2002）。误解的范围和代价越大，这样做的理由就越强。

如果不了解损失函数，很难弄明白中央银行是如何制定货币政策的。考虑一下中央银行关注的变量（产出和通胀）朝着与目标相反方向形成成本冲击造成的政策反应：没有损失函数用以评估结果，政策制定者如何知道是放松还是收紧货币政策？

货币政策还没有达到涅槃的境界。没有完美的宏观经济模型和准确详细的损失函数，因此中央银行做出决策时被迫依赖于判断。事后看来，很明显那些判断和已确定的模型并不完美，犯错依旧。尽管如此，这些决定仍然是在理解了政策目标和结构的科学框架中做出的。科学方法已经发展了几十年，而且没有人渴望过去的太平日子。回到本章的主题——宏观审

---

① 事实上，英格兰银行认为其前瞻性指引框架的主要优点之一是提供更清晰的内容，使货币政策委员会能够在通货膨胀回到目标值与经济增长和就业复苏的速度之间进行权衡（英格兰银行，2013）。

慎领域的现状，值得注意的是 Alan Blinder（1997）关于缺乏明确授权的问题如何在过去阻碍了美国货币政策实施的评论："我在美联储工作期间，我认为就失业和通货膨胀最终目标缺乏共识是合理决策的严重障碍。如果你甚至都不知道要去哪里，怎么会知道该做些什么呢？"

12.3 宏观审慎政策目标的不确定性

理论上应该先建立宏观经济模型，之后才能建立损失函数，但是这样存在本末倒置的风险。本节首先会讨论宏观审慎政策制定者的偏好，然后进一步讨论约束条件。在讨论实践中宏观审慎职责变化情况前，需要研究宏观审慎政策目标。

12.3.1 理论上的宏观审慎损失函数

金融危机促使金融监管部门开展了一系列改革，旨在使金融机构更具韧性，且更易于处置机构倒闭。政策社群（policy community）已达成广泛共识，即要实现金融稳定还需要采取其他措施，如宏观审慎政策。宏观审慎政策是宏观政策世界中的"缺失环节"，旨在应对累积的系统性风险，这种风险已经超出了货币政策和微观审慎监管的目标范围。通常认为，从威胁金融稳定的来源看，宏观审慎政策有两个维度（IMF，2011）：一是时间维度，旨在平滑金融周期。二是结构维度，旨在调整金融体系结构①。不论哪个维度，目标要么是为了应对日益增加的威胁而建立更强的韧性，要么是为了调整行为以阻止威胁到韧性的活动。当然，宏观审慎政策的最终目标应该是提高社会福利，即提高金融机构或整个金融体系的韧性是达

---

① 分成结构维度和时间维度的做法给人一种人为的感觉（Barwell，2013）。如果构成结构维度的金融机构之间的行为和契约关联的发生率和程度没有周期性成分，或者如果构成时间维度的杠杆、期限错配和避险情绪的起伏无处不在，而且所有金融机构和市场都具有共同敞口，似乎这是另一种巧合。实践中，系统性风险组成部分具有空间和时间维度两个属性，围绕不合理的正交性假设（orthogonality assumption）构建政策框架的尝试可能会适得其反：金融体系内部相互关联的周期性变化或有些机构或市场内部关键行为的变化容易被忽视。

到目的的一种手段，而本身不是目的。社会计划者关心金融稳定，因为核心金融服务供给中断会影响实体经济。

理论上，宏观审慎政策有多种方式转化为具体职责，以增强金融体系的韧性，维护核心金融服务供给，但具体情况则取决于定义宏观审慎政策的方式，以及如何选择保证核心服务供给。

宏观审慎职责就是为了维护提供服务的机构和市场韧性，使其能够履行职责。可以从狭义和广义上来理解，狭义上主要聚焦银行部门，广义上包括更广泛的金融体系，主要是认识到非银行金融部门在为实体经济提供核心服务方面和危机中压力放大器作用。

此外，宏观审慎职责既包括维护关键机构的韧性，又包括明确提及市场感兴趣的结果。以这种方式扩展职责基于以下判断：社会计划者最终要关心的是市场结果，金融周期可能导致微观压力，实体经济金融失衡可能对金融系统的韧性构成潜在威胁。宏观审慎职责可以表述为向实体经济提供核心金融服务，甚至稳定信贷流量、债务存量或主要资产价格水平（如住宅房地产）。

很明显，两种职责表述并不等价。简而言之，两种职责之间的区别在于后者政策制定者会关心零售信贷市场的结果，即使确信金融体系的韧性没有直接威胁，前者则并不会。还应该清楚的是这些机制需要不同的机构、知识能力以及不同的工具箱。

明确宏观审慎政策的职责只是开始，就如同说明货币政策的职责在于实现物价稳定是不够的。宏观审慎职责需要充实；必须阐明操作损失函数的依据、目标和函数形式。换句话说，需要提供以下问题的具体答案：

哪些机构和市场具有系统重要性？

金融部门提供哪些核心服务？

金融机构和金融体系的最佳韧性水平是什么？

提供核心金融服务的最佳水平是什么？

太低的韧性和太少的供给（相对于其各自的目标）是否比太高的韧性和太多的供给更昂贵？如果是，又多了多少呢？

不同目标之间的相对重要性是什么?

此外,还需要解决宏观审慎损失函数校准中的另一种复杂情况。通常假设货币政策除了稳定物价之外,不会对社会计划者追求公平和效率产生任何作用(Cœuré,2012)。特别是,我们不认为在物价稳定与可持续经济增长率或社会内部收入分配之间存在长期权衡关系。我们不能在宏观审慎领域作出相同的假设。金融部门的韧性与其提供核心服务的条件之间可能存在长期权衡,因此间接地影响了产出的可持续增长率。同样,实际经济中金融部门的韧性与信贷约束发生率之间可能存在长期权衡,因此,面对不公平和不确定的收入状况,低收入家庭的消费平滑能力有限(Zeldes,1989)。可以明确地说,增强韧性可能会在某种程度上支持社会计划者追求更高的效率与公平,金融危机似乎损害了供给方并伤害了穷人,但是在某些阶段可能会出现权衡取舍。这些公平和效率问题必须反映在损失函数校准中。

重复本章之前的内容,如果不了解损失函数,很难弄明白宏观审慎政策制定者将如何客观地作出决策。认识到社会为金融不稳定付出了沉重的代价并不足以在宏观审慎领域作出正确的决定,而不仅仅是知道恶性通货膨胀的代价足以使中央银行有效地制定货币政策。将系统性危机的发生频率降低到一个世纪还是一千年的"弹性目标"非常重要。无论"信贷拨备目标"是简单地避免"信贷紧缩"(突然停止提供核心服务)还是消除这些服务提供条件上的所有顺周期性变化,都非常重要。如果没有客观的指标来评估结果,那么政策制定者将无法确定他们是否会满足经济政策领域的"希波克拉底誓言"(Hippocratic Oath)(首先没有造成伤害),更不用说在最优方案中作出决定了。确实,如果没有明确规定的损失函数,政策制定者所揭示的偏好可能无法通过偏好传递性检验。

还有另一种论点认为更清晰地阐述宏观审慎政策职责,迫使政策制定者对决策负责。如果政治家、市场参与者和公众不知道什么是宏观审慎政策,那么很难审查所采取的决策。房价是大众观察金融周期最明显的信号,因此可以预期宏观审慎政策的主要目标是维护房地产市场稳定。政策制定者对这种观点尚不明朗：如果银行通过股票和压力指标（如贷款价值比和偿债收入比上涨）为抵押贷款组合中的很大一部分提供资金，他们可能会非常高兴地看到房价快速上涨。这样一来，对宏观审慎政策作用的误解并不正常。

12.3.2　实践中的宏观审慎政策职责

宏观审慎政策正在缓慢逐步成形。政策机构已获得优先目标，但金融体系韧性的正式目标（更不用说近似的损失函数）仍然遥不可及。

国际清算银行前总经理首先提出（Crockett，2000），从系统性的视角监管金融体系以补充微观审慎监管已成为共识。

宏观审慎目标可以定义为限制金融危机给经济带来的成本，包括所采取的政策引发的任何道德风险所产生的成本。可以将这一目标视为限制金融体系重要部分发生失败的可能性以及相应的成本，通常称为限制"系统性风险"。相反，微观审慎目标可以看作是限制单个机构失败的可能性，或称之为"非系统性风险"。

但是，学者和政策制定者对机制目标的理解存在显著差异。例如，宏观审慎政策论文集的引言中，Schoenmaker（2014）指出："有些分析师谦虚地认为只希望提高金融体系抵御金融冲击的韧性。其他人则走得更远，他们更喜欢逆周期政策来限制金融繁荣，而金融繁荣主要与住房和房地产市场有关。"在政策机构方面，国际货币基金组织警告不要对宏观审慎政策提出过多要求（IMF，2013）。

宏观审慎政策应当能够遏制系统性风险，包括信贷增长与资产价格之间的顺周期反馈以及金融体系内相互关联造成的系统脆弱性，但不应使其承担其他目标的职责。

与此相一致，美联储注重从狭义角度确定宏观审慎职责，着眼于金融部门内部的发展（Tarull，2015）。

我想提出一些既符合现实又重要的具体宏观审慎目标，这些目标应纳入近期到中期的政策议程中：第一，继续负责大型复杂金融机构不威胁金融稳定的任务；第二，制定政策以应对在审慎监管机构范围内未完全包含的金融市场杠杆风险和易发性风险；第三，处理越来越重要的中央对手方脆弱性问题。

相比之下，欧洲央行宏观审慎机制更为激进和雄心勃勃（Constâncio，2014a）：

我认为宏观审慎政策应雄心勃勃，试图平滑经济周期，如果这样的话，则必须做好大胆而富有侵略性的准备……宏观审慎政策的目的应明确地在于平滑经济周期，而不是仅仅在危机前增强金融部门的韧性……

诚然，完全控制金融周期是一个无法实现的目标，但如果要避免实现影响信贷周期的雄心勃勃的目标，则建立宏观审慎政策并不划算。

以应对资产价格"泡沫"为例，宏观审慎政策作用的不同观点转化为政策制定者是否、为什么以及如何应对就会存在具体差异。美联储主席似乎不相信泡沫破灭策略的价值（Yellen，2014）：

我认为在金融体系中建立韧性对于降低金融不稳定的可能性以及由此带来的潜在损害至关重要。美联储对韧性的关注与许多公开讨论不同，后者通常关注某些特定资产类别是否正在经历"泡沫"，以及政策制定者是否应尝试消除泡沫。由于具有韧性的金融体系可以承受意料之外的情况，识别泡沫就不那么重要了。

美联储前成员、现任英格兰银行金融政策委员会（FPC）外部成员Don Kohn 也持有类似的观点（Kohn，2013）：

在部署工具时，作为宏观审慎主管当局，金融政策委员会的目标不一定是微观管理住房或其他资产和信贷周期。相反，主要是要阻止经济周期被金融市场放大，并为整个经济带来代价高昂的后果。金融周期、失衡和资产泡沫将继续存在。

然而，欧洲央行副行长认为不积极干预泡沫破裂是错误的行为（Constâncio，2014a）：

从福利的角度来看似乎令人无法接受，例如，房地产和其他资产价格泡沫，因为银行业已准备好渡过难关，并且央行将采取应对措施。

12. 3. 3　职责灵活、无约束的相机抉择和使命偏离

货币政策实施的传统方法是"有约束的相机抉择"（Bernanke 和 Mishkin，1997）。政策制定者不必严格遵守规则，但清晰透明的政策框架会限制回旋的余地，政策制定者必须证明其行动与实现物价稳定目标相一致。通常认为，宏观审慎政策将遵循"有约束的相机抉择"的相同方法（英格兰银行，2009；国际货币基金组织，2013；Knot，2014）。但是，当政策职责模糊时很难看到约束因素来自何处（尤其是当没有目标时），没有实时衡量机制成败的工具，或有关政策制定者应如何应对的经验法则（不等同于每月发布消费者价格指数，也没有泰勒规则指导利率调整），并且对政策决策如何影响金融体系的认知很少。

实践中，根本没有基于有缺陷的规则还是"无约束的相机抉择"进行选择。毕竟，中央银行行长认为在知识水平高得多的货币政策领域，这些规则并不适合目的。宏观审慎领域中"无约束的相机抉择"需要担忧保守行为：如果没有明确的职责纪律，政策制定者将不会有足够的压力来应对日益严重的金融失衡迹象。使命也有可能偏离：政策制定者的行为超出起草职权范围政治家的意图。本节剩余部分将回顾一个典型的案例，该案例至少会引发有关英国使命偏离规定范围的有趣现象。

英格兰银行金融政策委员会（FPC）的职责根据主要目标定义如下：促进银行实现金融稳定目标，FPC 的职责主要涉及识别、监测和采取措施消除或减少系统性风险，以保护和增强英国金融体系的韧性……

在此基础上，次要目标是"支持英国政府的经济政策，包括其经济增长和就业目标"。

职责在强调重点和缺乏专业性方面都是依照惯例：英格兰银行的金融稳定目标旨在保护和增强英国金融体系的韧性，当然是不透明的。明确的一点是韧性与经济增长之间的潜在权衡：FPC 已明确指示谨慎行事，既不要求也不授权 FPC 以其认为的方式行使职能。中长期内，可能会对金融部门支持英国经济增长贡献方面产生重大不利影响。

有趣的是，FPC 一直愿意以灵活的方式解释其职责。特别是在 2014 年 6 月，FPC 决定采取措施限制新增贷款中高贷款收入比客户抵押贷款的比重，原因当然并非完全与提高金融体系的韧性有关，可以说与金融稳定问题无关。FPC 宣布的干预类型有一个简单的金融稳定理由：避免在银行资产负债表上累积脆弱的抵押贷款债务，而这些债务最终可能成为巨额损失的来源。但是，有趣的是 FPC 并没有确信抵押贷款对英格兰银行韧性构成直接威胁（英格兰银行，2014）：

回顾过去的住房市场困境，一些成员认为只有有限的证据表明英格兰银行承受着抵押贷款造成的直接损失。其他成员则更加重视来自海外的证据，因为银行海外损失更为明显。

相反，FPC 主要关注通过总需求间接威胁金融稳定的问题。FPC 关注高负债的家庭可能会因未来的坏消息而显著削减支出，从而加剧总体经济活动放缓，反过来威胁金融稳定。因此，在繁荣时期采取更严格的宏观审慎政策可以减少对萧条时期宽松货币政策的需求。事实上，此次干预看起来很像是为了缩小风险扩散范围，尽管英国经济前景主要由货币政策决定（英格兰银行，2014）：

FPC 还讨论了宏观审慎政策与货币政策的相互作用，旨在通过抑制特定部门风险上升来补充货币政策，力图使 MPC 预测更贴近实际。

最后，正如英格兰银行首席经济学家在发布会上明确指出，委员会的干预体现了职责中经济稳定的中间目标（Dale，2014 年）：

有大量微观证据和宏观经济证据表明，高负债家庭在应对冲击（无论是收入冲击还是利率冲击）时，在削减支出、造成经济不稳定以及由此带来的金融不稳定方面，结果并不成比例。

关键不是委员会的干预有误。相反，为应对经济稳定的潜在威胁（可能对金融稳定构成最终风险），FPC 基于官方职责进行了充分解释。委员会对可能导致未来动荡，进而导致金融稳定的任何因素都具有政策利益：当然，这种解释几乎涵盖了旨在减少经济不稳定，平滑信贷周期的任何干预措施。

12.4　符合政策目的的模型

可靠的一般均衡模型是实现最佳经济政策的先决条件。没有适合目的的模型，政策制定者将难以理解和解释他们试图影响或预测其决策影响的体系。本章现在讨论建立宏观审慎政策模型的进展。首先简要介绍一下模型与政策实施之间关系的学术基准。

题外话：最优策略与稳妥策略

学术文献针对模型与政策制定者之间的联系建立了两个基准：最优策略（Optimal Policy）和稳妥策略（Robust Policy）。我们将简要介绍这两个概念。

鉴于经济结构所施加的约束，最优策略就是社会福利最大化（Ramsey，1927）。简单的货币政策模型（唯一的失真是黏性价格）中，博弈的名称只是调整名义利率以模仿"灵活价格经济"中出现的实际利率，即黏性价格造成的效率低下。但是，一旦我们面对多个市场失灵（偏离基准经济），最优策略的实施就会变得更加复杂。中央银行应明智地制定政策，以应对由多重扭曲造成的效率不足。例如，在工作母机模型（workhorse）中包含相匹配的摩擦，就需要在损失函数中包括一个额外的失业缺口项，从而修正对冲击的最优策略响应；在更加复杂的现实世界中，简单地模仿灵活价格结果是次优的（Ravenna 和 Walsh，2011）。

最优策略是一个基于特定模型的概念：它描述了一种在特定背景下将福利损失降至最低的策略。如果模型错误（所有模型都是错误的），则策略不一定是最优的。如果政策制定者希望某个给定的决策能够在现实世界中产生合理的结果，那么就要知道其在一系列模型中表现良好，这些模型共同反映了我们对系统行为的不确定性。这就是稳妥策略的内涵：在已知指定模型错误的情况下，政策制定者寻找在各种模型中都能很好执行的决策或规则（McCallum，1998；Hansen 和 Sargent，2007）。

12.5 宏观审慎摩擦的不可约集和特征

毫无疑问，在解释金融周期的各种特征方面取得了长足的进步。宏观审慎研究议程已在学术界和政策机构中蓬勃发展①。但是，描述特定摩擦或市场失灵的模型与适用于政策分析的一般均衡模型之间存在差异。专门为宏观审慎政策分析而设计的模型必须包含一组不可减少的摩擦和特征，这些摩擦和特征共同解释了金融周期的主要特征（就像货币政策模型必须包含正确的真实货币组合一样和名义刚性以匹配经济周期动态），并嵌入政策工具的传导机制，以进行严格的政策分析。不建议使用只对金融稳定的原因和后果进行部分处理的模型，就像中央银行发现使用不涵盖金融市场的宏观模型是错误的一样。建立适合宏观审慎政策分析目的的可靠的一般均衡模型面临着巨大挑战。

复杂性是问题之一。为了掌握金融周期的主要特征，需要放宽模型中的假设条件。模型需要不同的有限理性代理人（bounded rational agents），能够通过简单预测不同决策利弊表现出经验法则行为，能够处理信息不对称和合同不完整情况，也能够承担违约债务，等等。任何认为本研究只是简单地将金融摩擦或金融中介纳入其他标准工作母机模型（standard work-horse model）的想法，都是不适当的。将银行纳入工作母机模型可以提供有关货币政策行为的新观点（Gerali，Neri，Sessa 和 Signoretti，2010），但是由于这些模型中涉及的银行与现实世界的银行只有些许相似，目前尚不清楚涉及金融稳定问题时，是否能从这种方法中汲取经验。

规模、范围和地理位置是问题之二。包含典型劳动力市场和产出市场的简单宏观经济模型可能更适合货币政策领域。例如，把消费篮子中每类消费项目的价格用一个代表性指数来表示，或者把千千万万个家庭支出用一个家庭部门的消费来表示，都不会对观点的理解造成困扰。但是，这种

---

① 例如，请参阅欧洲央行的宏观审慎研究网络（MaRs）输出内容。

将不同默认假设加总在一块显然不适用于宏观审慎领域。例如，不能将所有银行用一个代表性机构来表示，因为这种假设意味着实力强的银行将吸收实力弱的银行的损失，且会使任何关于银行间市场压力的讨论都变得毫无意义。如果模型中要考虑系统性风险的传染，就需要跟踪大量证券工具和金融市场、金融部门表内外资产负债表。当然，各国金融体系高度关联，银行本身在海外也有大量敞口，所以用于政策分析的模型必须反映海外情况，并在某些细节上加以体现①。

政策工具和政策制定者多元化是问题之三。国内外微观审慎和宏观审慎监管立场的改变（货币政策也是如此）将影响银行的韧性。危机中向银行和非银行系统重要性金融机构提供紧急流动性保险的监管规定也将如此，尽管本章后面章节认为最后贷款人功能应被视为宏观审慎工具箱的一部分。需要为政策制定者确定合理的反应函数，私营部门代理人如何响应未来这些政策也需要具体化，而且货币政策文献中关于模型一致性预期的默认假设在这里是否合适还远不清楚②。

当谈到稳健的宏观审慎政策时，宏观审慎领域的不确定性要比货币政策领域的不确定性更大，这一点毫无争议。稳健的宏观审慎政策需要比实施货币政策的模型更大。考虑到系统性危机的社会成本，宏观审慎领域模型使用错误的代价也会更高。Blinder 曾指出，如果模型结果存在诸多潜在错误，即使不考虑实施货币政策的异常极端情况，结果也不会有多大偏差（Blinder，1999）。

我通常的程序是在尽可能多的模型中模拟策略，排除异常值，然后对其余的值求平均，以获得动态乘数路径的点估计。这可以看作最佳信息处理的粗略（非常粗略）近似。正如他们所说：足以胜任政府工作。

宏观审慎政策实施可能恰好相反：抛开常用的模拟方法，主要集中在异常值上，特别是最坏的情况（Onatski，2000）。换句话说，政策制定者

---

①　例如，近年来特定银行对欧洲其他地区银行、主权国家和公司的敞口主要位于欧元区的核心还是外围，这对市场和政策制定者都至关重要。

②　由于缺乏任何正式的目标或过去经验来指导预期，即使是经验丰富的金融机构也可能难以预测监管政策的未来立场。实体经济中的家庭和企业可能没有意识到宏观审慎政策的存在。

不仅要检查许多模型的输出变量，而且还希望能够专注于异常情况，并确保政策在最坏的情况下也能正常实施。

如前所述，宏观审慎政策不确定性争论的主要来源之一是金融稳定中间目标（韧性金融体系）和社会计划者最终目标之间权衡的性质。我们不知道金融体系韧性和提供核心金融服务之间是否存在长期权衡及其权衡斜率（slope of tradeoff）是多少。权衡通常以向特定群体（低收入家庭和小企业）提供银行信贷的方式来衡量，但人们也可以使用其他权衡方式。在其他方面我们强调了金融机构韧性与信贷约束导致的不平等之间的潜在权衡。市场参与者可能会指出，在批发市场充当做市商机构的韧性与其防范风险能力之间存在的潜在权衡，从而抑制资产价格的剧烈波动（理论上可能会对福利产生影响）。政策制定者将热衷于了解他们的决定，甚至是整个制度是否对模型深层参数的假设是稳健的，这些参数决定了权衡的存在和斜率。

12.5.1 传导机制的不确定性

不确定性的主要来源之一是政策本身的传导机制。货币政策领域有大量证据证明了对单一政策工具的影响，这些证据可以验证模型，完善利率乘数估计。相反，宏观审慎领域几乎没有证据表明多种宏观审慎工具的影响。英格兰银行前副行长 Charles Bean 用图表说明了宏观审慎政策相对于货币政策知识现状的范围（Bean，2012）：宏观审慎政策的应用仍处于发展阶段。1997 年当英格兰银行负责货币政策职责时，已有长期的实践经验、大量的理论经验文献可供借鉴，虽然有助于制定货币政策，但并不容易。相比之下，宏观审慎政策仍处于"石器时代"（Stone Age），学术界在理论经验方面都可以提供帮助。

的确，政策制定者已经开始实施，并反过来制造证据以加深对工具传导机制的理解。但是，由于微观审慎的多个领域改革进展迅速和经济金融市场状况变化的背景噪声（background noise），学习过程趋于复杂。变化如此之大以至于很难确定特殊干预的影响。鉴于不同的环境（金融体系的规模和范围）和不同的政策组合（货币政策的立场），新兴经济体宏观审慎干预的证据也无法清楚地说明这一问题。简而言之，相对于官方利率变动影响的不确定性，任何一项宏观审慎工具的轻微调整对政策制定者目标的影响都可能高度不确定。

为了说明宏观审慎政策传导机制的不确定性范围，我们主要讨论宏观审慎工具箱主要工具的不确定性：位于监管下限的宏观审慎附加资本，可以根据金融周期变化进行全面调整，也与特定的风险敞口（通常被称为风险敞口权重）相关联。

这种不确定性部分反映了围绕莫迪尼亚尼—米勒定理（MM 定理）是否是对现实合理近似的争论。有些人认为，银行资本结构的法定变动对银行资产负债表平均融资成本的影响已被夸大了（Admati、DeMarzo、Hellwig 和 Pfleiderer，2013）。MM 定理认为，银行的资本结构无关紧要：资金成本由资产负债表的另一端确定。尽管 MM 倡导者承认各种扭曲导致复杂化，同时解释了债权优于股权的私人偏好，但他们声称基本见解成立：股本成本在资本结构方面是内生的，因此如果银行被迫发行更多股本，则股本变得更安全，因此也变得更便宜①。从这个角度来看，强迫银行降低杠杆率将使其更安全，但不会影响银行提供的服务成本。同样，"鱼与熊掌两者不可兼得"：如果提高资本要求对银行的融资成本没有影响，那么很难相信这种干预将对其行为产生重大影响，因此不要期望特定的附加资本会阻止银行从事特定的活动。那些相信宏观审慎理论的人会本能地对 MM 定理持怀疑态度，因为该定理阐述了完美资本市场理论基准中会发生什么。提高资本要求的无关紧要之处在于投资者明白，银行资本结构的变化使银行股权成为一种更安全的投资，并相应地重新定价资产。现实世界中的投资者可能会怀疑银行股本的回报是否波动性太小。他们可能担心强制性降低杠杆率会导致银行风险偏好的内生性和不可察觉的增加，这是风险动态平衡（risk homeostasis）的一个例子（见 Wilde，1998；Barwell，2013，

---

① 扭曲包括债务利息支付的优惠税收待遇、破产成本、有关银行投资组合质量的不对称信息、存款担保、家庭和公司附加在活期存款的价值。

适用于宏观审慎政策）。

即使我们能够就 MM 定理在很大程度上与现实近似程度达成共识，但不能解决银行将如何应对宏观审慎附加资本变化的所有不确定性，两者都是因为不清楚附加资本是否会约束以及银行将如何应对。

银行可能出于以下两个原因计划在监管下限以上开展永久性操作。第一，如果银行实施低于监管下限的操作，则银行可能会产生大量成本，具体取决于金融处罚的严重程度或监管机构在这种情况下可能对银行施加的行为限制（如限制股息支付），银行预期在这种情况下会持续多长时间，以及为应对宏观审慎政策变化而大规模快速调整其资产负债表的成本大小。第二，在金融周期中的某些时候，市场可能会因银行离监管下限太近或与同行之间的距离太远而受到惩罚。在其他方面，反之亦然。这些市场要求可能会随着时间的变化超出监管要求。

此外，银行可能被相对于同行进行评估的概念开辟了战略互补的可能性，也就是说如果一家银行对政策干预作出回应，可能会给其他银行施加压力迫使其效仿（Bulow，Geanakoplos 和 Klemperer，1985），导致通过市场需求对给定的政策干预作出同步、不成比例甚至不连续的反应。甚至可以想象，尽管政策制定者提高了逆周期附加资本（以应对这种上升），但资本充足率可能会下降，因为高于监管下限的市场要求下降了。监管体制的变化不会引起人们的注意，只有银行力图将稳定的安全边际保持在监管下限之上，并且市场需求没有抵消性变化时，这种变化才具有吸引力。

此外，即使政策符合，也就是说即使提示银行根据政策立场的变化来调整其行为，也可以通过多种方式作出响应，以遵守更高的监管要求（或市场要求）。这些反应涉及范围很广：配股和出售整个业务部门、流动资产投资组合去杠杆、降低投资组合的风险（平均风险权重）、遏制新资产（包括贷款）的创造、削减股息支付、削减成本或收取更高的利差。这些应对措施将在不同的时间范围内以及不同程度地重建资本充足率。不幸的是，宏观审慎政策制定者不太可能漠不关心银行作出的选择，尤其是去杠杆化是在国内还是在国外进行的，但是影响这种选择的力量可能相对较小。

12.5.2　工具箱——自我约束

政策工具往往围绕有效性、可预测和效率进行选择：有效性是指良好的工具会对关注的变量产生巨大而迅速的影响；可预测是指良好的工具具有稳定且相对严格定义的传导机制；效率是指使用良好的工具不会带来明显的负面作用（社会成本）。急于选择满足这三个条件的宏观审慎工具为时过早：在知道目标是什么以及需要纠正的市场失灵之前，很难评估特定工具的有效性、可预测和效率。此外，围绕宏观审慎工具箱的争论似乎在某些方面被人为地限制在一套不必要的狭义工具上，这可能对宏观审慎制度的未来发展产生不良影响。俗话说，一旦有了锤子，每个问题都会像钉子一样。

12.5.3　搭便车和类似庇古税

谈到宏观审慎工具选择时，默认假设是建立在微观审慎基础之上，而讨论宏观审慎工具时，默认假设微观审慎制度无效。前者假设可能较合理，但后者假设却不合理①。

理论上，在微观审慎标准基础上，可以考虑采用附加形式设计宏观审慎资本或流动性制度，要求被监管金融机构满足新的更高的资本或流动性资产标准，尽管对不符合监管标准的银行限制措施不应过于严厉，以至于这些银行设置了更高的下限。这种方法的优势在于建立在一个广泛理解的框架上，因此可以使市场参与者更清楚地了解宏观审慎政策制定者的所作所为，建立更加透明的机制，从而使他们更容易就所采取的措施形成看法，帮助他们未来做些什么。实际上，国家主管部门在欧洲单一市场中探

---

①　微观审慎当局可以随着经济周期变化动用可使用的工具，微观审慎监管职责允许监管当局像英国审慎监管局一样基于宏观审慎目的而使用这些工具。例如，基于特定机构的特定资产负债表和行为，微观审慎当局可以并且将在较长时间内对特定机构可能出现的风险调整第二支柱的资本缓冲。2012 年 11 月，英格兰银行《金融稳定报告》新闻发布会上，Andy Haldane 和 Andrew Bailey 就这一点进行了清晰的阐述。

索此选项的空间有限。相反，英国 FPC 对部门资本要求（SCR）具有指导权（相对于微观审慎当局），并且具有设置逆周期资本缓冲（CCB）的责任。

宏观审慎干预措施通常是出于庇古税的动机（Jeanne 和 Korinek，2010；Markose，2013），也就是说，这是应对导致次优结果（系统性危机的风险增加）外部性的一种手段。结构维度干预迫使系统重要性金融机构发生违约时将溢价成本内部化，或者时间维度干预应对某些行为，使系统脆弱性上升。这些干预措施必须以可预见的方式始终如一地转移对私人和机构的成本收益分析，才能使它们名副其实地成为庇古税。尚不清楚附加资本能否通过这一检验（鉴于之前讨论过 MM 定理）。我们可以更加放心，宏观审慎流动性附加资本将对下限产生影响，因为通过迫使银行持有较高比例的高流动性（低收益）资产来减少银行在资产负债表中可获得的流动性溢价利差。但是，如果目的是对社会坏账征税，则不清楚为什么政策社区不讨论使用实际税，而不是准税收。

12.5.4 禁令——从结构性改革到贷款收入比或贷款价值比上限

除了对不良行为"征税"之外，也可以实施禁令，宣布某些活动非法进而完全取缔或部分禁止。经济学领域庇古税与禁令之争由来已久。本质上看，两者之间的区别在于税收（或补贴）可以按已知金额矫正成本（或收益），但不能保证给定的结果（如在环境监管情况下，污染物的生存水平是给定）。相反，数量限制可以保证结果，但不能保证是有效的（边际成本与边际收益存在交集)[①]。

金融部门监管通常从结构性改革的优点视角来开展禁令讨论，以提高金融体系的韧性（Haldane，2010），如在商业银行和投资银行之间实施 Glass—Steagall 式隔离。采取禁令方案吸引力很明显。为了讨论方便可以

[①] 在环境污染监管讨论中，Weitzman（1974）认为二选一应该考虑到减少污染的私人成本（污染者）和增加产量（可销售的产量和污染量）的边际收益（消费者）对生产变化的相对敏感性。如果减排成本更敏感（曲线更陡峭），那么基于价格的干预措施是最优的，因为错误的数量限制所带来的私人成本可能很高；相反，如果减排成本曲线很平坦，那么基于数量的干预措施更可取。

设计一套简单的防套利规则，规则可以有效地限制被监管部门的规模、杠杆和业务活动。相信这些规则将使政策制定者更加确信未来危机发生的可能性和严重性已大大降低，并非没有道理。这种方法的问题也很明显：简单规则的宏观金融含义及其对社会福利的最终影响很难预测，如果宏观审慎政策损失函数包括公平和效率方面的论证以及稳定性，那么规则可能运行不佳。此外，在以这种规模作出决定之前，先对金融体系结构和政策制度的目标达成初步结论似乎是明智的，这将使政策立场可能长达十年或更长时间。

实际上，当政策制定者考虑干预抵押贷款市场时，更可能出现宏观审慎禁令。FPC 在新增贷款中对高贷款收入比抵押贷款占比设置上限，说明了这一趋势。以借款人为基础的禁令包括贷款价值比（LTV）、贷款收入比（LTI）或偿债收入比（DSTI）为上限的措施，可能比针对抵押贷款的附加资本更能有效地遏制房地产市场泡沫（Hartmann，2015）。这些上限措施可能会限制高风险贷款在银行资产负债表上的积累，但是基于借款人的措施并不一定能增强抵御能力（损失吸收能力），因此需要进行监管以防止借款人规避上限约束措施（如从其他渠道借钱）。

12.5.5　中央银行资产负债表

宏观经济学家将中央银行资产负债表视为危机中实施金融稳定政策的重要工具。中央银行资产负债表是宏观审慎政策的合法工具（参见Goodhart，2011；Turner，本书第 1 章），尽管实施政策的人很少用这一术语来描述，但该工具确实在危机中产生了新效果，实现了宏观审慎目标。令人奇怪的是，为实施宏观审慎政策而设立的机构在危机中如何使用这一关键工具（资产负债表）没有话语权，更不用说使用过程中的操作独立性了（Barwell，2013）。

实施最后贷款人（LOLR）操作。中央银行共同体认为，只有具备偿付能力、流动性差且机构为系统重要性金融机构才能实施最后贷款人操作。这一必要条件有实无名，只是听起来像是宏观审慎操作：根据定义，如果一家有偿付能力的银行无法从金融市场融资，那么市场失灵肯定会发生，而且必须考虑该银行的倒闭对更广泛的金融体系韧性、核心金融服务供给构成威胁。

广义上看，危机中为银行系统提供流动性保险的任何非常规资产负债表操作从性质上看都是宏观审慎的，包括因担保抵押框架（减计政策）变化导致流动性保险扩展至金融体系政策利率的利差、到期日贷款（如欧洲央行实施的超长期再融资操作）或紧急情况下才开展的便利操作（如英格兰银行实施的或有定期回购便利）在性质上可以说是宏观审慎的。创新使用流动性保险便利鼓励放贷的方法也是如此，如英格兰银行的融资换贷款计划和欧洲央行的定向长期再融资操作。对银行资金状况和提供核心金融服务的担忧表明，融资换贷款计划和定向长期再融资操作都是经典的未被认可的宏观审慎操作。

除了为银行提供流动性保险便利外，危机中的中央银行还创新使用资产负债表方式，通过将最后贷款人操作逻辑应用于资本市场，以支持非银行资金流向实体经济。英格兰银行充当"最后的做市商"（MMLR）为核心批发市场提供流动性支持，确保实体经济中的企业可以继续利用商业票据和企业债券市场筹集资金。欧洲央行启动前两轮资产担保债券购买计划，理由亦是如此。

最后，还有一种可以被称为"最后风险承担人"（risk taker of last re-sort，RTLR）的操作（Barwell，2013）：利用资产负债表购买风险资产，以平息恐慌并阻止风险偏好过度，否则可能会对宏观经济产生不利影响。1987年股市大崩盘期间购买股票应被视为"最后风险承担人"操作，欧洲央行通过证券市场计划购买周边国家主权债券也属于"最后风险承担人"操作。

12.5.6　尾注：目标与工具的错配

前面描述的工具包是以银行为中心的，除了对宏观审慎职权范围的最适宜解释之外，其他所有解释都是有问题的。如果政策制定者希望维护更广泛金融体系的韧性，那么要么必须重新划定监管范围，涵盖系统重要性非银行机构和市场，要么宏观审慎当局必须配备超越银行业的工具。影响回购交易中削减额度或中央交易对手保证金要求的能力就是明显的例子。同样，如果政策制定者希望影响零售信贷市场结果，甚至影响非金融实体经济中的债务存量，那么他们可能需要影响市场需求端的工具，而不是依赖附加资本和贷款价值比、贷款收入比、债务收入比上限的组合工具。公平地讲，政策制定者在这点非常自信（Constâncio，2014a，2015），但是工具箱必须跟上。

12.6　建议

本章强调政策制定者没有科学的方法实施宏观审慎政策，那么他们到底应该怎们做呢？前文提到"无所事事绝非良策"，因此可以考虑以下六条建议。

第一，"先学走，再学跑"：宏观审慎制度目标应当与监管部门对宏观金融体系的理解程度保持一致步伐。所以宏观审慎管理当局起初制定目标时应当适度，且可以适时再次研究目标的可行性。

第二，"大致确定想要去的目的地"：阐明宏观审慎政策目标可以引导政策争论，提供工具选择，实现问责制。这意味着对本章前面的问题提出初步的近似答案：关于该方案的所需韧性，韧性动机在多大程度上从银行业扩展到金融市场，以及稳定零售和批发市场结果的能力。

第三，明智地选择战斗：鉴于知识水平有限，宏观审慎政策制定者应将重点放在那些真正威胁系统韧性或提供核心服务的重大问题上，可以使用成本收益法进行分析，且应当降低弊大于利的风险。

第四，我们现在都是宏观审慎主义者：如果暂时可能不采取宏观审慎干预，那么就需要准备更广泛的政策社群，以便在追求逆周期宏观审慎议程方面发挥更加积极的作用，尤其是中央银行可能不得不使用一种"克服所有困难"的工具（Stein，2013），以应对越来越多的金融稳定风险。

第五，加强微观审慎制度建设：如果我们不了解执行灵活的逆周期宏观审慎制度（必要时采取强硬措施，否则放松），我们可能需要重新审视校准微观审慎制度。换句话说，我们可能需要增加资本保全和逆周期缓冲的规模，以及对《巴塞尔协议Ⅲ》中系统重要性机构附加资本和使处置更可行的总损失吸收能力，以使金融机构处于更好的状态并且当局在初始宏观审慎制度形成之前就已做好准备应对另一场危机。

第六，学习学习再学习：如果根本问题是我们对宏观金融系统了解不足，无法采取科学方法制定宏观审慎政策，那么解决方案肯定是投入大量资源来学习更多有关该系统的知识。尽可能快地提高宏观审慎学习曲线，提出宏观审慎政策可以发挥其预期作用的方案。

12.7 结论

本章认为科学的经济政策尚未得到应用：主要任务职责中政策目标阐述不清晰，缺少可靠且适用于政策目的的一般均衡模型。引用欧洲央行（ECB）副行长 Vítor Constâncio 的讲话称，宏观审慎"现场试验"已经开始，现在是时候建立分析基础了（Constâncio，2014b）。

历史上，大多数政策都是通过反复尝试不断修正才会日臻完善。一项新政策首次实施之前，很少能建立起完美理论或学术范式，可是一旦政策社群意识到必须实施这项新政策，且开始进行"现场试验"，那么分析基础就必须同时进行。

参考文献

Admati, A., P. DeMarzo, M. Hellwig and P. Pfleiderer (2013). 'Fallacies, irrelevant facts and myths in the discussion of capital regulation', *Stanford University Graduate School of Business Research Paper*, no 13–7.
Bank of England (2009). 'The role of macroprudential policy', *Discussion Paper*, November.
(2013). 'Monetary policy trade-offs and forward guidance'.

(2014). 'Record of the June 17 and 25 meetings of the Financial Policy Committee'.

Barwell, R. (2013). *Macroprudential Policy: Taming the Wild Gyrations of Credit Flows, Debt Stocks and Asset Prices*, Palgrave, New York.

Barwell, R. and J. Chadha (2014). 'Publish or be damned – or why central banks need to say more about the path of their policy rates', *VoxEU*, 31 August.

Bean, C. (2012). 'Central banking in boom and slump', *JSG Lecture*, 31 October.

Bernanke, B. and F. Mishkin (1997). 'Inflation Targeting: A New Framework for Monetary Policy?', Journal of Economic Perspectives, vol 11, 97–116.

Blanchard, O. (2006). 'Monetary policy: science or art?', *Paper presented for an ECB Colloquium held in honour of Otmar Issing.*

Blinder, A. (1997). 'What central bankers could learn from academics and vice versa', Journal of Economic Perspectives, vol 11, no 2, 3–19.

(1999). *Central Banking in Theory and Practice*, MIT Press, Cambridge, MA.

Bulow, J., J. Geanakoplos and P. Klemperer (1985). 'Multimarket Oligopoly: Strategic Substitutes and Complements', Journal of Political Economy, vol 93, no 3, 488–511.

Campbell, J., C. Evans, J. Fisher and A. Justiniano (2012). 'Macroeconomic effects of Federal Reserve forward guidance', *Federal Reserve Bank of Chicago Working Paper*, no 2012–03.

Clarida, R, J. Gali and M. Gertler (1999). 'The science of monetary policy: A New Keynesian perspective', Journal of Economic Literature, vol 37, 1661–1707.

Cœuré, B. (2012). 'What can monetary policy do about inequality?', Speech, 17 October.

Constâncio, V. (2014a). 'Making macroprudential policy work', Speech, 10 June.
(2014b). 'The ECB and macro-prudential policy: From research to implementation', Speech, 23 June.
(2015). 'Strengthening macroprudential policy in Europe', Speech, 3 July.

Crockett, A. (2000). 'Marrying the micro- and macro-prudential dimensions of financial stability', Speech, 20–21 September.

Gerali, A., S. Neri, L. Sessa and F. Signoretti (2010). 'Credit and banking in a DSGE model of the euro area', Journal of Money, Credit and Banking, vol 42, no s1, 107–141.

Goodhart, C. (2011). 'The macro-prudential authority: Powers, scope and Accountability', *Financial Markets Group Special Paper*, no 203.

Haldane, A. (2010). 'The $100 billion question', Speech, 30 March.

Hansen, L. and T. Sargent (2007). *Robustness*. Princeton University Press, Princeton, NJ.

Hartmann, P. (2015). 'Real estate markets and macroprudential policy in Europe', *ECB Working Paper*, no 1796.

IMF (2011). 'Macroprudential policy: An organizing framework', Staff background paper.
(2013). 'IMF executive board discusses key aspects of macroprudential policy', Press release 13/342.

Jeanne, O. and A Korinek (2010). 'Managing credit booms and busts: A Pigouvian taxation approach', *NBER Working Paper*, no 16377.

King, M. (2005). 'Monetary policy: Practice ahead of theory', Mais lecture, 17 May.

(2009). 'Mansion House speech', Speech at the Lord Mayor's Banquet for Bankers and Merchants of the City of London, 17 June.

Kohn, D. (2013). 'The interactions of macroprudential and monetary policies: A view from the Bank of England's Financial Policy Committee', Speech, 6 November.

Knot, K. (2014). 'Macroprudential policies: Implementation and interactions', *Banque de France Financial Stability Review*, vol 18, 25–32.

Mankiw, N. (2006). 'The macroeconomist as scientist and engineer', *Journal of Economic Perspectives*, vol 20, no 4, 29–46.

Markose, S. (2013). 'Systemic risk analytics: A data-driven multi-agent financial network (MAFN) approach', *Journal of Banking Regulation*, vol 14, 285–305.

Maslow, A. (1966). *The Psychology of Science: A Reconnaissance*, Kaplan, New York.

McCallum, B. (1998). 'Robustness properties of a rule for monetary policy', *Carnegie-Rochester Conference Series on Public Policy*, vol 29, 173–203.

Onatski, A. (2000). 'Minimax analysis of monetary policy under model uncertainty', *Econometric Society World Congress 2000 Contributed Paper*, no 1818.

Ramsey, F. (1927). 'A contribution to the theory of taxation', *Economic Journal*, vol 37, 47–61.

Ravenna, F. and C. Walsh (2011). 'Welfare-based optimal monetary policy with unemployment and sticky prices', *American Economic Journal: Macroeconomics*, vol 3, 130–162.

Schoenmaker, D. (2014). 'Introduction'. In D. Schoenmaker (Ed.) *Macroprudentialism*, CEPR.

Stein, J. (2013). 'Overheating in credit markets: origins, measurements and policy responses', Speech, 7 February.

Svensson, L. (2002). 'Monetary policy and real stabilization', Proceedings of the Economic Policy Symposium at Jackson Hole hosted by the Federal Reserve Bank of Kansas City, 261–312.

Tarullo, D. (2015). 'Advancing macroprudential policy objectives', Speech, 30 January.

Walsh, C. (2001). 'The science (and art) of monetary policy', *FRBSF Economic Letter*, no 2001–13.

(2005). 'Endogenous objectives and the evaluation of targeting rules for monetary policy', *Journal of Monetary Economics*, vol 52, no 5, 889–911.

Weitzmann, M. (1974). 'Prices vs. quantities', *Review of Economic Studies*, vol 41, no 4, 477–491.

White, W. (2013). 'Is monetary policy a science? The interaction of theory and practice over the last 50 years'. In M. Balling and E. Gnan (Eds.), *50 Years of*

Money and Finance – Lessons and Challenges, SUERF.

Wilde, G. (1998). 'Risk homeostasis theory: An overview', *Injury Prevention*, vol 4, no2, 89–91.

Woodford, M. (2003). *Interest and Prices*, Princeton University Press, Princeton, NJ.

Yellen, J. (2014). 'Monetary policy and financial stability', Speech, July 2.

Zeldes, S. (1989). 'Consumption and liquidity constraints', *Quarterly Journal of Economics*, vol 97, no 2, 305–346.